D1689983

LIBERALIS

Textausgaben
schweizerischer Gesetzeswerke
**Schweizerische Zivilprozessordnung
(ZPO)**

ZPO

SCHWEIZERISCHE ZIVILPROZESSORDNUNG

(Zivilprozessordnung, ZPO)

**Lugano-Übereinkommen
(LugÜ II)**

**Haager Übereinkommen
(HZÜ 65, HBewÜ 70)**

Herausgegeben von
em. Prof. Dr. Karl Spühler,
ehemals Bundesrichter

LIBERALIS
plus

Stand der Gesetzgebung: 1. Januar 2010

Alle Teile des Werkes, insbesondere dessen textliche
Gestaltung und Anordnung, Satzbild, Geleitwort und
Sachregister, unterliegen den Bestimmungen des
Urheberrechts. Jede Verwertung ausserhalb der Grenzen
des Urheberrechtsgesetzes ist ohne Zustimmung
des Verlags unzulässig. Insbesondere gilt dies für
Vervielfältigungen und Fotokopien, Mikroverfilmungen
und die Einspeicherung und Verarbeitung in
elektronischen Systemen.

© dieser Ausgabe:
Liberalis Verlag AG, Zürich, 2010
ISBN 978-3-906709-72-7

VORWORT

Das vorliegende Werk ist eine Gesetzesausgabe. Es liegt aber keine gewöhnliche, sondern eine einmalige Gesetzesausgabe vor, denn noch nie wurden die neue Schweizerische Zivilprozessordnung (ZPO), das neue Lugano-Übereinkommen (LugÜ II) und die massgeblichen Haager Übereinkommen über die Beweiserhebungen (HBewÜ 70) und die Zustellungen (HZÜ 65) im Zusammenhang publiziert.

Es wäre verfehlt zu folgern, die vorliegende Gesetzesausgabe sei nur bei internationalen Fällen massgeblich. Immer stärker greifen nämlich Staatsverträge ins schweizerische Binnenrecht ein. Hier bildet das vorliegende Werk eine rasche und weitgehend vollständige Hilfe.

Das Sachregister wurde für alle vier Teile als gesamthaftes erarbeitet. Auch dies dient der raschen Übersicht.

Zürich/Winterthur, Karl Spühler
im Januar 2010

INHALTSÜBERSICHT

	Seite
Vorwort	5

Schweizerische Zivilprozessordnung (ZPO) vom 19. Dezember 2008 ... 9

1. Teil: Allgemeine Bestimmungen ... 31
2. Teil: Besondere Bestimmungen ... 81
3. Teil: Schiedsgerichtsbarkeit ... 127
4. Teil: Schlussbestimmungen ... 143

Übereinkommen ... 169

Übereinkommen
über die gerichtliche Zuständigkeit und die Anerkennung
und Vollstreckung von Entscheidungen in
Zivil- und Handelssachen (LugÜ II)
vom 30. Oktober 2007 ... 173

    Protokoll 1
    über bestimmte Zuständigkeits-, Verfahrens- und
    Vollstreckungsfragen ... 206

    Protokoll 2
    über die einheitliche Auslegung des Übereinkommens
    und den Ständigen Ausschuss ... 209

    Protokoll 3
    über die Anwendung von Artikel 67
    des Übereinkommens ... 213

Übereinkommen
über die Zustellung gerichtlicher und aussergerichtlicher
Schriftstücke im Ausland in Zivil- oder
Handelssachen (HZÜ 65)
vom 15. November 1965 ... 227

Übereinkommen
über die Beweisaufnahme im Ausland
in Zivil- oder Handelssachen (HBewÜ 70)
vom 18. März 1970 ... 249

Sachregister ... 267

ZPO

Schweizerische Zivilprozessordnung (ZPO) vom 19. Dezember 2008

INHALTSVERZEICHNIS

1. TEIL:
ALLGEMEINE BESTIMMUNGEN .... Seite 31

1. TITEL: GEGENSTAND UND GELTUNGSBEREICH

Gegenstand .... Art.	1
Internationale Verhältnisse .... Art.	2
Organisation der Gerichte und der Schlichtungsbehörden .... Art.	3

2. TITEL:
ZUSTÄNDIGKEIT DER GERICHTE UND AUSSTAND

1. Kapitel: Sachliche und funktionelle Zuständigkeit

Grundsätze .... Art.	4
Einzige kantonale Instanz .... Art.	5
Handelsgericht .... Art.	6
Gericht bei Streitigkeiten aus Zusatzversicherungen zur sozialen Krankenversicherung .... Art.	7
Direkte Klage beim oberen Gericht .... Art.	8

2. Kapitel: Örtliche Zuständigkeit

1. Abschnitt:
Allgemeine Bestimmungen

Zwingende Zuständigkeit .... Art.	9
Wohnsitz und Sitz .... Art.	10
Aufenthaltsort .... Art.	11
Niederlassung .... Art.	12
Vorsorgliche Massnahmen .... Art.	13
Widerklage .... Art.	14
Streitgenossenschaft und Klagenhäufung .... Art.	15
Streitverkündungsklage .... Art.	16
Gerichtsstandsvereinbarung .... Art.	17
Einlassung .... Art.	18
Freiwillige Gerichtsbarkeit .... Art.	19

2. Abschnitt:
Personenrecht
Persönlichkeits- und Datenschutz .... Art. 20
Todes- und Verschollenerklärung .... Art. 21
Bereinigung des Zivilstandsregisters .... Art. 22

3. Abschnitt:
Familienrecht
Eherechtliche Gesuche und Klagen .... Art. 23
Gesuche und Klagen bei
eingetragener Partnerschaft .... Art. 24
Feststellung und Anfechtung des
Kindesverhältnisses .... Art. 25
Unterhalts- und Unterstützungsklagen .... Art. 26
Ansprüche der unverheirateten Mutter .... Art. 27

4. Abschnitt:
Erbrecht .... Art. 28

5. Abschnitt:
Sachenrecht
Grundstücke .... Art. 29
Bewegliche Sachen .... Art. 30

6. Abschnitt:
Klagen aus Vertrag
Grundsatz .... Art. 31
Konsumentenvertrag .... Art. 32
Miete und Pacht unbeweglicher Sachen .... Art. 33
Arbeitsrecht .... Art. 34
Verzicht auf die gesetzlichen Gerichtsstände ..... Art. 35

7. Abschnitt:
Klagen aus unerlaubter Handlung
Grundsatz .... Art. 36
Schadenersatz bei ungerechtfertigten
vorsorglichen Massnahmen .... Art. 37
Motorfahrzeug- und Fahrradunfälle .... Art. 38
Adhäsionsklage .... Art. 39

8. Abschnitt:
Handelsrecht
Gesellschaftsrecht .... Art. 40
Stimmrechtssuspendierungsklagen .... Art. 41
Fusionen, Spaltungen, Umwandlungen und
Vermögensübertragungen .... Art. 42

Kraftloserklärung von Wertpapieren und
Versicherungspolicen; Zahlungsverbot .... Art. 43
Anleihensobligationen .... Art. 44
Kollektivanlagen .... Art. 45

9. Abschnitt:
Schuldbetreibungs- und Konkursrecht .... Art. 46

3. Kapitel: Ausstand

Ausstandsgründe .... Art. 47
Mitteilungspflicht .... Art. 48
Ausstandsgesuch .... Art. 49
Entscheid .... Art. 50
Folgen der Verletzung der Ausstandsvorschriften ..... Art. 51

3. TITEL: VERFAHRENSGRUNDSÄTZE UND PROZESSVORAUSSETZUNGEN

1. Kapitel: Verfahrensgrundsätze

Handeln nach Treu und Glauben .... Art. 52
Rechtliches Gehör .... Art. 53
Öffentlichkeit des Verfahrens .... Art. 54
Verhandlungs- und Untersuchungsgrundsatz .... Art. 55
Gerichtliche Fragepflicht .... Art. 56
Rechtsanwendung von Amtes wegen .... Art. 57
Dispositions- und Offizialgrundsatz .... Art. 58

2. Kapitel: Prozessvoraussetzungen

Grundsatz .... Art. 59
Prüfung der Prozessvoraussetzungen .... Art. 60
Schiedsvereinbarung .... Art. 61

4. TITEL: RECHTSHÄNGIGKEIT UND FOLGEN DES KLAGERÜCKZUGS

Beginn der Rechtshängigkeit .... Art. 62
Rechtshängigkeit bei fehlender Zuständigkeit und
falscher Verfahrensart .... Art. 63
Wirkungen der Rechtshängigkeit .... Art. 64
Folgen des Klagerückzugs .... Art. 65

5. TITEL: DIE PARTEIEN UND DIE BETEILIGUNG DRITTER

1. Kapitel: Partei- und Prozessfähigkeit

Parteifähigkeit	Art. 66
Prozessfähigkeit	Art. 67

2. Kapitel: Parteivertretung

Vertragliche Vertretung	Art. 68
Unvermögen der Partei	Art. 69

3. Kapitel: Streitgenossenschaft

Notwendige Streitgenossenschaft	Art. 70
Einfache Streitgenossenschaft	Art. 71
Gemeinsame Vertretung	Art. 72

4. Kapitel: Intervention

1. Abschnitt:
Hauptintervention .... Art. 73

2. Abschnitt:
Nebenintervention

Grundsatz	Art. 74
Gesuch	Art. 75
Rechte der intervenierenden Person	Art. 76
Wirkungen der Intervention	Art. 77

5. Kapitel: Streitverkündung

1. Abschnitt:
Einfache Streitverkündung

Grundsätze	Art. 78
Stellung der streitberufenen Person	Art. 79
Wirkungen der Streitverkündung	Art. 80

2. Abschnitt:
Streitverkündungsklage

Grundsätze	Art. 81
Verfahren	Art. 82

6. Kapitel: Parteiwechsel .... Art. 83

6. TITEL: KLAGEN

Leistungsklage .... Art. 84
Unbezifferte Forderungsklage .... Art. 85
Teilklage .... Art. 86
Gestaltungsklage .... Art. 87
Feststellungsklage .... Art. 88
Verbandsklage .... Art. 89
Klagenhäufung .... Art. 90

7. TITEL: STREITWERT

Grundsatz .... Art. 91
Wiederkehrende Nutzungen und Leistungen .... Art. 92
Streitgenossenschaft und Klagenhäufung .... Art. 93
Widerklage .... Art. 94

8. TITEL: PROZESSKOSTEN UND UNENTGELTLICHE RECHTSPFLEGE

1. Kapitel: Prozesskosten

Begriffe .... Art. 95
Tarife .... Art. 96
Aufklärung über die Prozesskosten .... Art. 97
Kostenvorschuss .... Art. 98
Sicherheit für die Parteientschädigung .... Art. 99
Art und Höhe der Sicherheit .... Art. 100
Leistung des Vorschusses und der Sicherheit ..... Art. 101
Vorschuss für Beweiserhebungen .... Art. 102
Rechtsmittel .... Art. 103

2. Kapitel: Verteilung und Liquidation der Prozesskosten

Entscheid über die Prozesskosten .... Art. 104
Festsetzung und Verteilung der Prozesskosten .... Art. 105
Verteilungsgrundsätze .... Art. 106
Verteilung nach Ermessen .... Art. 107
Unnötige Prozesskosten .... Art. 108
Verteilung bei Vergleich .... Art. 109
Rechtsmittel .... Art. 110
Liquidation der Prozesskosten .... Art. 111
Stundung, Erlass, Verjährung und Verzinsung
der Gerichtskosten .... Art. 112

3. Kapitel: Besondere Kostenregelungen

Schlichtungsverfahren .... Art. 113
Entscheidverfahren .... Art. 114
Kostentragungspflicht .... Art. 115
Kostenbefreiung nach kantonalem Recht .... Art. 116

4. Kapitel: Unentgeltliche Rechtspflege

Anspruch .... Art. 117
Umfang .... Art. 118
Gesuch und Verfahren .... Art. 119
Entzug der unentgeltlichen Rechtspflege .... Art. 120
Rechtsmittel .... Art. 121
Liquidation der Prozesskosten .... Art. 122
Nachzahlung .... Art. 123

9. TITEL:
PROZESSLEITUNG, PROZESSUALES HANDELN UND FRISTEN

1. Kapitel: Prozessleitung

Grundsätze .... Art. 124
Vereinfachung des Prozesses .... Art. 125
Sistierung des Verfahrens .... Art. 126
Überweisung bei zusammenhängenden Verfahren ... Art. 127
Verfahrensdisziplin und mutwillige Prozessführung ... Art. 128

2. Kapitel: Formen des prozessualen Handelns

1. Abschnitt:
Verfahrenssprache .... Art. 129

2. Abschnitt:
Eingaben der Parteien
Form .... Art. 130
Anzahl .... Art. 131
Mangelhafte, querulatorische und
rechtsmissbräuchliche Eingaben .... Art. 132

3. Abschnitt:
Gerichtliche Vorladung
Inhalt .... Art. 133
Zeitpunkt .... Art. 134
Verschiebung des Erscheinungstermins .... Art. 135

4. Abschnitt:
Gerichtliche Zustellung
Zuzustellende Urkunden .... Art. 136
Bei Vertretung .... Art. 137
Form .... Art. 138
Elektronische Zustellung .... Art. 139
Zustellungsdomizil .... Art. 140
Öffentliche Bekanntmachung .... Art. 141

3. Kapitel: Fristen, Säumnis und Wiederherstellung

1. Abschnitt:
Fristen
Beginn und Berechnung .... Art. 142
Einhaltung .... Art. 143
Erstreckung .... Art. 144
Stillstand der Fristen .... Art. 145
Wirkungen des Stillstandes .... Art. 146

2. Abschnitt:
Säumnis und Wiederherstellung
Säumnis und Säumnisfolgen .... Art. 147
Wiederherstellung .... Art. 148
Verfahren der Wiederherstellung .... Art. 149

10. TITEL: BEWEIS

1. Kapitel: Allgemeine Bestimmungen

Beweisgegenstand .... Art. 150
Bekannte Tatsachen .... Art. 151
Recht auf Beweis .... Art. 152
Beweiserhebung von Amtes wegen .... Art. 153
Beweisverfügung .... Art. 154
Beweisabnahme .... Art. 155
Wahrung schutzwürdiger Interessen .... Art. 156
Freie Beweiswürdigung .... Art. 157
Vorsorgliche Beweisführung .... Art. 158
Organe einer juristischen Person .... Art. 159

2. Kapitel: Mitwirkungspflicht und Verweigerungsrecht

1. Abschnitt:
Allgemeine Bestimmungen
Mitwirkungspflicht .... Art. 160

Aufklärung .... Art. 161
Berechtigte Verweigerung der Mitwirkung .... Art. 162

2. Abschnitt:
Verweigerungsrecht der Parteien
Verweigerungsrecht............................. Art. 163
Unberechtigte Verweigerung .... Art. 164

3. Abschnitt:
Verweigerungsrecht Dritter
Umfassendes Verweigerungsrecht .... Art. 165
Beschränktes Verweigerungsrecht .... Art. 166
Unberechtigte Verweigerung .... Art. 167

3. Kapitel: Beweismittel

1. Abschnitt:
Zulässige Beweismittel .... Art. 168

2. Abschnitt:
Zeugnis
Gegenstand .... Art. 169
Vorladung .... Art. 170
Form der Einvernahme .... Art. 171
Inhalt der Einvernahme .... Art. 172
Ergänzungsfragen .... Art. 173
Konfrontation .... Art. 174
Zeugnis einer sachverständigen Person .... Art. 175
Protokoll .... Art. 176

3. Abschnitt:
Urkunde
Begriff.. Art. 177
Echtheit .... Art. 178
Beweiskraft öffentlicher Register und Urkunden ...... Art. 179
Einreichung .... Art. 180

4. Abschnitt:
Augenschein
Durchführung .... Art. 181
Protokoll .... Art. 182

5. Abschnitt:
Gutachten
Grundsätze .... Art. 183
Rechte und Pflichten der sachverständigen Person .... Art. 184

Auftrag .... Art. 185
Abklärungen der sachverständigen Person .... Art. 186
Erstattung des Gutachtens .... Art. 187
Säumnis und Mängel .... Art. 188
Schiedsgutachten .... Art. 189

6. Abschnitt:
Schriftliche Auskunft .... Art. 190

7. Abschnitt:
Parteibefragung und Beweisaussage
Parteibefragung .... Art. 191
Beweisaussage .... Art. 192
Protokoll .... Art. 193

11. TITEL:
RECHTSHILFE ZWISCHEN SCHWEIZERISCHEN GERICHTEN

Grundsatz .... Art. 194
Direkte Prozesshandlungen in einem andern Kanton ... Art. 195
Rechtshilfe .... Art. 196

2. TEIL:
BESONDERE BESTIMMUNGEN .... Seite 81

1. TITEL: SCHLICHTUNGSVERSUCH

1. Kapitel: Geltungsbereich und Schlichtungsbehörde

Grundsatz	Art. 197
Ausnahmen	Art. 198
Verzicht auf das Schlichtungsverfahren	Art. 199
Paritätische Schlichtungsbehörden	Art. 200
Aufgaben der Schlichtungsbehörde	Art. 201

2. Kapitel: Schlichtungsverfahren

Einleitung	Art. 202
Verhandlung	Art. 203
Persönliches Erscheinen	Art. 204
Vertraulichkeit des Verfahrens	Art. 205
Säumnis	Art. 206
Kosten des Schlichtungsverfahrens	Art. 207

3. Kapitel: Einigung und Klagebewilligung

Einigung der Parteien	Art. 208
Klagebewilligung	Art. 209

4. Kapitel: Urteilsvorschlag und Entscheid

Urteilsvorschlag	Art. 210
Wirkungen	Art. 211
Entscheid	Art. 212

2. TITEL: MEDIATION

Mediation statt Schlichtungsverfahren	Art. 213
Mediation im Entscheidverfahren	Art. 214
Organisation und Durchführung der Mediation	Art. 215
Verhältnis zum gerichtlichen Verfahren	Art. 216
Genehmigung einer Vereinbarung	Art. 217
Kosten der Mediation	Art. 218

3. TITEL: ORDENTLICHES VERFAHREN

1. Kapitel: Geltungsbereich . . . . Art. 219

2. Kapitel:
Schriftenwechsel und Vorbereitung der Hauptverhandlung

Einleitung . . . . Art.	220
Klage . . . . Art.	221
Klageantwort . . . . Art.	222
Versäumte Klageantwort . . . . Art.	223
Widerklage . . . . Art.	224
Zweiter Schriftenwechsel . . . . Art.	225
Instruktionsverhandlung . . . . Art.	226
Klageänderung . . . . Art.	227

3. Kapitel: Hauptverhandlung

Erste Parteivorträge . . . . Art.	228
Neue Tatsachen und Beweismittel . . . . Art.	229
Klageänderung . . . . Art.	230
Beweisabnahme . . . . Art.	231
Schlussvorträge . . . . Art.	232
Verzicht auf die Hauptverhandlung . . . . Art.	233
Säumnis an der Hauptverhandlung . . . . Art.	234

4. Kapitel: Protokoll . . . . Art. 235

5. Kapitel: Entscheid

Endentscheid . . . . Art.	236
Zwischenentscheid . . . . Art.	237
Inhalt . . . . Art.	238
Eröffnung und Begründung . . . . Art.	239
Mitteilung und Veröffentlichung des Entscheides . . . . . Art.	240

6. Kapitel: Beendigung des Verfahrens ohne Entscheid

Vergleich, Klageanerkennung, Klagerückzug . . . . Art.	241
Gegenstandslosigkeit aus anderen Gründen . . . . Art.	242

4. TITEL: VEREINFACHTES VERFAHREN

Geltungsbereich . . . . Art.	243
Vereinfachte Klage . . . . Art.	244

Vorladung zur Verhandlung und Stellungnahme ...... Art. 245
Prozessleitende Verfügungen .... Art. 246
Feststellung des Sachverhaltes .... Art. 247

5. TITEL: SUMMARISCHES VERFAHREN

1. Kapitel: Geltungsbereich

Grundsatz .... Art. 248
Zivilgesetzbuch .... Art. 249
Obligationenrecht .... Art. 250
Bundesgesetz vom 11. April 1889 über
Schuldbetreibung und Konkurs .... Art. 251

2. Kapitel: Verfahren und Entscheid

Gesuch...................................... Art. 252
Stellungnahme .... Art. 253
Beweismittel .... Art. 254
Untersuchungsgrundsatz .... Art. 255
Entscheid .... Art. 256

3. Kapitel: Rechtsschutz in klaren Fällen .... Art. 257

4. Kapitel: Gerichtliches Verbot

Grundsatz .... Art. 258
Bekanntmachung .... Art. 259
Einsprache .... Art. 260

5. Kapitel: Vorsorgliche Massnahmen und Schutzschrift

1. Abschnitt:
Vorsorgliche Massnahmen
Grundsatz .... Art. 261
Inhalt .... Art. 262
Massnahmen vor Rechtshängigkeit .... Art. 263
Sicherheitsleistung und Schadenersatz .... Art. 264
Superprovisorische Massnahmen .... Art. 265
Massnahmen gegen Medien .... Art. 266
Vollstreckung .... Art. 267
Änderung und Aufhebung .... Art. 268
Vorbehalt .... Art. 269

2. Abschnitt:
Schutzschrift .... Art. 270

6. TITEL: BESONDERE EHERECHTLICHE VERFAHREN

1. Kapitel:
Angelegenheiten des summarischen Verfahrens

Geltungsbereich .... Art. 271
Untersuchungsgrundsatz .... Art. 272
Verfahren .... Art. 273

2. Kapitel: Scheidungsverfahren

1. Abschnitt:
Allgemeine Bestimmungen
Einleitung .... Art. 274
Aufhebung des gemeinsamen Haushalts .... Art. 275
Vorsorgliche Massnahmen .... Art. 276
Feststellung des Sachverhalts .... Art. 277
Persönliches Erscheinen .... Art. 278
Genehmigung der Vereinbarung .... Art. 279
Vereinbarung über die berufliche Vorsorge .... Art. 280
Fehlende Einigung über die Teilung
der Austrittsleistungen .... Art. 281
Unterhaltsbeiträge .... Art. 282
Einheit des Entscheids .... Art. 283
Änderung rechtskräftig entschiedener
Scheidungsfolgen .... Art. 284

2. Abschnitt:
Scheidung auf gemeinsames Begehren
Eingabe bei umfassender Einigung .... Art. 285
Eingabe bei Teileinigung .... Art. 286
Anhörung der Parteien .... Art. 287
Fortsetzung des Verfahrens und Entscheid .... Art. 288
Rechtsmittel .... Art. 289

3. Abschnitt:
Scheidungsklage
Einreichung der Klage .... Art. 290
Einigungsverhandlung .... Art. 291
Wechsel zur Scheidung auf gemeinsames Begehren ... Art. 292
Klageänderung .... Art. 293

4. Abschnitt:
Eheungültigkeits- und Ehetrennungsklagen . . . . Art. 294

7. TITEL: KINDERBELANGE IN FAMILIENRECHTLICHEN ANGELEGENHEITEN

1. Kapitel: Allgemeine Bestimmungen

Grundsatz . . . . Art. 295
Untersuchungs- und Offizialgrundsatz . . . . Art. 296

2. Kapitel: Eherechtliche Verfahren

Anhörung der Eltern und Mediation . . . . Art. 297
Anhörung des Kindes . . . . Art. 298
Anordnung einer Vertretung des Kindes . . . . Art. 299
Kompetenzen der Vertretung . . . . Art. 300
Eröffnung des Entscheides . . . . Art. 301

3. Kapitel: Angelegenheiten des summarischen Verfahrens

Geltungsbereich . . . . Art. 302

4. Kapitel: Unterhalts- und Vaterschaftsklage

Vorsorgliche Massnahmen . . . . Art. 303
Zuständigkeit . . . . Art. 304

8. TITEL: VERFAHREN BEI EINGETRAGENER PARTNERSCHAFT

1. Kapitel: Angelegenheiten des summarischen Verfahrens

Geltungsbereich . . . . Art. 305
Verfahren . . . . Art. 306

2. Kapitel: Auflösung und Ungültigkeit der eingetragenen Partnerschaft . . . . Art. 307

9. TITEL: RECHTSMITTEL

1. Kapitel: Berufung

1. Abschnitt:
Anfechtbare Entscheide und Berufungsgründe
Anfechtbare Entscheide .... Art. 308
Ausnahmen .... Art. 309
Berufungsgründe .... Art. 310

2. Abschnitt:
Berufung, Berufungsantwort und Anschlussberufung
Einreichen der Berufung .... Art. 311
Berufungsantwort .... Art. 312
Anschlussberufung .... Art. 313
Summarisches Verfahren .... Art. 314

3. Abschnitt:
Wirkungen und Verfahren der Berufung
Aufschiebende Wirkung .... Art. 315
Verfahren vor der Rechtsmittelinstanz .... Art. 316
Neue Tatsachen, neue Beweismittel und
Klageänderung .... Art. 317
Entscheid .... Art. 318

2. Kapitel: Beschwerde

Anfechtungsobjekt .... Art. 319
Beschwerdegründe .... Art. 320
Einreichen der Beschwerde .... Art. 321
Beschwerdeantwort .... Art. 322
Anschlussbeschwerde .... Art. 323
Stellungnahme der Vorinstanz .... Art. 324
Aufschiebende Wirkung .... Art. 325
Neue Anträge, neue Tatsachen und
neue Beweismittel .... Art. 326
Verfahren und Entscheid .... Art. 327
Vollstreckbar-Erklärung nach
Lugano-Übereinkommen .... Art. 327a

3. Kapitel: Revision

Revisionsgründe .... Art. 328
Revisionsgesuch und Revisionsfristen .... Art. 329
Stellungnahme der Gegenpartei .... Art. 330
Aufschiebende Wirkung .... Art. 331

Entscheid über das Revisionsgesuch .... Art. 332
Neuer Entscheid in der Sache .... Art. 333

4. Kapitel: Erläuterung und Berichtigung .... Art. 334

10. TITEL: VOLLSTRECKUNG

1. Kapitel: Vollstreckung von Entscheiden

Geltungsbereich .... Art. 335
Vollstreckbarkeit .... Art. 336
Direkte Vollstreckung .... Art. 337
Vollstreckungsgesuch .... Art. 338
Zuständigkeit und Verfahren .... Art. 339
Sichernde Massnahmen .... Art. 340
Prüfung der Vollstreckbarkeit und Stellungnahme
der unterlegenen Partei .... Art. 341
Vollstreckung einer bedingten oder von
einer Gegenleistung abhängigen Leistung .... Art. 342
Verpflichtung zu einem Tun,
Unterlassen oder Dulden .... Art. 343
Abgabe einer Willenserklärung .... Art. 344
Schadenersatz und Umwandlung in Geld .... Art. 345
Rechtsmittel Dritter .... Art. 346

2. Kapitel: Vollstreckung öffentlicher Urkunden

Vollstreckbarkeit .... Art. 347
Ausnahmen .... Art. 348
Urkunde über eine Geldleistung .... Art. 349
Urkunde über eine andere Leistung .... Art. 350
Verfahren vor dem Vollstreckungsgericht .... Art. 351
Gerichtliche Beurteilung .... Art. 352

3. TEIL:
SCHIEDSGERICHTSBARKEIT .... Seite 127

1. TITEL: ALLGEMEINE BESTIMMUNGEN

Geltungsbereich	Art. 353
Schiedsfähigkeit	Art. 354
Sitz des Schiedsgerichtes	Art. 355
Zuständige staatliche Gerichte	Art. 356

2. TITEL: SCHIEDSVEREINBARUNG

Schiedsvereinbarung	Art. 357
Form	Art. 358
Bestreitung der Zuständigkeit des Schiedsgerichts	Art. 359

3. TITEL: BESTELLUNG DES SCHIEDSGERICHTS

Anzahl der Mitglieder	Art. 360
Ernennung durch die Parteien	Art. 361
Ernennung durch das staatliche Gericht	Art. 362
Offenlegungspflicht	Art. 363
Annahme des Amtes	Art. 364
Sekretariat	Art. 365
Amtsdauer	Art. 366

4. TITEL: ABLEHNUNG, ABBERUFUNG UND ERSETZUNG DER MITGLIEDER DES SCHIEDSGERICHTS

Ablehnung eines Mitgliedes	Art. 367
Ablehnung des Schiedsgerichts	Art. 368
Ablehnungsverfahren	Art. 369
Abberufung	Art. 370
Ersetzung eines Mitglieds des Schiedsgerichts	Art. 371

5. TITEL: DAS SCHIEDSVERFAHREN

Rechtshängigkeit	Art. 372
Allgemeine Verfahrensregeln	Art. 373
Vorsorgliche Massnahmen, Sicherheit und Schadenersatz	Art. 374

Beweisabnahme und Mitwirkung des
staatlichen Gerichts .... Art. 375
Streitgenossenschaft, Klagenhäufung und
Beteiligung Dritter .... Art. 376
Verrechnung und Widerklage .... Art. 377
Kostenvorschuss .... Art. 378
Sicherstellung der Parteientschädigung .... Art. 379
Unentgeltliche Rechtspflege .... Art. 380

6. TITEL: SCHIEDSSPRUCH

Anwendbares Recht .... Art. 381
Beratung und Abstimmung .... Art. 382
Zwischen- und Teilschiedssprüche .... Art. 383
Inhalt des Schiedsspruches .... Art. 384
Einigung der Parteien .... Art. 385
Zustellung und Hinterlegung .... Art. 386
Wirkungen des Schiedsspruches .... Art. 387
Berichtigung, Erläuterung und Ergänzung
des Schiedsspruchs .... Art. 388

7. TITEL: RECHTSMITTEL

1. Kapitel: Beschwerde

Beschwerde an das Bundesgericht .... Art. 389
Beschwerde an das kantonale Gericht .... Art. 390
Subsidiarität .... Art. 391
Anfechtbare Schiedssprüche .... Art. 392
Beschwerdegründe .... Art. 393
Rückweisung zur Berichtigung oder Ergänzung .... Art. 394
Entscheid..................................... Art. 395

2. Kapitel: Revision

Revisionsgründe .... Art. 396
Fristen .... Art. 397
Verfahren..................................... Art. 398
Rückweisung an das Schiedsgericht .... Art. 399

4. TEIL:
SCHLUSSBESTIMMUNGEN .... Seite 143

1. TITEL: VOLLZUG

Grundsätze .... Art. 400
Pilotprojekte .... Art. 401

2. TITEL: ANPASSUNG VON GESETZEN

Aufhebung und Änderung bisherigen Rechts .... Art. 402
Koordinationsbestimmungen .... Art. 403

3. TITEL: ÜBERGANGSBESTIMMUNGEN

Weitergelten des bisherigen Rechts .... Art. 404
Rechtsmittel .... Art. 405
Gerichtsstandsvereinbarung .... Art. 406
Schiedsgerichtsbarkeit .... Art. 407

4. TITEL: REFERENDUM UND INKRAFTTRETEN

Referendum und Inkrafttreten .... Art. 408

Anhang 1 (Art. 402)
Aufhebung und Änderung bisherigen Rechts ..... Seite 147

Anhang 2 (Art. 403)
Koordinationsbestimmungen .... Seite 166

Die Bundesversammlung der Schweizerischen Eidgenossenschaft,
gestützt auf Artikel 122 Absatz 1 der Bundesverfassung[1],
nach Einsicht in die Botschaft des Bundesrates vom 28. Juni 2006[2],
beschliesst:

1. TEIL:
ALLGEMEINE BESTIMMUNGEN

1. TITEL: GEGENSTAND UND GELTUNGSBEREICH

Art. 1

Dieses Gesetz regelt das Verfahren vor den kantonalen Instanzen für: **Gegenstand**
a. streitige Zivilsachen;
b. gerichtliche Anordnungen der freiwilligen Gerichtsbarkeit;
c. gerichtliche Angelegenheiten des Schuldbetreibungs- und Konkursrechts;
d. die Schiedsgerichtsbarkeit.

Art. 2

Bestimmungen des Staatsvertragsrechts und die Bestimmungen des Bundesgesetzes vom 18. Dezember 1987[3] über das Internationale Privatrecht (IPRG) bleiben vorbehalten. **Internationale Verhältnisse**

Art. 3

Die Organisation der Gerichte und der Schlichtungsbehörden ist Sache der Kantone, soweit das Gesetz nichts anderes bestimmt. **Organisation der Gerichte und der Schlichtungsbehörden**

---

[1] SR **101**
[2] BBl **2006** 7221
[3] SR **291**

2. TITEL: ZUSTÄNDIGKEIT DER GERICHTE UND AUSSTAND

1. Kapitel: Sachliche und funktionelle Zuständigkeit

Art. 4

Grundsätze ¹ Das kantonale Recht regelt die sachliche und funktionelle Zuständigkeit der Gerichte, soweit das Gesetz nichts anderes bestimmt.

² Hängt die sachliche Zuständigkeit vom Streitwert ab, so erfolgt dessen Berechnung nach diesem Gesetz.

Art. 5

Einzige kantonale Instanz ¹ Das kantonale Recht bezeichnet das Gericht, welches als einzige kantonale Instanz zuständig ist für:
a. Streitigkeiten im Zusammenhang mit geistigem Eigentum einschliesslich der Streitigkeiten betreffend Nichtigkeit, Inhaberschaft, Lizenzierung, Übertragung und Verletzung solcher Rechte;
b. kartellrechtliche Streitigkeiten;
c. Streitigkeiten über den Gebrauch einer Firma;
d. Streitigkeiten nach dem Bundesgesetz vom 19. Dezember 1986[1] über den unlauteren Wettbewerb, sofern der Streitwert mehr als 30 000 Franken beträgt oder sofern der Bund sein Klagerecht ausübt;
e. Streitigkeiten nach dem Kernenergiehaftpflichtgesetz vom 18. März 1983[2];
f. Klagen gegen den Bund;
g. die Einsetzung eines Sonderprüfers nach Artikel 697*b* des Obligationenrechts[3] (OR);
h. Streitigkeiten nach dem Bundesgesetz vom 23. Juni 2006[4] über die kollektiven Kapitalanlagen und nach dem Börsengesetz vom 24. März 1995[5].

² Diese Instanz ist auch für die Anordnung vorsorglicher Massnahmen vor Eintritt der Rechtshängigkeit einer Klage zuständig.

---

[1] SR **241**
[2] SR **732.44**
[3] SR **220**
[4] SR **951.31**
[5] SR **954.1**

Art. 6

Handelsgericht

¹ Die Kantone können ein Fachgericht bezeichnen, welches als einzige kantonale Instanz für handelsrechtliche Streitigkeiten zuständig ist (Handelsgericht).
² Eine Streitigkeit gilt als handelsrechtlich, wenn:
a. die geschäftliche Tätigkeit mindestens einer Partei betroffen ist;
b. gegen den Entscheid die Beschwerde in Zivilsachen an das Bundesgericht offen steht; und
c. die Parteien im schweizerischen Handelsregister oder in einem vergleichbaren ausländischen Register eingetragen sind.
³ Ist nur die beklagte Partei im schweizerischen Handelsregister oder in einem vergleichbaren ausländischen Register eingetragen, sind aber die übrigen Voraussetzungen erfüllt, so hat die klagende Partei die Wahl zwischen dem Handelsgericht und dem ordentlichen Gericht.
⁴ Die Kantone können das Handelsgericht ausserdem zuständig erklären für:
a. Streitigkeiten nach Artikel 5 Absatz 1;
b. Streitigkeiten aus dem Recht der Handelsgesellschaften und Genossenschaften.
⁵ Das Handelsgericht ist auch für die Anordnung vorsorglicher Massnahmen vor Eintritt der Rechtshängigkeit einer Klage zuständig.

Art. 7

Gericht bei Streitigkeiten aus Zusatzversicherungen zur sozialen Krankenversicherung

Die Kantone können ein Gericht bezeichnen, welches als einzige kantonale Instanz für Streitigkeiten aus Zusatzversicherungen zur sozialen Krankenversicherung nach dem Bundesgesetz vom 18. März 1994[1)] über die Krankenversicherung zuständig ist.

Art. 8

Direkte Klage beim oberen Gericht

¹ In vermögensrechtlichen Streitigkeiten kann die klagende Partei mit Zustimmung der beklagten Partei direkt an das obere Gericht gelangen, sofern der Streitwert mindestens 100 000 Franken beträgt.
² Dieses Gericht entscheidet als einzige kantonale Instanz.

[1)] SR **832.10**

2. Kapitel: Örtliche Zuständigkeit

1. Abschnitt:
Allgemeine Bestimmungen

Art. 9

Zwingende Zuständigkeit

¹ Ein Gerichtsstand ist nur dann zwingend, wenn es das Gesetz ausdrücklich vorschreibt.

² Von einem zwingenden Gerichtsstand können die Parteien nicht abweichen.

Art. 10

Wohnsitz und Sitz

¹ Sieht dieses Gesetz nichts anderes vor, so ist zuständig:
a. für Klagen gegen eine natürliche Person: das Gericht an deren Wohnsitz;
b. für Klagen gegen eine juristische Person und gegen öffentlichrechtliche Anstalten und Körperschaften sowie gegen Kollektiv- und Kommanditgesellschaften: das Gericht an deren Sitz;
c. für Klagen gegen den Bund: das Obergericht des Kantons Bern oder das obere Gericht des Kantons, in dem die klagende Partei ihren Wohnsitz, Sitz oder gewöhnlichen Aufenthalt hat;
d. für Klagen gegen einen Kanton: ein Gericht am Kantonshauptort.

² Der Wohnsitz bestimmt sich nach dem Zivilgesetzbuch[1] (ZGB). Artikel 24 ZGB ist nicht anwendbar.

Art. 11

Aufenthaltsort

¹ Hat die beklagte Partei keinen Wohnsitz, so ist das Gericht an ihrem gewöhnlichen Aufenthaltsort zuständig.

² Gewöhnlicher Aufenthaltsort ist der Ort, an dem eine Person während längerer Zeit lebt, selbst wenn die Dauer des Aufenthalts von vornherein befristet ist.

³ Hat die beklagte Partei keinen gewöhnlichen Aufenthaltsort, so ist das Gericht an ihrem letzten bekannten Aufenthaltsort zuständig.

Art. 12

Niederlassung

Für Klagen aus dem Betrieb einer geschäftlichen oder beruflichen Niederlassung oder einer Zweigniederlassung ist das Gericht am Wohnsitz oder Sitz der beklagten Partei oder am Ort der Niederlassung zuständig.

---

[1] SR **210**

Art. 13
Soweit das Gesetz nichts anderes bestimmt, ist für die Anordnung vorsorglicher Massnahmen zwingend zuständig das Gericht am Ort, an dem:
a. die Zuständigkeit für die Hauptsache gegeben ist; oder
b. die Massnahme vollstreckt werden soll.

Vorsorgliche Massnahmen

Art. 14
[1] Beim für die Hauptklage örtlich zuständigen Gericht kann Widerklage erhoben werden, wenn die Widerklage mit der Hauptklage in einem sachlichen Zusammenhang steht.
[2] Dieser Gerichtsstand bleibt auch bestehen, wenn die Hauptklage aus irgendeinem Grund dahinfällt.

Widerklage

Art. 15
[1] Richtet sich die Klage gegen mehrere Streitgenossen, so ist das für eine beklagte Partei zuständige Gericht für alle beklagten Parteien zuständig, sofern diese Zuständigkeit nicht nur auf einer Gerichtsstandsvereinbarung beruht.
[2] Stehen mehrere Ansprüche gegen eine beklagte Partei in einem sachlichen Zusammenhang, so ist jedes Gericht zuständig, das für einen der Ansprüche zuständig ist.

Streitgenossenschaft und Klagenhäufung

Art. 16
Für die Streitverkündung mit Klage ist das Gericht des Hauptprozesses zuständig.

Streitverkündungsklage

Art. 17
[1] Soweit das Gesetz nichts anderes bestimmt, können die Parteien für einen bestehenden oder für einen künftigen Rechtsstreit über Ansprüche aus einem bestimmten Rechtsverhältnis einen Gerichtsstand vereinbaren. Geht aus der Vereinbarung nichts anderes hervor, so kann die Klage nur am vereinbarten Gerichtsstand erhoben werden.
[2] Die Vereinbarung muss schriftlich oder in einer anderen Form erfolgen, die den Nachweis durch Text ermöglicht.

Gerichtsstandsvereinbarung

Art. 18
Soweit das Gesetz nichts anderes bestimmt, wird das angerufene Gericht zuständig, wenn sich die beklagte Partei ohne Einrede der fehlenden Zuständigkeit zur Sache äussert.

Einlassung

Art. 19

Freiwillige Gerichtsbarkeit
In Angelegenheiten der freiwilligen Gerichtsbarkeit ist das Gericht oder die Behörde am Wohnsitz oder Sitz der gesuchstellenden Partei zwingend zuständig, sofern das Gesetz nichts anderes bestimmt.

2. Abschnitt:
Personenrecht

Art. 20

Persönlichkeits- und Datenschutz
Für die folgenden Klagen und Begehren ist das Gericht am Wohnsitz oder Sitz einer der Parteien zuständig:
a. Klagen aus Persönlichkeitsverletzung;
b. Begehren um Gegendarstellung;
c. Klagen auf Namensschutz und auf Anfechtung einer Namensänderung;
d. Klagen und Begehren nach Artikel 15 des Bundesgesetzes vom 19. Juni 1992[1] über den Datenschutz.

Art. 21

Todes- und Verschollenerklärung
Für Gesuche, die eine Todes- oder eine Verschollenerklärung betreffen (Art. 34–38 ZGB[2]), ist das Gericht am letzten bekannten Wohnsitz der verschwundenen Person zwingend zuständig.

Art. 22

Bereinigung des Zivilstandsregisters
Für Klagen, die eine Bereinigung des Zivilstandsregisters betreffen, ist zwingend das Gericht zuständig, in dessen Amtskreis die zu bereinigende Beurkundung von Personenstandsdaten erfolgt ist oder hätte erfolgen müssen.

3. Abschnitt:
Familienrecht

Art. 23

Eherechtliche Gesuche und Klagen
¹ Für eherechtliche Gesuche und Klagen sowie für Gesuche um Anordnung vorsorglicher Massnahmen ist das Gericht am Wohnsitz einer Partei zwingend zuständig.

² Für Gesuche der Aufsichtsbehörde in Betreibungssachen auf Anordnung der Gütertrennung ist das Gericht am Wohnsitz der Schuldnerin oder des Schuldners zwingend zuständig.

---

[1] SR **235.1**
[2] SR **210**

Art. 24
Für Gesuche und Klagen bei eingetragener Partnerschaft sowie für Gesuche um Anordnung vorsorglicher Massnahmen ist das Gericht am Wohnsitz einer Partei zwingend zuständig.

Gesuche und Klagen bei eingetragener Partnerschaft

Art. 25
Für Klagen auf Feststellung und auf Anfechtung des Kindesverhältnisses ist das Gericht am Wohnsitz einer der Parteien zwingend zuständig.

Feststellung und Anfechtung des Kindesverhältnisses

Art. 26
Für selbstständige Unterhaltsklagen der Kinder gegen ihre Eltern und für Klagen gegen unterstützungspflichtige Verwandte ist das Gericht am Wohnsitz einer der Parteien zwingend zuständig.

Unterhalts- und Unterstützungsklagen

Art. 27
Für Ansprüche der unverheirateten Mutter ist das Gericht am Wohnsitz einer der Parteien zwingend zuständig.

Ansprüche der unverheirateten Mutter

4. Abschnitt:
Erbrecht

Art. 28
[1] Für erbrechtliche Klagen sowie für Klagen auf güterrechtliche Auseinandersetzung beim Tod eines Ehegatten, einer eingetragenen Partnerin oder eines eingetragenen Partners ist das Gericht am letzten Wohnsitz der Erblasserin oder des Erblassers zuständig.

[2] Für Massnahmen im Zusammenhang mit dem Erbgang ist die Behörde am letzten Wohnsitz der Erblasserin oder des Erblassers zwingend zuständig. Ist der Tod nicht am Wohnsitz eingetreten, so macht die Behörde des Sterbeortes derjenigen des Wohnortes Mitteilung und trifft die nötigen Massnahmen, um die Vermögenswerte am Sterbeort zu sichern.

[3] Selbstständige Klagen auf erbrechtliche Zuweisung eines landwirtschaftlichen Gewerbes oder Grundstückes können auch am Ort der gelegenen Sache erhoben werden.

5. Abschnitt:
Sachenrecht

Art. 29

Grundstücke ¹ Für die folgenden Klagen ist das Gericht am Ort, an dem das Grundstück im Grundbuch aufgenommen ist oder aufzunehmen wäre, zuständig:
a. dingliche Klagen;
b. Klagen gegen die Gemeinschaft der Stockwerkeigentümerinnen und Stockwerkeigentümer;
c. Klagen auf Errichtung gesetzlicher Pfandrechte.

² Andere Klagen, die sich auf Rechte an Grundstücken beziehen, können auch beim Gericht am Wohnsitz oder Sitz der beklagten Partei erhoben werden.

³ Bezieht sich eine Klage auf mehrere Grundstücke oder ist das Grundstück in mehreren Kreisen in das Grundbuch aufgenommen worden, so ist das Gericht an dem Ort zuständig, an dem das flächenmässig grösste Grundstück oder der flächenmässig grösste Teil des Grundstücks liegt.

⁴ Für Angelegenheiten der freiwilligen Gerichtsbarkeit, die sich auf Rechte an Grundstücken beziehen, ist das Gericht an dem Ort zwingend zuständig, an dem das Grundstück im Grundbuch aufgenommen ist oder aufzunehmen wäre.

Art. 30

Bewegliche Sachen ¹ Für Klagen, welche dingliche Rechte, den Besitz an beweglichen Sachen oder Forderungen, die durch Fahrnispfand gesichert sind, betreffen, ist das Gericht am Wohnsitz oder Sitz der beklagten Partei oder am Ort der gelegenen Sache zuständig.

² Für Angelegenheiten der freiwilligen Gerichtsbarkeit ist das Gericht am Wohnsitz oder Sitz der gesuchstellenden Partei oder am Ort der gelegenen Sache zwingend zuständig.

6. Abschnitt:
Klagen aus Vertrag

Art. 31

Grundsatz Für Klagen aus Vertrag ist das Gericht am Wohnsitz oder Sitz der beklagten Partei oder an dem Ort zuständig, an dem die charakteristische Leistung zu erbringen ist.

Art. 32

¹ Bei Streitigkeiten aus Konsumentenverträgen ist zuständig:

a. für Klagen der Konsumentin oder des Konsumenten: das Gericht am Wohnsitz oder Sitz einer der Parteien;

b. für Klagen der Anbieterin oder des Anbieters: das Gericht am Wohnsitz der beklagten Partei.

² Als Konsumentenverträge gelten Verträge über Leistungen des üblichen Verbrauchs, die für die persönlichen oder familiären Bedürfnisse der Konsumentin oder des Konsumenten bestimmt sind und von der anderen Partei im Rahmen ihrer beruflichen oder gewerblichen Tätigkeit angeboten werden.

Konsumentenvertrag

Art. 33

Für Klagen aus Miete und Pacht unbeweglicher Sachen ist das Gericht am Ort der gelegenen Sache zuständig.

Miete und Pacht unbeweglicher Sachen

Art. 34

¹ Für arbeitsrechtliche Klagen ist das Gericht am Wohnsitz oder Sitz der beklagten Partei oder an dem Ort, an dem die Arbeitnehmerin oder der Arbeitnehmer gewöhnlich die Arbeit verrichtet, zuständig.

² Für Klagen einer stellensuchenden Person sowie einer Arbeitnehmerin oder eines Arbeitnehmers, die sich auf das Arbeitsvermittlungsgesetz vom 6. Oktober 1989[1)] stützen, ist zusätzlich das Gericht am Ort der Geschäftsniederlassung der vermittelnden oder verleihenden Person, mit welcher der Vertrag abgeschlossen wurde, zuständig.

Arbeitsrecht

Art. 35

¹ Auf die Gerichtsstände nach den Artikeln 32–34 können nicht zum Voraus oder durch Einlassung verzichten:

a. die Konsumentin oder der Konsument;

b. die Partei, die Wohn- oder Geschäftsräume gemietet oder gepachtet hat;

c. bei landwirtschaftlichen Pachtverhältnissen: die pachtende Partei;

d. die stellensuchende oder arbeitnehmende Partei.

² Vorbehalten bleibt der Abschluss einer Gerichtsstandsvereinbarung nach Entstehung der Streitigkeit.

Verzicht auf die gesetzlichen Gerichtsstände

[1)] SR **823.11**

7. Abschnitt:
Klagen aus unerlaubter Handlung

Art. 36

Grundsatz Für Klagen aus unerlaubter Handlung ist das Gericht am Wohnsitz oder Sitz der geschädigten Person oder der beklagten Partei oder am Handlungs- oder am Erfolgsort zuständig.

Art. 37

Schadenersatz bei ungerechtfertigten vorsorglichen Massnahmen Für Schadenersatzklagen wegen ungerechtfertigter vorsorglicher Massnahmen ist das Gericht am Wohnsitz oder Sitz der beklagten Partei oder an dem Ort, an dem die vorsorgliche Massnahme angeordnet wurde, zuständig.

Art. 38

Motorfahrzeug- und Fahrradunfälle [1] Für Klagen aus Motorfahrzeug- und Fahrradunfällen ist das Gericht am Wohnsitz oder Sitz der beklagten Partei oder am Unfallort zuständig.

[2] Für Klagen gegen das nationale Versicherungsbüro (Art. 74 des Strassenverkehrsgesetzes vom 19. Dezember 1958[1]; SVG) oder gegen den nationalen Garantiefonds (Art. 76 SVG) ist zusätzlich das Gericht am Ort einer Zweigniederlassung dieser Einrichtungen zuständig.

Art. 38a

Nuklearschäden [1] Für Klagen aus nuklearen Ereignissen ist zwingend das Gericht des Kantons zuständig, auf dessen Gebiet das Ereignis eingetreten ist.

[2] Kann dieser Kanton nicht mit Sicherheit bestimmt werden, so ist zwingend das Gericht des Kantons zuständig, in welchem die Kernanlage des haftpflichtigen Inhabers gelegen ist.

[3] Bestehen nach diesen Regeln mehrere Gerichtsstände, so ist zwingend das Gericht des Kantons zuständig, der die engste Verbindung zum Ereignis aufweist und am meisten von seinen Auswirkungen betroffen ist.

Art. 39

Adhäsionsklage Für die Beurteilung adhäsionsweise geltend gemachter Zivilansprüche bleibt die Zuständigkeit des Strafgerichts vorbehalten.

---

[1] SR **741.01**

8. Abschnitt:
Handelsrecht

Art. 40
Für Klagen aus gesellschaftsrechtlicher Verantwortlichkeit ist das Gericht am Wohnsitz oder Sitz der beklagten Partei oder am Sitz der Gesellschaft zuständig.

Gesellschaftsrecht

Art. 41
Für Stimmrechtssuspendierungsklagen nach dem Börsengesetz vom 24. März 1995[1] ist das Gericht am Sitz der Zielgesellschaft zuständig.

Stimmrechts-suspendierungs-klagen

Art. 42
Für Klagen, die sich auf das Fusionsgesetz vom 3. Oktober 2003[2] stützen, ist das Gericht am Sitz eines beteiligten Rechtsträgers zuständig.

Fusionen, Spaltungen, Umwandlungen und Vermögens-übertragungen

Art. 43
¹ Für die Kraftloserklärung von Beteiligungspapieren ist das Gericht am Sitz der Gesellschaft zwingend zuständig.
² Für die Kraftloserklärung von Grundpfandtiteln ist das Gericht an dem Ort zwingend zuständig, an dem das Grundstück im Grundbuch aufgenommen ist.
³ Für die Kraftloserklärung der übrigen Wertpapiere und der Versicherungspolicen ist das Gericht am Wohnsitz oder Sitz der Schuldnerin oder des Schuldners zwingend zuständig.
⁴ Für Zahlungsverbote aus Wechsel und Check und für deren Kraftloserklärung ist das Gericht am Zahlungsort zwingend zuständig.

Kraftloserklärung von Wertpapieren und Versicherungs-policen; Zahlungsverbot

Art. 44
Die örtliche Zuständigkeit für die Ermächtigung zur Einberufung der Gläubigerversammlung richtet sich nach Artikel 1165 OR[3].

Anleihens-obligationen

Art. 45
Für Klagen der Anlegerinnen und Anleger sowie der Vertretung der Anlegergemeinschaft ist das Gericht am Sitz des jeweils betroffenen Bewilligungsträgers zwingend zuständig.

Kollektivanlagen

---

[1] SR **954.1**
[2] SR **221.301**
[3] SR **220**

9. Abschnitt:
Schuldbetreibungs- und Konkursrecht

Art. 46

Für Klagen nach dem Bundesgesetz vom 11. April 1889[1] über Schuldbetreibung und Konkurs (SchKG) bestimmt sich die örtliche Zuständigkeit nach diesem Kapitel, soweit das SchKG keinen Gerichtsstand vorsieht.

3. Kapitel: Ausstand

Art. 47

Ausstandsgründe

1 Eine Gerichtsperson tritt in den Ausstand, wenn sie:
a. in der Sache ein persönliches Interesse hat;
b. in einer anderen Stellung, insbesondere als Mitglied einer Behörde, als Rechtsbeiständin oder Rechtsbeistand, als Sachverständige oder Sachverständiger, als Zeugin oder Zeuge, als Mediatorin oder Mediator in der gleichen Sache tätig war;
c. mit einer Partei, ihrer Vertreterin oder ihrem Vertreter oder einer Person, die in der gleichen Sache als Mitglied der Vorinstanz tätig war, verheiratet ist oder war, in eingetragener Partnerschaft lebt oder lebte oder eine faktische Lebensgemeinschaft führt;
d. mit einer Partei in gerader Linie oder in der Seitenlinie bis und mit dem dritten Grad verwandt oder verschwägert ist;
e. mit der Vertreterin oder dem Vertreter einer Partei oder mit einer Person, die in der gleichen Sache als Mitglied der Vorinstanz tätig war, in gerader Linie oder im zweiten Grad der Seitenlinie verwandt oder verschwägert ist;
f. aus anderen Gründen, insbesondere wegen Freundschaft oder Feindschaft mit einer Partei oder ihrer Vertretung, befangen sein könnte.

2 Kein Ausstandsgrund für sich allein ist insbesondere die Mitwirkung:
a. beim Entscheid über die unentgeltliche Rechtspflege;
b. beim Schlichtungsverfahren;
c. bei der Rechtsöffnung nach den Artikeln 80–84 SchKG[2];
d. bei der Anordnung vorsorglicher Massnahmen;
e. beim Eheschutzverfahren.

---

[1] SR **281.1**
[2] SR **281.1**

Art. 48

Die betroffene Gerichtsperson legt einen möglichen Ausstandsgrund rechtzeitig offen und tritt von sich aus in den Ausstand, wenn sie den Grund als gegeben erachtet.

Mitteilungspflicht

Art. 49

[1] Eine Partei, die eine Gerichtsperson ablehnen will, hat dem Gericht unverzüglich ein entsprechendes Gesuch zu stellen, sobald sie vom Ausstandsgrund Kenntnis erhalten hat. Die den Ausstand begründenden Tatsachen sind glaubhaft zu machen.

[2] Die betroffene Gerichtsperson nimmt zum Gesuch Stellung.

Ausstandsgesuch

Art. 50

[1] Wird der geltend gemachte Ausstandsgrund bestritten, so entscheidet das Gericht.

[2] Der Entscheid ist mit Beschwerde anfechtbar.

Entscheid

Art. 51

[1] Amtshandlungen, an denen eine zum Ausstand verpflichtete Gerichtsperson mitgewirkt hat, sind aufzuheben und zu wiederholen, sofern dies eine Partei innert 10 Tagen verlangt, nachdem sie vom Ausstandsgrund Kenntnis erhalten hat.

[2] Nicht wiederholbare Beweismassnahmen darf das entscheidende Gericht berücksichtigen.

[3] Wird der Ausstandsgrund erst nach Abschluss des Verfahrens entdeckt, so gelten die Bestimmungen über die Revision.

Folgen der Verletzung der Ausstandsvorschriften

3. TITEL: VERFAHRENSGRUNDSÄTZE UND PROZESSVORAUSSETZUNGEN

1. Kapitel: Verfahrensgrundsätze

Art. 52

Handeln nach Treu und Glauben

Alle am Verfahren beteiligten Personen haben nach Treu und Glauben zu handeln.

Art. 53

Rechtliches Gehör

¹ Die Parteien haben Anspruch auf rechtliches Gehör.

² Insbesondere können sie die Akten einsehen und Kopien anfertigen lassen, soweit keine überwiegenden öffentlichen oder privaten Interessen entgegenstehen.

Art. 54

Öffentlichkeit des Verfahrens

¹ Verhandlungen und eine allfällige mündliche Eröffnung des Urteils sind öffentlich.

Die Entscheide werden der Öffentlichkeit zugänglich gemacht.

² Das kantonale Recht bestimmt, ob die Urteilsberatung öffentlich ist.

³ Die Öffentlichkeit kann ganz oder teilweise ausgeschlossen werden, wenn es das öffentliche Interesse oder das schutzwürdige Interesse einer beteiligten Person erfordert.

⁴ Die familienrechtlichen Verfahren sind nicht öffentlich.

Art. 55

Verhandlungs- und Untersuchungsgrundsatz

¹ Die Parteien haben dem Gericht die Tatsachen, auf die sie ihre Begehren stützen, darzulegen und die Beweismittel anzugeben.

² Vorbehalten bleiben gesetzliche Bestimmungen über die Feststellung des Sachverhaltes und die Beweiserhebung von Amtes wegen.

Art. 56

Gerichtliche Fragepflicht

Ist das Vorbringen einer Partei unklar, widersprüchlich, unbestimmt oder offensichtlich unvollständig, so gibt ihr das Gericht durch entsprechende Fragen Gelegenheit zur Klarstellung und zur Ergänzung.

Art. 57

Rechtsanwendung von Amtes wegen

Das Gericht wendet das Recht von Amtes wegen an.

Art. 58

¹ Das Gericht darf einer Partei nicht mehr und nichts anderes zusprechen, als sie verlangt, und nicht weniger, als die Gegenpartei anerkannt hat.

² Vorbehalten bleiben gesetzliche Bestimmungen, nach denen das Gericht nicht an die Parteianträge gebunden ist.

Dispositions- und Offizialgrundsatz

2. Kapitel: Prozessvoraussetzungen

Art. 59

¹ Das Gericht tritt auf eine Klage oder auf ein Gesuch ein, sofern die Prozessvoraussetzungen erfüllt sind.

² Prozessvoraussetzungen sind insbesondere:
a. Die klagende oder gesuchstellende Partei hat ein schutzwürdiges Interesse.
b. Das Gericht ist sachlich und örtlich zuständig.
c. Die Parteien sind partei- und prozessfähig.
d. Die Sache ist nicht anderweitig rechtshängig.
e. Die Sache ist noch nicht rechtskräftig entschieden.
f. Der Vorschuss und die Sicherheit für die Prozesskosten sind geleistet worden.

Grundsatz

Art. 60

Das Gericht prüft von Amtes wegen, ob die Prozessvoraussetzungen erfüllt sind.

Prüfung der Prozessvoraussetzungen

Art. 61

Haben die Parteien über eine schiedsfähige Streitsache eine Schiedsvereinbarung getroffen, so lehnt das angerufene staatliche Gericht seine Zuständigkeit ab, es sei denn:
a. die beklagte Partei habe sich vorbehaltlos auf das Verfahren eingelassen;
b. das Gericht stelle fest, dass die Schiedsvereinbarung offensichtlich ungültig oder nicht erfüllbar sei; oder
c. das Schiedsgericht könne nicht bestellt werden aus Gründen, für welche die im Schiedsverfahren beklagte Partei offensichtlich einzustehen hat.

Schiedsvereinbarung

4. TITEL: RECHTSHÄNGIGKEIT UND FOLGEN DES KLAGERÜCKZUGS

Art. 62

Beginn der Rechtshängigkeit

¹ Die Einreichung eines Schlichtungsgesuches, einer Klage, eines Gesuches oder eines gemeinsamen Scheidungsbegehrens begründet Rechtshängigkeit.

² Der Eingang dieser Eingaben wird den Parteien bestätigt.

Art. 63

Rechtshängigkeit bei fehlender Zuständigkeit und falscher Verfahrensart

¹ Wird eine Eingabe, die mangels Zuständigkeit zurückgezogen oder auf die nicht eingetreten wurde, innert eines Monates seit dem Rückzug oder dem Nichteintretensentscheid bei der zuständigen Schlichtungsbehörde oder beim zuständigen Gericht neu eingereicht, so gilt als Zeitpunkt der Rechtshängigkeit das Datum der ersten Einreichung.

² Gleiches gilt, wenn eine Klage nicht im richtigen Verfahren eingereicht wurde.

³ Vorbehalten bleiben die besonderen gesetzlichen Klagefristen nach dem SchKG[1].

Art. 64

Wirkungen der Rechtshängigkeit

¹ Die Rechtshängigkeit hat insbesondere folgende Wirkungen:
a. Der Streitgegenstand kann zwischen den gleichen Parteien nicht anderweitig rechtshängig gemacht werden.
b. Die örtliche Zuständigkeit bleibt erhalten.

² Für die Wahrung einer gesetzlichen Frist des Privatrechts, die auf den Zeitpunkt der Klage, der Klageanhebung oder auf einen anderen verfahrenseinleitenden Schritt abstellt, ist die Rechtshängigkeit nach diesem Gesetz massgebend.

Art. 65

Folgen des Klagerückzugs

Wer eine Klage beim zum Entscheid zuständigen Gericht zurückzieht, kann gegen die gleiche Partei über den gleichen Streitgegenstand keinen zweiten Prozess mehr führen, sofern das Gericht die Klage der beklagten Partei bereits zugestellt hat und diese dem Rückzug nicht zustimmt.

---

[1] SR **281.1**

5. TITEL: DIE PARTEIEN UND DIE BETEILIGUNG DRITTER

1. Kapitel: Partei- und Prozessfähigkeit

Art. 66
Parteifähig ist, wer rechtsfähig ist oder von Bundesrechts wegen als Partei auftreten kann.

Parteifähigkeit

Art. 67
[1] Prozessfähig ist, wer handlungsfähig ist.
[2] Für eine handlungsunfähige Person handelt ihre gesetzliche Vertretung.
[3] Soweit eine handlungsunfähige Person urteilsfähig ist, kann sie:
a. selbstständig Rechte ausüben, die ihr um ihrer Persönlichkeit willen zustehen;
b. vorläufig selbst das Nötige vorkehren, wenn Gefahr in Verzug ist.

Prozessfähigkeit

2. Kapitel: Parteivertretung

Art. 68
[1] Jede prozessfähige Partei kann sich im Prozess vertreten lassen.
[2] Zur berufsmässigen Vertretung sind befugt:
a. in allen Verfahren: Anwältinnen und Anwälte, die nach dem Anwaltsgesetz vom 23. Juni 2000[1] berechtigt sind, Parteien vor schweizerischen Gerichten zu vertreten;
b. vor der Schlichtungsbehörde, in vermögensrechtlichen Streitigkeiten des vereinfachten Verfahrens sowie in den Angelegenheiten des summarischen Verfahrens: patentierte Sachwalterinnen und Sachwalter sowie Rechtsagentinnen und Rechtsagenten, soweit das kantonale Recht es vorsieht;
c. in den Angelegenheiten des summarischen Verfahrens nach Artikel 251 dieses Gesetzes: gewerbsmässige Vertreterinnen und Vertreter nach Artikel 27 SchKG[2];
d. vor den Miet- und Arbeitsgerichten beruflich qualifizierte Vertreterinnen und Vertreter, soweit das kantonale Recht es vorsieht.

Vertragliche Vertretung

---

[1] SR **935.61**
[2] SR **281.1**

³ Die Vertreterin oder der Vertreter hat sich durch eine Vollmacht auszuweisen.

⁴ Das Gericht kann das persönliche Erscheinen einer vertretenen Partei anordnen.

Art. 69

Unvermögen der Partei

¹ Ist eine Partei offensichtlich nicht im Stande, den Prozess selbst zu führen, so kann das Gericht sie auffordern, eine Vertreterin oder einen Vertreter zu beauftragen. Leistet die Partei innert der angesetzten Frist keine Folge, so bestellt ihr das Gericht eine Vertretung.

² Das Gericht benachrichtigt die Vormundschaftsbehörde, wenn es vormundschaftliche Massnahmen für geboten hält.

3. Kapitel: Streitgenossenschaft

Art. 70

Notwendige Streitgenossenschaft

¹ Sind mehrere Personen an einem Rechtsverhältnis beteiligt, über das nur mit Wirkung für alle entschieden werden kann, so müssen sie gemeinsam klagen oder beklagt werden.

² Rechtzeitige Prozesshandlungen eines Streitgenossen wirken auch für säumige Streitgenossen; ausgenommen ist das Ergreifen von Rechtsmitteln.

Art. 71

Einfache Streitgenossenschaft

¹ Sollen Rechte und Pflichten beurteilt werden, die auf gleichartigen Tatsachen oder Rechtsgründen beruhen, so können mehrere Personen gemeinsam klagen oder beklagt werden.

² Die einfache Streitgenossenschaft ist ausgeschlossen, wenn für die einzelnen Klagen nicht die gleiche Verfahrensart anwendbar ist.

³ Jeder Streitgenosse kann den Prozess unabhängig von den andern Streitgenossen führen.

Art. 72

Gemeinsame Vertretung

Die Streitgenossen können eine gemeinsame Vertretung bezeichnen, sonst ergehen Zustellungen an jeden einzelnen Streitgenossen.

4. Kapitel: Intervention

1. Abschnitt:
Hauptintervention

Art. 73
¹ Wer am Streitgegenstand ein besseres Recht behauptet, das beide Parteien ganz oder teilweise ausschliesst, kann beim Gericht, bei dem der Prozess erstinstanzlich rechtshängig ist, gegen beide Parteien Klage erheben.

² Das Gericht kann den Prozess bis zur rechtskräftigen Erledigung der Klage des Hauptintervenienten einstellen oder die Verfahren vereinigen.

2. Abschnitt:
Nebenintervention

Art. 74
Wer ein rechtliches Interesse glaubhaft macht, dass eine rechtshängige Streitigkeit zugunsten der einen Partei entschieden werde, kann im Prozess jederzeit als Nebenpartei intervenieren und zu diesem Zweck beim Gericht ein Interventionsgesuch stellen. — **Grundsatz**

Art. 75
¹ Das Interventionsgesuch enthält den Grund der Intervention und die Bezeichnung der Partei, zu deren Unterstützung interveniert wird. — **Gesuch**

² Das Gericht entscheidet über das Gesuch nach Anhörung der Parteien. Der Entscheid ist mit Beschwerde anfechtbar.

Art. 76
¹ Die intervenierende Person kann zur Unterstützung der Hauptpartei alle Prozesshandlungen vornehmen, die nach dem Stand des Verfahrens zulässig sind, insbesondere alle Angriffs- und Verteidigungsmittel geltend machen und auch Rechtsmittel ergreifen. — **Rechte der intervenierenden Person**

² Stehen die Prozesshandlungen der intervenierenden Person mit jenen der Hauptpartei im Widerspruch, so sind sie im Prozess unbeachtlich.

Art. 77

Wirkungen der Intervention

Ein für die Hauptpartei ungünstiges Ergebnis des Prozesses wirkt auch gegen die intervenierende Person, es sei denn:

a. sie sei durch die Lage des Prozesses zur Zeit ihres Eintritts oder durch Handlungen oder Unterlassungen der Hauptpartei verhindert gewesen, Angriffs- und Verteidigungsmittel geltend zu machen; oder

b. ihr unbekannte Angriffs- oder Verteidigungsmittel seien von der Hauptpartei absichtlich oder grobfahrlässig nicht geltend gemacht worden.

5. Kapitel: Streitverkündung

1. Abschnitt:
Einfache Streitverkündung

Art. 78

Grundsätze

¹ Eine Partei, die für den Fall ihres Unterliegens eine dritte Person belangen will oder den Anspruch einer dritten Person befürchtet, kann diese auffordern, sie im Prozess zu unterstützen.

² Die streitberufene Person kann den Streit weiter verkünden.

Art. 79

Stellung der streitberufenen Person

¹ Die streitberufene Person kann:

a. zugunsten der Partei, die ihr den Streit verkündet hat, ohne weitere Voraussetzungen intervenieren; oder

b. anstelle der Partei, die ihr den Streit verkündet hat, mit deren Einverständnis den Prozess führen.

² Lehnt sie den Eintritt ab oder erklärt sie sich nicht, so wird der Prozess ohne Rücksicht auf sie fortgesetzt.

Art. 80

Wirkungen der Streitverkündung

Artikel 77 gilt sinngemäss.

2. Abschnitt:
Streitverkündungsklage

Art. 81

¹ Die streitverkündende Partei kann ihre Ansprüche, die sie im Falle des Unterliegens gegen die streitberufene Person zu haben glaubt, beim Gericht, das mit der Hauptklage befasst ist, geltend machen.

² Die streitberufene Person kann keine weitere Streitverkündungsklage erheben.

³ Im vereinfachten und im summarischen Verfahren ist die Streitverkündungsklage unzulässig.

Grundsätze

Art. 82

¹ Die Zulassung der Streitverkündungsklage ist mit der Klageantwort oder mit der Replik im Hauptprozess zu beantragen. Die Rechtsbegehren, welche die streitverkündende Partei gegen die streitberufene Person zu stellen gedenkt, sind zu nennen und kurz zu begründen.

² Das Gericht gibt der Gegenpartei sowie der streitberufenen Person Gelegenheit zur Stellungnahme.

³ Wird die Streitverkündungsklage zugelassen, so bestimmt das Gericht Zeitpunkt und Umfang des betreffenden Schriftenwechsels; Artikel 125 bleibt vorbehalten.

⁴ Der Entscheid über die Zulassung der Klage ist mit Beschwerde anfechtbar.

Verfahren

6. Kapitel: Parteiwechsel

Art. 83

¹ Wird das Streitobjekt während des Prozesses veräussert, so kann die Erwerberin oder der Erwerber an Stelle der veräussernden Partei in den Prozess eintreten.

² Die eintretende Partei haftet für die gesamten Prozesskosten. Für die bis zum Parteiwechsel aufgelaufenen Prozesskosten haftet die ausscheidende Partei solidarisch mit.

³ In begründeten Fällen hat die eintretende Partei auf Verlangen der Gegenpartei für die Vollstreckung des Entscheides Sicherheit zu leisten.

⁴ Ohne Veräusserung des Streitobjekts ist ein Parteiwechsel nur mit Zustimmung der Gegenpartei zulässig; besondere gesetzliche Bestimmungen über die Rechtsnachfolge bleiben vorbehalten.

6. TITEL: KLAGEN

Art. 84

Leistungsklage ¹ Mit der Leistungsklage verlangt die klagende Partei die Verurteilung der beklagten Partei zu einem bestimmten Tun, Unterlassen oder Dulden.

² Wird die Bezahlung eines Geldbetrages verlangt, so ist dieser zu beziffern.

Art. 85

Unbezifferte Forderungsklage ¹ Ist es der klagenden Partei unmöglich oder unzumutbar, ihre Forderung bereits zu Beginn des Prozesses zu beziffern, so kann sie eine unbezifferte Forderungsklage erheben. Sie muss jedoch einen Mindestwert angeben, der als vorläufiger Streitwert gilt.

² Die Forderung ist zu beziffern, sobald die klagende Partei nach Abschluss des Beweisverfahrens oder nach Auskunftserteilung durch die beklagte Partei dazu in der Lage ist. Das angerufene Gericht bleibt zuständig, auch wenn der Streitwert die sachliche Zuständigkeit übersteigt.

Art. 86

Teilklage Ist ein Anspruch teilbar, so kann auch nur ein Teil eingeklagt werden.

Art. 87

Gestaltungsklage Mit der Gestaltungsklage verlangt die klagende Partei die Begründung, Änderung oder Aufhebung eines bestimmten Rechts oder Rechtsverhältnisses.

Art. 88

Feststellungsklage Mit der Feststellungsklage verlangt die klagende Partei die gerichtliche Feststellung, dass ein Recht oder Rechtsverhältnis besteht oder nicht besteht.

Art. 89

Verbandsklage

¹ Vereine und andere Organisationen von gesamtschweizerischer oder regionaler Bedeutung, die nach ihren Statuten zur Wahrung der Interessen bestimmter Personengruppen befugt sind, können in eigenem Namen auf Verletzung der Persönlichkeit der Angehörigen dieser Personengruppen klagen.

² Mit der Verbandsklage kann beantragt werden:
a. eine drohende Verletzung zu verbieten;
b. eine bestehende Verletzung zu beseitigen;
c. die Widerrechtlichkeit einer Verletzung festzustellen, wenn sich diese weiterhin störend auswirkt.

³ Besondere gesetzliche Bestimmungen über die Verbandsklage bleiben vorbehalten.

Art. 90

Klagenhäufung

Die klagende Partei kann mehrere Ansprüche gegen dieselbe Partei in einer Klage vereinen, sofern:
a. das gleiche Gericht dafür sachlich zuständig ist; und
b. die gleiche Verfahrensart anwendbar ist.

7. TITEL: STREITWERT

Art. 91

Grundsatz ¹ Der Streitwert wird durch das Rechtsbegehren bestimmt. Zinsen und Kosten des laufenden Verfahrens oder einer allfälligen Publikation des Entscheids sowie allfällige Eventualbegehren werden nicht hinzugerechnet.

² Lautet das Rechtsbegehren nicht auf eine bestimmte Geldsumme, so setzt das Gericht den Streitwert fest, sofern sich die Parteien darüber nicht einigen oder ihre Angaben offensichtlich unrichtig sind.

Art. 92

Wiederkehrende Nutzungen und Leistungen ¹ Als Wert wiederkehrender Nutzungen oder Leistungen gilt der Kapitalwert.

² Bei ungewisser oder unbeschränkter Dauer gilt als Kapitalwert der zwanzigfache Betrag der einjährigen Nutzung oder Leistung und bei Leibrenten der Barwert.

Art. 93

Streitgenossenschaft und Klagenhäufung ¹ Bei einfacher Streitgenossenschaft und Klagenhäufung werden die geltend gemachten Ansprüche zusammengerechnet, sofern sie sich nicht gegenseitig ausschliessen.

² Bei einfacher Streitgenossenschaft bleibt die Verfahrensart trotz Zusammenrechnung des Streitwerts erhalten.

Art. 94

Widerklage ¹ Stehen sich Klage und Widerklage gegenüber, so bestimmt sich der Streitwert nach dem höheren Rechtsbegehren.

² Zur Bestimmung der Prozesskosten werden die Streitwerte zusammengerechnet, sofern sich Klage und Widerklage nicht gegenseitig ausschliessen.

8. TITEL: PROZESSKOSTEN UND UNENTGELTLICHE RECHTSPFLEGE

1. Kapitel: Prozesskosten

Art. 95

¹ Prozesskosten sind:
a. die Gerichtskosten;
b. die Parteientschädigung.

² Gerichtskosten sind:
a. die Pauschalen für das Schlichtungsverfahren;
b. die Pauschalen für den Entscheid (Entscheidgebühr);
c. die Kosten der Beweisführung;
d. die Kosten für die Übersetzung;
e. die Kosten für die Vertretung des Kindes (Art. 299 und 300).

³ Als Parteientschädigung gilt:
a. der Ersatz notwendiger Auslagen;
b. die Kosten einer berufsmässigen Vertretung;
c. in begründeten Fällen: eine angemessene Umtriebsentschädigung, wenn eine Partei nicht berufsmässig vertreten ist.

Begriffe

Art. 96

Die Kantone setzen die Tarife für die Prozesskosten fest.

Tarife

Art. 97

Das Gericht klärt die nicht anwaltlich vertretene Partei über die mutmassliche Höhe der Prozesskosten sowie über die unentgeltliche Rechtspflege auf.

Aufklärung über die Prozesskosten

Art. 98

Das Gericht kann von der klagenden Partei einen Vorschuss bis zur Höhe der mutmasslichen Gerichtskosten verlangen.

Kostenvorschuss

Art. 99

¹ Die klagende Partei hat auf Antrag der beklagten Partei für deren Parteientschädigung Sicherheit zu leisten, wenn sie:
a. keinen Wohnsitz oder Sitz in der Schweiz hat;
b. zahlungsunfähig erscheint, namentlich wenn gegen sie der Konkurs eröffnet oder ein Nachlassverfahren im Gang ist oder Verlustscheine bestehen;
c. Prozesskosten aus früheren Verfahren schuldet; oder
d. wenn andere Gründe für eine erhebliche Gefährdung der Parteientschädigung bestehen.

Sicherheit für die Parteientschädigung

² Bei notwendiger Streitgenossenschaft ist nur dann Sicherheit zu leisten, wenn bei allen Streitgenossen eine der Voraussetzungen gegeben ist.

³ Keine Sicherheit ist zu leisten:
a. im vereinfachten Verfahren mit Ausnahme der vermögensrechtlichen Streitigkeiten nach Artikel 243 Absatz 1;
b. im Scheidungsverfahren;
c. im summarischen Verfahren mit Ausnahme des Rechtsschutzes in klaren Fällen (Art. 257).

Art. 100

Art und Höhe der Sicherheit

¹ Die Sicherheit kann in bar oder durch Garantie einer in der Schweiz niedergelassenen Bank oder eines zum Geschäftsbetrieb in der Schweiz zugelassenen Versicherungsunternehmens geleistet werden.

² Das Gericht kann die zu leistende Sicherheit nachträglich erhöhen, herabsetzen oder aufheben.

Art. 101

Leistung des Vorschusses und der Sicherheit

¹ Das Gericht setzt eine Frist zur Leistung des Vorschusses und der Sicherheit.

² Vorsorgliche Massnahmen kann es schon vor Leistung der Sicherheit anordnen.

³ Werden der Vorschuss oder die Sicherheit auch nicht innert einer Nachfrist geleistet, so tritt das Gericht auf die Klage oder auf das Gesuch nicht ein.

Art. 102

Vorschuss für Beweiserhebungen

¹ Jede Partei hat die Auslagen des Gerichts vorzuschiessen, die durch von ihr beantragte Beweiserhebungen veranlasst werden.

² Beantragen die Parteien dasselbe Beweismittel, so hat jede Partei die Hälfte vorzuschiessen.

³ Leistet eine Partei ihren Vorschuss nicht, so kann die andere die Kosten vorschiessen; andernfalls unterbleibt die Beweiserhebung. Vorbehalten bleiben Streitigkeiten, in denen das Gericht den Sachverhalt von Amtes wegen zu erforschen hat.

Art. 103

Rechtsmittel Entscheide über die Leistung von Vorschüssen und Sicherheiten sind mit Beschwerde anfechtbar.

2. Kapitel:
Verteilung und Liquidation der Prozesskosten

Art. 104

Entscheid über die Prozesskosten

¹ Das Gericht entscheidet über die Prozesskosten in der Regel im Endentscheid.
² Bei einem Zwischenentscheid (Art. 237) können die bis zu diesem Zeitpunkt entstandenen Prozesskosten verteilt werden.
³ Über die Prozesskosten vorsorglicher Massnahmen kann zusammen mit der Hauptsache entschieden werden.
⁴ In einem Rückweisungsentscheid kann die obere Instanz die Verteilung der Prozesskosten des Rechtsmittelverfahrens der Vorinstanz überlassen.

Art. 105

Festsetzung und Verteilung der Prozesskosten

¹ Die Gerichtskosten werden von Amtes wegen festgesetzt und verteilt.
² Die Parteientschädigung spricht das Gericht nach den Tarifen (Art. 96) zu. Die Parteien können eine Kostennote einreichen.

Art. 106

Verteilungsgrundsätze

¹ Die Prozesskosten werden der unterliegenden Partei auferlegt. Bei Nichteintreten und bei Klagerückzug gilt die klagende Partei, bei Anerkennung der Klage die beklagte Partei als unterliegend.
² Hat keine Partei vollständig obsiegt, so werden die Prozesskosten nach dem Ausgang des Verfahrens verteilt.
³ Sind am Prozess mehrere Personen als Haupt- oder Nebenparteien beteiligt, so bestimmt das Gericht ihren Anteil an den Prozesskosten. Es kann auf solidarische Haftung erkennen.

Art. 107

Verteilung nach Ermessen

¹ Das Gericht kann von den Verteilungsgrundsätzen abweichen und die Prozesskosten nach Ermessen verteilen:
a. wenn die Klage zwar grundsätzlich, aber nicht in der Höhe der Forderung gutgeheissen wurde und diese Höhe vom gerichtlichen Ermessen abhängig oder die Bezifferung des Anspruchs schwierig war;
b. wenn eine Partei in guten Treuen zur Prozessführung veranlasst war;
c. in familienrechtlichen Verfahren;
d. in Verfahren bei eingetragener Partnerschaft;
e. wenn das Verfahren als gegenstandslos abgeschrieben wird und das Gesetz nichts anderes vorsieht;
f. wenn andere besondere Umstände vorliegen, die eine Verteilung nach dem Ausgang des Verfahrens als unbillig erscheinen lassen.

² Das Gericht kann Gerichtskosten, die weder eine Partei noch Dritte veranlasst haben, aus Billigkeitsgründen dem Kanton auferlegen.

Art. 108

Unnötige Prozesskosten Unnötige Prozesskosten hat zu bezahlen, wer sie verursacht hat.

Art. 109

Verteilung bei Vergleich ¹ Bei einem gerichtlichen Vergleich trägt jede Partei die Prozesskosten nach Massgabe des Vergleichs.

² Die Kosten werden nach den Artikeln 106–108 verteilt, wenn:
a. der Vergleich keine Regelung enthält; oder
b. die getroffene Regelung einseitig zulasten einer Partei geht, welcher die unentgeltliche Rechtspflege bewilligt worden ist.

Art. 110

Rechtsmittel Der Kostenentscheid ist selbstständig nur mit Beschwerde anfechtbar.

Art. 111

Liquidation der Prozesskosten ¹ Die Gerichtskosten werden mit den geleisteten Vorschüssen der Parteien verrechnet. Ein Fehlbetrag wird von der kostenpflichtigen Person nachgefordert.

² Die kostenpflichtige Partei hat der anderen Partei die geleisteten Vorschüsse zu ersetzen sowie die zugesprochene Parteientschädigung zu bezahlen.

³ Vorbehalten bleiben die Bestimmungen über die unentgeltliche Rechtspflege.

Art. 112

Stundung, Erlass, Verjährung und Verzinsung der Gerichtskosten ¹ Gerichtskosten können gestundet oder bei dauernder Mittellosigkeit erlassen werden.

² Die Forderungen verjähren zehn Jahre nach Abschluss des Verfahrens.

³ Der Verzugszins beträgt 5 Prozent.

3. Kapitel: Besondere Kostenregelungen

Art. 113

Schlichtungsverfahren

¹ Im Schlichtungsverfahren werden keine Parteientschädigungen gesprochen. Vorbehalten bleibt die Entschädigung einer unentgeltlichen Rechtsbeiständin oder eines unentgeltlichen Rechtsbeistandes durch den Kanton.

² Keine Gerichtskosten werden gesprochen in Streitigkeiten:
a. nach dem Gleichstellungsgesetz vom 24. März 1995[1];
b. nach dem Behindertengleichstellungsgesetz vom 13. Dezember 2002[2];
c. aus Miete und Pacht von Wohn- und Geschäftsräumen sowie aus landwirtschaftlicher Pacht;
d. aus dem Arbeitsverhältnis sowie nach dem Arbeitsvermittlungsgesetz vom 6. Oktober 1989[3] bis zu einem Streitwert von 30 000 Franken;
e. nach dem Mitwirkungsgesetz vom 17. Dezember 1993[4];
f. aus Zusatzversicherungen zur sozialen Krankenversicherung nach dem Bundesgesetz vom 18. März 1994[5] über die Krankenversicherung.

Art. 114

Entscheidverfahren

Im Entscheidverfahren werden keine Gerichtskosten gesprochen bei Streitigkeiten:
a. nach dem Gleichstellungsgesetz vom 24. März 1995[6];
b. nach dem Behindertengleichstellungsgesetz vom 13. Dezember 2002[7];
c. aus dem Arbeitsverhältnis sowie nach dem Arbeitsvermittlungsgesetz vom 6. Oktober 1989[8] bis zu einem Streitwert von 30 000 Franken;
d. nach dem Mitwirkungsgesetz vom 17. Dezember 1993[9];
e. aus Zusatzversicherungen zur sozialen Krankenversicherung nach dem Bundesgesetz vom 18. März 1994[10] über die Krankenversicherung.

---

[1] SR **151.1**
[2] SR **151.3**
[3] SR **823.11**
[4] SR **822.14**
[5] SR **832.10**
[6] SR **151.1**
[7] SR **151.3**
[8] SR **823.11**
[9] SR **822.14**
[10] SR **832.10**

Art. 115

Kostentragungspflicht

Bei bös- oder mutwilliger Prozessführung können die Gerichtskosten auch in den unentgeltlichen Verfahren einer Partei auferlegt werden.

Art. 116

Kostenbefreiung nach kantonalem Recht

¹ Die Kantone können weitere Befreiungen von den Prozesskosten gewähren.

² Befreiungen, welche ein Kanton sich selbst, seinen Gemeinden und anderen kantonalrechtlichen Körperschaften gewährt, gelten auch für den Bund.

4. Kapitel: Unentgeltliche Rechtspflege

Art. 117

Anspruch

Eine Person hat Anspruch auf unentgeltliche Rechtspflege, wenn:
a. sie nicht über die erforderlichen Mittel verfügt; und
b. ihr Rechtsbegehren nicht aussichtslos erscheint.

Art. 118

Umfang

¹ Die unentgeltliche Rechtspflege umfasst:
a. die Befreiung von Vorschuss- und Sicherheitsleistungen;
b. die Befreiung von den Gerichtskosten;
c. die gerichtliche Bestellung einer Rechtsbeiständin oder eines Rechtsbeistandes, wenn dies zur Wahrung der Rechte notwendig ist, insbesondere wenn die Gegenpartei anwaltlich vertreten ist; die Rechtsbeiständin oder der Rechtsbeistand kann bereits zur Vorbereitung des Prozesses bestellt werden.

² Sie kann ganz oder teilweise gewährt werden.

³ Sie befreit nicht von der Bezahlung einer Parteientschädigung an die Gegenpartei.

Art. 119

Gesuch und Verfahren

¹ Das Gesuch um unentgeltliche Rechtspflege kann vor oder nach Eintritt der Rechtshängigkeit gestellt werden.

² Die gesuchstellende Person hat ihre Einkommens- und Vermögensverhältnisse darzulegen und sich zur Sache sowie über ihre Beweismittel zu äussern. Sie kann die Person der gewünschten Rechtsbeiständin oder des gewünschten Rechtsbeistands im Gesuch bezeichnen.

³ Das Gericht entscheidet über das Gesuch im summarischen Verfahren. Die Gegenpartei kann angehört werden. Sie ist immer anzuhören, wenn die unentgeltliche Rechtspflege die Leistung der Sicherheit für die Parteientschädigung umfassen soll.

⁴ Die unentgeltliche Rechtspflege kann ausnahmsweise rückwirkend bewilligt werden.

⁵ Im Rechtsmittelverfahren ist die unentgeltliche Rechtspflege neu zu beantragen.

⁶ Ausser bei Bös- oder Mutwilligkeit werden im Verfahren um die unentgeltliche Rechtspflege keine Gerichtskosten erhoben.

Art. 120

Entzug der unentgeltlichen Rechtspflege

Das Gericht entzieht die unentgeltliche Rechtspflege, wenn der Anspruch darauf nicht mehr besteht oder nie bestanden hat.

Art. 121

Rechtsmittel

Wird die unentgeltliche Rechtspflege ganz oder teilweise abgelehnt oder entzogen, so kann der Entscheid mit Beschwerde angefochten werden.

Art. 122

Liquidation der Prozesskosten

¹ Unterliegt die unentgeltlich prozessführende Partei, so werden die Prozesskosten wie folgt liquidiert:

a. Die unentgeltliche Rechtsbeiständin oder der unentgeltliche Rechtsbeistand wird vom Kanton angemessen entschädigt.
b. Die Gerichtskosten gehen zulasten des Kantons.
c. Der Gegenpartei werden die Vorschüsse, die sie geleistet hat, zurückerstattet.
d. Die unentgeltlich prozessführende Partei hat der Gegenpartei die Parteientschädigung zu bezahlen.

² Obsiegt die unentgeltlich prozessführende Partei und ist die Parteientschädigung bei der Gegenpartei nicht oder voraussichtlich nicht einbringlich, so wird die unentgeltliche Rechtsbeiständin oder der unentgeltliche Rechtsbeistand vom Kanton angemessen entschädigt. Mit der Zahlung geht der Anspruch auf den Kanton über.

Art. 123

Nachzahlung ¹ Eine Partei, der die unentgeltliche Rechtspflege gewährt wurde, ist zur Nachzahlung verpflichtet, sobald sie dazu in der Lage ist.

² Der Anspruch des Kantons verjährt zehn Jahre nach Abschluss des Verfahrens.

9. TITEL: PROZESSLEITUNG, PROZESSUALES HANDELN UND FRISTEN

1. Kapitel: Prozessleitung

Art. 124

¹ Das Gericht leitet den Prozess. Es erlässt die notwendigen prozessleitenden Verfügungen zur zügigen Vorbereitung und Durchführung des Verfahrens.

² Die Prozessleitung kann an eines der Gerichtsmitglieder delegiert werden.

³ Das Gericht kann jederzeit versuchen, eine Einigung zwischen den Parteien herbeizuführen.

Grundsätze

Art. 125

Zur Vereinfachung des Prozesses kann das Gericht insbesondere:
a. das Verfahren auf einzelne Fragen oder auf einzelne Rechtsbegehren beschränken;
b. gemeinsam eingereichte Klagen trennen;
c. selbstständig eingereichte Klagen vereinigen;
d. eine Widerklage vom Hauptverfahren trennen.

Vereinfachung des Prozesses

Art. 126

¹ Das Gericht kann das Verfahren sistieren, wenn die Zweckmässigkeit dies verlangt. Das Verfahren kann namentlich sistiert werden, wenn der Entscheid vom Ausgang eines anderen Verfahrens abhängig ist.

² Die Sistierung ist mit Beschwerde anfechtbar.

Sistierung des Verfahrens

Art. 127

¹ Sind bei verschiedenen Gerichten Klagen rechtshängig, die miteinander in einem sachlichen Zusammenhang stehen, so kann ein später angerufenes Gericht die bei ihm rechtshängige Klage an das zuerst angerufene Gericht überweisen, wenn dieses mit der Übernahme einverstanden ist.

² Die Überweisung ist mit Beschwerde anfechtbar.

Überweisung bei zusammenhängenden Verfahren

Art. 128

¹ Wer im Verfahren vor Gericht den Anstand verletzt oder den Geschäftsgang stört, wird mit einem Verweis oder einer Ordnungsbusse bis zu 1000 Franken bestraft. Das Gericht kann zudem den Ausschluss von der Verhandlung anordnen.

² Das Gericht kann zur Durchsetzung seiner Anordnungen die Polizei beiziehen.

Verfahrensdisziplin und mutwillige Prozessführung

³ Bei bös- oder mutwilliger Prozessführung können die Parteien und ihre Vertretungen mit einer Ordnungsbusse bis zu 2000 Franken und bei Wiederholung bis zu 5000 Franken bestraft werden.

⁴ Die Ordnungsbusse ist mit Beschwerde anfechtbar.

2. Kapitel: Formen des prozessualen Handelns

1. Abschnitt:
Verfahrenssprache

Art. 129

Das Verfahren wird in der Amtssprache des zuständigen Kantons geführt. Bei mehreren Amtssprachen regeln die Kantone den Gebrauch der Sprachen.

2. Abschnitt:
Eingaben der Parteien

Art. 130

Form ¹ Eingaben sind dem Gericht in Papierform oder elektronisch einzureichen. Sie sind zu unterzeichnen.

² Bei elektronischer Übermittlung muss das Dokument, das die Eingabe und die Beilagen enthält, mit einer anerkannten elektronischen Signatur der Absenderin oder des Absenders versehen sein. Der Bundesrat bestimmt das Format der Übermittlung.

³ Bei elektronischer Übermittlung kann das Gericht verlangen, dass die Eingabe und die Beilagen in Papierform nachgereicht werden.

Art. 131

Anzahl Eingaben und Beilagen in Papierform sind in je einem Exemplar für das Gericht und für jede Gegenpartei einzureichen; andernfalls kann das Gericht eine Nachfrist ansetzen oder die notwendigen Kopien auf Kosten der Partei erstellen.

Art. 132

Mangelhafte, querulatorische und rechtsmissbräuchliche Eingaben ¹ Mängel wie fehlende Unterschrift und fehlende Vollmacht sind innert einer gerichtlichen Nachfrist zu verbessern. Andernfalls gilt die Eingabe als nicht erfolgt.

² Gleiches gilt für unleserliche, ungebührliche, unverständliche oder weitschweifige Eingaben.

³ Querulatorische und rechtsmissbräuchliche Eingaben werden ohne Weiteres zurückgeschickt.

3. Abschnitt:
Gerichtliche Vorladung

Art. 133

Die Vorladung enthält:
a. Name und Adresse der vorgeladenen Person;
b. die Prozesssache und die Parteien;
c. die Eigenschaft, in welcher die Person vorgeladen wird;
d. Ort, Datum und Zeit des geforderten Erscheinens;
e. die Prozesshandlung, zu der vorgeladen wird;
f. die Säumnisfolgen;
g. das Datum der Vorladung und die Unterschrift des Gerichts.

Inhalt

Art. 134

Die Vorladung muss mindestens 10 Tage vor dem Erscheinungstermin versandt werden, sofern das Gesetz nichts anderes bestimmt.

Zeitpunkt

Art. 135

Das Gericht kann einen Erscheinungstermin aus zureichenden Gründen verschieben:
a. von Amtes wegen; oder
b. wenn es vor dem Termin darum ersucht wird.

Verschiebung des Erscheinungstermins

4. Abschnitt:
Gerichtliche Zustellung

Art. 136

Das Gericht stellt den betroffenen Personen insbesondere zu:
a. Vorladungen;
b. Verfügungen und Entscheide;
c. Eingaben der Gegenpartei.

Zuzustellende Urkunden

Art. 137

Ist eine Partei vertreten, so erfolgt die Zustellung an die Vertretung.

Bei Vertretung

Art. 138

Form ¹ Die Zustellung von Vorladungen, Verfügungen und Entscheiden erfolgt durch eingeschriebene Postsendung oder auf andere Weise gegen Empfangsbestätigung.

² Sie ist erfolgt, wenn die Sendung von der Adressatin oder vom Adressaten oder von einer angestellten oder im gleichen Haushalt lebenden, mindestens sechzehn Jahre alten Person entgegengenommen wurde. Vorbehalten bleiben Anweisungen des Gerichts, eine Urkunde dem Adressaten oder der Adressatin persönlich zuzustellen.

³ Sie gilt zudem als erfolgt:
a. bei einer eingeschriebenen Postsendung, die nicht abgeholt worden ist: am siebten Tag nach dem erfolglosen Zustellungsversuch, sofern die Person mit einer Zustellung rechnen musste;
b. bei persönlicher Zustellung, wenn die Adressatin oder der Adressat die Annahme verweigert und dies von der überbringenden Person festgehalten wird: am Tag der Weigerung.

⁴ Andere Sendungen kann das Gericht durch gewöhnliche Post zustellen.

Art. 139

Elektronische Zustellung ¹ Mit dem Einverständnis der betroffenen Person kann jede Zustellung elektronisch erfolgen.

² Der Bundesrat bestimmt die Einzelheiten.

Art. 140

Zustellungsdomizil Das Gericht kann Parteien mit Wohnsitz oder Sitz im Ausland anweisen, ein Zustellungsdomizil in der Schweiz zu bezeichnen.

Art. 141

Öffentliche Bekanntmachung ¹ Die Zustellung erfolgt durch Publikation im kantonalen Amtsblatt oder im Schweizerischen Handelsamtsblatt, wenn:
a. der Aufenthaltsort der Adressatin oder des Adressaten unbekannt ist und trotz zumutbarer Nachforschungen nicht ermittelt werden kann;
b. eine Zustellung unmöglich ist oder mit ausserordentlichen Umtrieben verbunden wäre;
c. eine Partei mit Wohnsitz oder Sitz im Ausland entgegen der Anweisung des Gerichts kein Zustellungsdomizil in der Schweiz bezeichnet hat.

² Die Zustellung gilt am Tag der Publikation als erfolgt.

3. Kapitel: Fristen, Säumnis und Wiederherstellung

1. Abschnitt:
Fristen

Art. 142

¹ Fristen, die durch eine Mitteilung oder den Eintritt eines Ereignisses ausgelöst werden, beginnen am folgenden Tag zu laufen. — **Beginn und Berechnung**

² Berechnet sich eine Frist nach Monaten, so endet sie im letzten Monat an dem Tag, der dieselbe Zahl trägt wie der Tag, an dem die Frist zu laufen begann. Fehlt der entsprechende Tag, so endet die Frist am letzten Tag des Monats.

³ Fällt der letzte Tag einer Frist auf einen Samstag, einen Sonntag oder einen am Gerichtsort vom Bundesrecht oder vom kantonalen Recht anerkannten Feiertag, so endet sie am nächsten Werktag.

Art. 143

¹ Eingaben müssen spätestens am letzten Tag der Frist beim Gericht eingereicht oder zu dessen Handen der Schweizerischen Post oder einer schweizerischen diplomatischen oder konsularischen Vertretung übergeben werden. — **Einhaltung**

² Bei elektronischer Übermittlung ist die Frist eingehalten, wenn der Empfang bei der Zustelladresse des Gerichts spätestens am letzten Tag der Frist durch das betreffende Informatiksystem bestätigt worden ist.

³ Die Frist für eine Zahlung an das Gericht ist eingehalten, wenn der Betrag spätestens am letzten Tag der Frist zugunsten des Gerichts der Schweizerischen Post übergeben oder einem Post- oder Bankkonto in der Schweiz belastet worden ist.

Art. 144

¹ Gesetzliche Fristen können nicht erstreckt werden. — **Erstreckung**

² Gerichtliche Fristen können aus zureichenden Gründen erstreckt werden, wenn das Gericht vor Fristablauf darum ersucht wird.

Art. 145

¹ Gesetzliche und gerichtliche Fristen stehen still: — **Stillstand der Fristen**
a. vom siebten Tag vor Ostern bis und mit dem siebten Tag nach Ostern;
b. vom 15. Juli bis und mit dem 15. August;
c. vom 18. Dezember bis und mit dem 2. Januar.

² Dieser Fristenstillstand gilt nicht für:
a. das Schlichtungsverfahren;
b. das summarische Verfahren.

³ Die Parteien sind auf die Ausnahmen nach Absatz 2 hinzuweisen.

⁴ Vorbehalten bleiben die Bestimmungen des SchKG[1] über die Betreibungsferien und den Rechtsstillstand.

Art. 146

Wirkungen des Stillstandes

¹ Bei Zustellung während des Stillstandes beginnt der Fristenlauf am ersten Tag nach Ende des Stillstandes.

² Während des Stillstandes der Fristen finden keine Gerichtsverhandlungen statt, es sei denn, die Parteien seien einverstanden.

2. Abschnitt:
Säumnis und Wiederherstellung

Art. 147

Säumnis und Säumnisfolgen

¹ Eine Partei ist säumig, wenn sie eine Prozesshandlung nicht fristgerecht vornimmt oder zu einem Termin nicht erscheint.

² Das Verfahren wird ohne die versäumte Handlung weitergeführt, sofern das Gesetz nichts anderes bestimmt.

³ Das Gericht weist die Parteien auf die Säumnisfolgen hin.

Art. 148

Wiederherstellung

¹ Das Gericht kann auf Gesuch einer säumigen Partei eine Nachfrist gewähren oder zu einem Termin erneut vorladen, wenn die Partei glaubhaft macht, dass sie kein oder nur ein leichtes Verschulden trifft.

² Das Gesuch ist innert 10 Tagen seit Wegfall des Säumnisgrundes einzureichen.

³ Ist ein Entscheid eröffnet worden, so kann die Wiederherstellung nur innerhalb von 6 Monaten seit Eintritt der Rechtskraft verlangt werden.

Art. 149

Verfahren der Wiederherstellung

Das Gericht gibt der Gegenpartei Gelegenheit zur Stellungnahme und entscheidet endgültig.

---

[1] SR **281.1**

10. TITEL: BEWEIS

1. Kapitel: Allgemeine Bestimmungen

Art. 150

¹ Gegenstand des Beweises sind rechtserhebliche, streitige Tatsachen.

² Beweisgegenstand können auch Übung, Ortsgebrauch und, bei vermögensrechtlichen Streitigkeiten, ausländisches Recht sein.

Beweisgegenstand

Art. 151

Offenkundige und gerichtsnotorische Tatsachen sowie allgemein anerkannte Erfahrungssätze bedürfen keines Beweises.

Bekannte Tatsachen

Art. 152

¹ Jede Partei hat das Recht, dass das Gericht die von ihr form- und fristgerecht angebotenen tauglichen Beweismittel abnimmt.

² Rechtswidrig beschaffte Beweismittel werden nur berücksichtigt, wenn das Interesse an der Wahrheitsfindung überwiegt.

Recht auf Beweis

Art. 153

¹ Das Gericht erhebt von Amtes wegen Beweis, wenn der Sachverhalt von Amtes wegen festzustellen ist.

² Es kann von Amtes wegen Beweis erheben, wenn an der Richtigkeit einer nicht streitigen Tatsache erhebliche Zweifel bestehen.

Beweiserhebung von Amtes wegen

Art. 154

Vor der Beweisabnahme werden die erforderlichen Beweisverfügungen getroffen. Darin werden insbesondere die zugelassenen Beweismittel bezeichnet und wird bestimmt, welcher Partei zu welchen Tatsachen der Haupt- oder der Gegenbeweis obliegt. Beweisverfügungen können jederzeit abgeändert oder ergänzt werden.

Beweisverfügung

Art. 155

¹ Die Beweisabnahme kann an eines oder mehrere der Gerichtsmitglieder delegiert werden.

² Aus wichtigen Gründen kann eine Partei die Beweisabnahme durch das urteilende Gericht verlangen.

³ Die Parteien haben das Recht, an der Beweisabnahme teilzunehmen.

Beweisabnahme

Art. 156

Gefährdet die Beweisabnahme die schutzwürdigen Interessen einer Partei oder Dritter, wie insbesondere deren Geschäftsgeheimnisse, so trifft das Gericht die erforderlichen Massnahmen.

Wahrung schutzwürdiger Interessen

Art. 157

Freie Beweiswürdigung Das Gericht bildet sich seine Überzeugung nach freier Würdigung der Beweise.

Art. 158

Vorsorgliche Beweisführung ¹ Das Gericht nimmt jederzeit Beweis ab, wenn:
a. das Gesetz einen entsprechenden Anspruch gewährt; oder
b. die gesuchstellende Partei eine Gefährdung der Beweismittel oder ein schutzwürdiges Interesse glaubhaft macht.

² Anzuwenden sind die Bestimmungen über die vorsorglichen Massnahmen.

Art. 159

Organe einer juristischen Person Ist eine juristische Person Partei, so werden ihre Organe im Beweisverfahren wie eine Partei behandelt.

2. Kapitel: Mitwirkungspflicht und Verweigerungsrecht

1. Abschnitt:
Allgemeine Bestimmungen

Art. 160

Mitwirkungspflicht ¹ Die Parteien und Dritte sind zur Mitwirkung bei der Beweiserhebung verpflichtet. Insbesondere haben sie:
a. als Partei, als Zeugin oder als Zeuge wahrheitsgemäss auszusagen;
b. Urkunden herauszugeben; ausgenommen ist die anwaltliche Korrespondenz, soweit sie die berufsmässige Vertretung einer Partei oder einer Drittperson betrifft;
c. einen Augenschein an Person oder Eigentum durch Sachverständige zu dulden.

² Über die Mitwirkungspflicht einer unmündigen Person entscheidet das Gericht nach seinem Ermessen. Es berücksichtigt dabei das Kindeswohl.

³ Dritte, die zur Mitwirkung verpflichtet sind, haben Anspruch auf eine angemessene Entschädigung.

Art. 161

Aufklärung ¹ Das Gericht klärt die Parteien und Dritte über die Mitwirkungspflicht, das Verweigerungsrecht und die Säumnisfolgen auf.

² Unterlässt es die Aufklärung über das Verweigerungsrecht, so darf es die erhobenen Beweise nicht berücksichtigen, es sei denn, die betroffene Person stimme zu oder die Verweigerung wäre unberechtigt gewesen.

Art. 162
Verweigert eine Partei oder eine dritte Person die Mitwirkung berechtigterweise, so darf das Gericht daraus nicht auf die zu beweisende Tatsache schliessen.

Berechtigte Verweigerung der Mitwirkung

2. Abschnitt:
Verweigerungsrecht der Parteien

Art. 163
¹ Eine Partei kann die Mitwirkung verweigern, wenn sie:
a. eine ihr im Sinne von Artikel 165 nahestehende Person der Gefahr strafrechtlicher Verfolgung oder zivilrechtlicher Verantwortlichkeit aussetzen würde;
b. sich wegen Verletzung eines Geheimnisses nach Artikel 321 des Strafgesetzbuchs[1] (StGB) strafbar machen würde; ausgenommen sind die Revisorinnen und Revisoren; Artikel 166 Absatz 1 Buchstabe b dritter Teilsatz gilt sinngemäss.
² Die Trägerinnen und Träger anderer gesetzlich geschützter Geheimnisse können die Mitwirkung verweigern, wenn sie glaubhaft machen, dass das Geheimhaltungsinteresse das Interesse an der Wahrheitsfindung überwiegt.

Verweigerungsrecht

Art. 164
Verweigert eine Partei die Mitwirkung unberechtigterweise, so berücksichtigt dies das Gericht bei der Beweiswürdigung.

Unberechtigte Verweigerung

3. Abschnitt:
Verweigerungsrecht Dritter

Art. 165
¹ Jede Mitwirkung können verweigern:
a. wer mit einer Partei verheiratet ist oder war oder eine faktische Lebensgemeinschaft führt;
b. wer mit einer Partei gemeinsame Kinder hat;
c. wer mit einer Partei in gerader Linie oder in der Seitenlinie bis und mit dem dritten Grad verwandt oder verschwägert ist;
d. die Pflegeeltern, die Pflegekinder und die Pflegegeschwister einer Partei;
e. die für eine Partei zur Vormundschaft, zur Beiratschaft oder zur Beistandschaft eingesetzte Person.
² Die eingetragene Partnerschaft ist der Ehe gleichgestellt.
³ Die Stiefgeschwister sind den Geschwistern gleichgestellt.

Umfassendes Verweigerungsrecht

---
[1] SR **311.0**

Art. 166

Beschränktes Verweigerungsrecht

¹ Eine dritte Person kann die Mitwirkung verweigern:
a. zur Feststellung von Tatsachen, die sie oder eine ihr im Sinne von Artikel 165 nahestehende Person der Gefahr strafrechtlicher Verfolgung oder zivilrechtlicher Verantwortlichkeit aussetzen würde;
b. soweit sie sich wegen Verletzung eines Geheimnisses nach Artikel 321 StGB[1] strafbar machen würde; ausgenommen sind die Revisorinnen und Revisoren; mit Ausnahme der Anwältinnen und Anwälte sowie der Geistlichen haben Dritte jedoch mitzuwirken, wenn sie einer Anzeigepflicht unterliegen oder wenn sie von der Geheimhaltungspflicht entbunden worden sind, es sei denn, sie machen glaubhaft, dass das Geheimhaltungsinteresse das Interesse an der Wahrheitsfindung überwiegt;
c. zur Feststellung von Tatsachen, die ihr als Beamtin oder Beamter im Sinne von Artikel 110 Ziffer 4 StGB oder als Behördenmitglied in ihrer amtlichen Eigenschaft anvertraut worden sind oder die sie bei Ausübung ihres Amtes wahrgenommen hat; sie hat auszusagen, wenn sie einer Anzeigepflicht unterliegt oder wenn sie von ihrer vorgesetzten Behörde zur Aussage ermächtigt worden ist;
d. wenn sie als Ombudsperson, Mediatorin oder Mediator über Tatsachen aussagen müsste, die sie im Rahmen der betreffenden Tätigkeit wahrgenommen hat;
e. über die Identität der Autorin oder des Autors oder über Inhalt und Quellen ihrer Informationen, wenn sie sich beruflich oder als Hilfsperson mit der Veröffentlichung von Informationen im redaktionellen Teil eines periodisch erscheinenden Mediums befasst.

² Die Trägerinnen und Träger anderer gesetzlich geschützter Geheimnisse können die Mitwirkung verweigern, wenn sie glaubhaft machen, dass das Geheimhaltungsinteresse das Interesse an der Wahrheitsfindung überwiegt.

³ Vorbehalten bleiben die besonderen Bestimmungen des Sozialversicherungsrechts über die Datenbekanntgabe.

Art. 167

Unberechtigte Verweigerung

¹ Verweigert die dritte Person die Mitwirkung unberechtigterweise, so kann das Gericht:
a. eine Ordnungsbusse bis zu 1000 Franken anordnen;
b. die Strafdrohung nach Artikel 292 StGB[2] aussprechen;

---

[1] SR **311.0**
[2] SR **311.0**

c. die zwangsweise Durchsetzung anordnen;
d. die Prozesskosten auferlegen, die durch die Verweigerung verursacht worden sind.

² Säumnis der dritten Person hat die gleichen Folgen wie deren unberechtigte Verweigerung der Mitwirkung.

³ Die dritte Person kann die gerichtliche Anordnung mit Beschwerde anfechten.

3. Kapitel: Beweismittel

1. Abschnitt:
Zulässige Beweismittel

Art. 168

¹ Als Beweismittel sind zulässig:
a. Zeugnis;
b. Urkunde;
c. Augenschein;
d. Gutachten;
e. schriftliche Auskunft;
f. Parteibefragung und Beweisaussage.

² Vorbehalten bleiben die Bestimmungen über Kinderbelange in familienrechtlichen Angelegenheiten.

2. Abschnitt:
Zeugnis

Art. 169

Wer nicht Partei ist, kann über Tatsachen Zeugnis ablegen, die er oder sie unmittelbar wahrgenommen hat. **Gegenstand**

Art. 170

¹ Zeuginnen und Zeugen werden vom Gericht vorgeladen. **Vorladung**

² Das Gericht kann den Parteien gestatten, Zeuginnen oder Zeugen ohne Vorladung mitzubringen.

³ Die Befragung kann am Aufenthaltsort der Zeugin oder des Zeugen erfolgen. Die Parteien sind darüber rechtzeitig zu informieren.

Art. 171

Form der Einvernahme

¹ Die Zeugin oder der Zeuge wird vor der Einvernahme zur Wahrheit ermahnt; nach Vollendung des 14. Altersjahres wird die Zeugin oder der Zeuge zudem auf die strafrechtlichen Folgen des falschen Zeugnisses (Art. 307 StGB[1]) hingewiesen.

² Das Gericht befragt jede Zeugin und jeden Zeugen einzeln und in Abwesenheit der andern; vorbehalten bleibt die Konfrontation.

³ Das Zeugnis ist frei abzulegen; das Gericht kann die Benützung schriftlicher Unterlagen zulassen.

⁴ Das Gericht schliesst Zeuginnen und Zeugen von der übrigen Verhandlung aus, solange sie nicht aus dem Zeugenstand entlassen sind.

Art. 172

Inhalt der Einvernahme

Das Gericht befragt die Zeuginnen und Zeugen über:
a. ihre Personalien;
b. ihre persönlichen Beziehungen zu den Parteien sowie über andere Umstände, die für die Glaubwürdigkeit der Aussage von Bedeutung sein können;
c. ihre Wahrnehmungen zur Sache.

Art. 173

Ergänzungsfragen

Die Parteien können Ergänzungsfragen beantragen oder sie mit Bewilligung des Gerichts selbst stellen.

Art. 174

Konfrontation

Zeuginnen und Zeugen können einander und den Parteien gegenübergestellt werden.

Art. 175

Zeugnis einer sachverständigen Person

Das Gericht kann einer sachverständigen Zeugin oder einem sachverständigen Zeugen auch Fragen zur Würdigung des Sachverhaltes stellen.

Art. 176

Protokoll

¹ Die Aussagen werden in ihrem wesentlichen Inhalt zu Protokoll genommen und von der Zeugin oder dem Zeugen unterzeichnet. Zu Protokoll genommen werden auch abgelehnte Ergänzungsfragen der Parteien, wenn dies eine Partei verlangt.

² Die Aussagen können zusätzlich auf Tonband, auf Video oder mit anderen geeigneten technischen Hilfsmitteln aufgezeichnet werden.

---

[1] SR **311.0**

3. Abschnitt:
Urkunde

Art. 177
Als Urkunden gelten Dokumente wie Schriftstücke, Zeichnungen, Pläne, Fotos, Filme, Tonaufzeichnungen, elektronische Dateien und dergleichen, die geeignet sind, rechtserhebliche Tatsachen zu beweisen.

Begriff

Art. 178
Die Partei, die sich auf eine Urkunde beruft, hat deren Echtheit zu beweisen, sofern die Echtheit von der andern Partei bestritten wird; die Bestreitung muss ausreichend begründet werden.

Echtheit

Art. 179
Öffentliche Register und öffentliche Urkunden erbringen für die durch sie bezeugten Tatsachen vollen Beweis, solange nicht die Unrichtigkeit ihres Inhalts nachgewiesen ist.

Beweiskraft öffentlicher Register und Urkunden

Art. 180
[1] Die Urkunde kann in Kopie eingereicht werden. Das Gericht oder eine Partei kann die Einreichung des Originals oder einer amtlich beglaubigten Kopie verlangen, wenn begründete Zweifel an der Echtheit bestehen.

[2] Bei umfangreichen Urkunden ist die für die Beweisführung erhebliche Stelle zu bezeichnen.

Einreichung

4. Abschnitt:
Augenschein

Art. 181
[1] Das Gericht kann zur unmittelbaren Wahrnehmung von Tatsachen oder zum besseren Verständnis des Sachverhaltes auf Antrag einer Partei oder von Amtes wegen einen Augenschein durchführen.

[2] Es kann Zeuginnen und Zeugen sowie sachverständige Personen zum Augenschein beiziehen.

[3] Kann der Gegenstand des Augenscheins ohne Nachteil vor Gericht gebracht werden, ist er einzureichen.

Durchführung

Art. 182
Über den Augenschein ist Protokoll zu führen. Es wird gegebenenfalls mit Plänen, Zeichnungen, fotografischen und andern technischen Mitteln ergänzt.

Protokoll

5. Abschnitt:
Gutachten

Art. 183

Grundsätze ¹ Das Gericht kann auf Antrag einer Partei oder von Amtes wegen bei einer oder mehreren sachverständigen Personen ein Gutachten einholen. Es hört vorgängig die Parteien an.

² Für eine sachverständige Person gelten die gleichen Ausstandsgründe wie für die Gerichtspersonen.

³ Eigenes Fachwissen hat das Gericht offen zu legen, damit die Parteien dazu Stellung nehmen können.

Art. 184

Rechte und Pflichten der sachverständigen Person ¹ Die sachverständige Person ist zur Wahrheit verpflichtet und hat ihr Gutachten fristgerecht abzuliefern.

² Das Gericht weist sie auf die Strafbarkeit eines falschen Gutachtens nach Artikel 307 StGB[1] und der Verletzung des Amtsgeheimnisses nach Artikel 320 StGB sowie auf die Folgen von Säumnis und mangelhafter Auftragserfüllung hin.

³ Die sachverständige Person hat Anspruch auf Entschädigung. Der gerichtliche Entscheid über die Entschädigung ist mit Beschwerde anfechtbar.

Art. 185

Auftrag ¹ Das Gericht instruiert die sachverständige Person und stellt ihr die abzuklärenden Fragen schriftlich oder mündlich in der Verhandlung.

² Es gibt den Parteien Gelegenheit, sich zur Fragestellung zu äussern und Änderungs- oder Ergänzungsanträge zu stellen.

³ Es stellt der sachverständigen Person die notwendigen Akten zur Verfügung und bestimmt eine Frist für die Erstattung des Gutachtens.

Art. 186

Abklärungen der sachverständigen Person ¹ Die sachverständige Person kann mit Zustimmung des Gerichts eigene Abklärungen vornehmen. Sie hat sie im Gutachten offenzulegen.

² Das Gericht kann auf Antrag einer Partei oder von Amtes wegen die Abklärungen nach den Regeln des Beweisverfahrens nochmals vornehmen.

---

[1] SR **311.0**

Art. 187

¹ Das Gericht kann mündliche oder schriftliche Erstattung des Gutachtens anordnen. Es kann überdies anordnen, dass die sachverständige Person ihr schriftliches Gutachten in der Verhandlung erläutert.

² Über ein mündliches Gutachten ist sinngemäss nach Artikel 176 Protokoll zu führen.

³ Sind mehrere sachverständige Personen beauftragt, so erstattet jede von ihnen ein Gutachten, sofern das Gericht nichts anderes anordnet.

⁴ Das Gericht gibt den Parteien Gelegenheit, eine Erläuterung des Gutachtens oder Ergänzungsfragen zu beantragen.

Erstattung des Gutachtens

Art. 188

¹ Erstattet die sachverständige Person das Gutachten nicht fristgemäss, so kann das Gericht den Auftrag widerrufen und eine andere sachverständige Person beauftragen.

² Das Gericht kann ein unvollständiges, unklares oder nicht gehörig begründetes Gutachten auf Antrag einer Partei oder von Amtes wegen ergänzen und erläutern lassen oder eine andere sachverständige Person beiziehen.

Säumnis und Mängel

Art. 189

¹ Die Parteien können vereinbaren, über streitige Tatsachen ein Schiedsgutachten einzuholen.

² Für die Form der Vereinbarung gilt Artikel 17 Absatz 2.

³ Das Schiedsgutachten bindet das Gericht hinsichtlich der darin festgestellten Tatsachen, wenn:

a. die Parteien über das Rechtsverhältnis frei verfügen können;
b. gegen die beauftragte Person kein Ausstandsgrund vorlag; und
c. das Schiedsgutachten ohne Bevorzugung einer Partei erstellt wurde und nicht offensichtlich unrichtig ist.

Schiedsgutachten

6. Abschnitt:
Schriftliche Auskunft

Art. 190

¹ Das Gericht kann Amtsstellen um schriftliche Auskunft ersuchen.

² Es kann von Privatpersonen schriftliche Auskünfte einholen, wenn eine Zeugenbefragung nicht erforderlich erscheint.

7. Abschnitt:
Parteibefragung und Beweisaussage

Art. 191

Parteibefragung ¹ Das Gericht kann eine oder beide Parteien zu den rechtserheblichen Tatsachen befragen.

² Die Parteien werden vor der Befragung zur Wahrheit ermahnt und darauf hingewiesen, dass sie mit einer Ordnungsbusse bis zu 2000 Franken und im Wiederholungsfall bis zu 5000 Franken bestraft werden können, wenn sie mutwillig leugnen.

Art. 192

Beweisaussage ¹ Das Gericht kann eine oder beide Parteien von Amtes wegen zur Beweisaussage unter Strafdrohung verpflichten.

² Die Parteien werden vor der Beweisaussage zur Wahrheit ermahnt und auf die Straffolgen einer Falschaussage hingewiesen (Art. 306 StGB[1]).

Art. 193

Protokoll Für das Protokoll der Parteibefragung und der Beweisaussage gilt Artikel 176 sinngemäss.

---

[1] SR **311.0**

11. TITEL: RECHTSHILFE ZWISCHEN SCHWEIZERISCHEN GERICHTEN

Art. 194
¹ Die Gerichte sind gegenseitig zur Rechtshilfe verpflichtet.
² Sie verkehren direkt miteinander.

Grundsatz

Art. 195
Jedes Gericht kann die erforderlichen Prozesshandlungen auch in einem anderen Kanton direkt und selber vornehmen; es kann insbesondere Sitzungen abhalten und Beweis erheben.

Direkte Prozesshandlungen in einem andern Kanton

Art. 196
¹ Das Gericht kann um Rechtshilfe ersuchen. Das Rechtshilfegesuch kann in der Amtssprache des ersuchenden oder des ersuchten Gerichts abgefasst werden.
² Das ersuchte Gericht informiert das ersuchende Gericht und die Parteien über Ort und Zeit der Prozesshandlung.
³ Das ersuchte Gericht kann für seine Auslagen Ersatz verlangen.

Rechtshilfe

2. TEIL:
BESONDERE BESTIMMUNGEN

1. TITEL: SCHLICHTUNGSVERSUCH

1. Kapitel:
Geltungsbereich und Schlichtungsbehörde

Art. 197
Dem Entscheidverfahren geht ein Schlichtungsversuch vor einer Schlichtungsbehörde voraus.

Grundsatz

Art. 198
Das Schlichtungsverfahren entfällt:
a. im summarischen Verfahren;
b. bei Klagen über den Personenstand;
c. im Scheidungsverfahren;
d. im Verfahren zur Auflösung der eingetragenen Partnerschaft;
e. bei folgenden Klagen aus dem SchKG[1]:
   1. Aberkennungsklage (Art. 83 Abs. 2 SchKG),
   2. Feststellungsklage (Art. 85*a* SchKG),
   3. Widerspruchsklage (Art. 106–109 SchKG),
   4. Anschlussklage (Art. 111 SchKG),
   5. Aussonderungs- und Admassierungsklage (Art. 242 SchKG),
   6. Kollokationsklage (Art. 148 und 250 SchKG),
   7. Klage auf Feststellung neuen Vermögens (Art. 265*a* SchKG),
   8. Klage auf Rückschaffung von Retentionsgegenständen (Art. 284 SchKG);
f. bei Streitigkeiten, für die nach den Artikeln 5 und 6 dieses Gesetzes eine einzige kantonale Instanz zuständig ist;
g. bei der Hauptintervention, der Widerklage und der Streitverkündungsklage;
h. wenn das Gericht Frist für eine Klage gesetzt hat.

Ausnahmen

---
[1] SR **281.1**

Art. 199

Verzicht auf das Schlichtungsverfahren

¹ Bei vermögensrechtlichen Streitigkeiten mit einem Streitwert von mindestens 100 000 Franken können die Parteien gemeinsam auf die Durchführung des Schlichtungsverfahrens verzichten.

² Die klagende Partei kann einseitig auf das Schlichtungsverfahren verzichten, wenn:
a. die beklagte Partei Sitz oder Wohnsitz im Ausland hat;
b. der Aufenthaltsort der beklagten Partei unbekannt ist;
c. in Streitigkeiten nach dem Gleichstellungsgesetz vom 24. März 1995[1].

Art. 200

Paritätische Schlichtungsbehörden

¹ Bei Streitigkeiten aus Miete und Pacht von Wohn- und Geschäftsräumen besteht die Schlichtungsbehörde aus einer vorsitzenden Person und einer paritätischen Vertretung.

² Bei Streitigkeiten nach dem Gleichstellungsgesetz vom 24. März 1995[2] besteht die Schlichtungsbehörde aus einer vorsitzenden Person und einer paritätischen Vertretung der Arbeitgeber- und Arbeitnehmerseite und des öffentlichen und privaten Bereichs; die Geschlechter müssen paritätisch vertreten sein.

Art. 201

Aufgaben der Schlichtungsbehörde

¹ Die Schlichtungsbehörde versucht in formloser Verhandlung, die Parteien zu versöhnen. Dient es der Beilegung des Streites, so können in einen Vergleich auch ausserhalb des Verfahrens liegende Streitfragen zwischen den Parteien einbezogen werden.

² In den Angelegenheiten nach Artikel 200 ist die Schlichtungsbehörde auch Rechtsberatungsstelle.

2. Kapitel: Schlichtungsverfahren

Art. 202

Einleitung

¹ Das Verfahren wird durch das Schlichtungsgesuch eingeleitet. Dieses kann in den Formen nach Artikel 130 eingereicht oder mündlich bei der Schlichtungsbehörde zu Protokoll gegeben werden.

² Im Schlichtungsgesuch sind die Gegenpartei, das Rechtsbegehren und der Streitgegenstand zu bezeichnen.

³ Die Schlichtungsbehörde stellt der Gegenpartei das Schlichtungsgesuch unverzüglich zu und lädt gleichzeitig die Parteien zur Vermittlung vor.

---

[1] SR **151.1**
[2] SR **151.1**

⁴ In den Angelegenheiten nach Artikel 200 kann sie, soweit ein Urteilsvorschlag nach Artikel 210 oder ein Entscheid nach Artikel 212 in Frage kommt, ausnahmsweise einen Schriftenwechsel durchführen.

Art. 203

¹ Die Verhandlung hat innert zwei Monaten seit Eingang des Gesuchs oder nach Abschluss des Schriftenwechsels stattzufinden.

² Die Schlichtungsbehörde lässt sich allfällige Urkunden vorlegen und kann einen Augenschein durchführen. Soweit ein Urteilsvorschlag nach Artikel 210 oder ein Entscheid nach Artikel 212 in Frage kommt, kann sie auch die übrigen Beweismittel abnehmen, wenn dies das Verfahren nicht wesentlich verzögert.

³ Die Verhandlung ist nicht öffentlich. In den Angelegenheiten nach Artikel 200 kann die Schlichtungsbehörde die Öffentlichkeit ganz oder teilweise zulassen, wenn ein öffentliches Interesse besteht.

⁴ Mit Zustimmung der Parteien kann die Schlichtungsbehörde weitere Verhandlungen durchführen. Das Verfahren ist spätestens nach zwölf Monaten abzuschliessen.

Verhandlung

Art. 204

¹ Die Parteien müssen persönlich zur Schlichtungsverhandlung erscheinen.

² Sie können sich von einer Rechtsbeiständin, einem Rechtsbeistand oder einer Vertrauensperson begleiten lassen.

³ Nicht persönlich erscheinen muss und sich vertreten lassen kann, wer:

a. ausserkantonalen oder ausländischen Wohnsitz hat;

b. wegen Krankheit, Alter oder anderen wichtigen Gründen verhindert ist;

c. in Streitigkeiten nach Artikel 243 als Arbeitgeber beziehungsweise als Versicherer eine angestellte Person oder als Vermieter die Liegenschaftsverwaltung delegiert, sofern diese zum Abschluss eines Vergleichs schriftlich ermächtigt sind.

⁴ Die Gegenpartei ist über die Vertretung vorgängig zu orientieren.

Persönliches Erscheinen

Art. 205

¹ Aussagen der Parteien dürfen weder protokolliert noch später im Entscheidverfahren verwendet werden.

² Vorbehalten ist die Verwendung der Aussagen im Falle eines Urteilsvorschlages oder Entscheides der Schlichtungsbehörde.

Vertraulichkeit des Verfahrens

Art. 206

Säumnis ¹ Bei Säumnis der klagenden Partei gilt das Schlichtungsgesuch als zurückgezogen; das Verfahren wird als gegenstandslos abgeschrieben.

² Bei Säumnis der beklagten Partei verfährt die Schlichtungsbehörde, wie wenn keine Einigung zu Stande gekommen wäre (Art. 209–212).

³ Bei Säumnis beider Parteien wird das Verfahren als gegenstandslos abgeschrieben.

Art. 207

Kosten des Schlichtungsverfahrens ¹ Die Kosten des Schlichtungsverfahrens werden der klagenden Partei auferlegt:
a. wenn sie das Schlichtungsgesuch zurückzieht;
b. wenn das Verfahren wegen Säumnis abgeschrieben wird;
c. bei Erteilung der Klagebewilligung.

² Bei Einreichung der Klage werden die Kosten zur Hauptsache geschlagen.

3. Kapitel: Einigung und Klagebewilligung

Art. 208

Einigung der Parteien ¹ Kommt es zu einer Einigung, so nimmt die Schlichtungsbehörde einen Vergleich, eine Klageanerkennung oder einen vorbehaltlosen Klagerückzug zu Protokoll und lässt die Parteien dieses unterzeichnen. Jede Partei erhält ein Exemplar des Protokolls.

² Ein Vergleich, eine Klageanerkennung oder ein vorbehaltloser Klagerückzug haben die Wirkung eines rechtskräftigen Entscheids.

Art. 209

Klagebewilligung ¹ Kommt es zu keiner Einigung, so hält die Schlichtungsbehörde dies im Protokoll fest und erteilt die Klagebewilligung:
a. bei der Anfechtung von Miet- und Pachtzinserhöhungen: dem Vermieter oder Verpächter;
b. in den übrigen Fällen: der klagenden Partei.

² Die Klagebewilligung enthält:
a. die Namen und Adressen der Parteien und allfälliger Vertretungen;
b. das Rechtsbegehren der klagenden Partei mit Streitgegenstand und eine allfällige Widerklage;
c. das Datum der Einleitung des Schlichtungsverfahrens;
d. die Verfügung über die Kosten des Schlichtungsverfahrens;
e. das Datum der Klagebewilligung;
f. die Unterschrift der Schlichtungsbehörde.

³ Nach Eröffnung berechtigt die Klagebewilligung während dreier Monate zur Einreichung der Klage beim Gericht.
⁴ In Streitigkeiten aus Miete und Pacht von Wohn- und Geschäftsräumen sowie aus landwirtschaftlicher Pacht beträgt die Klagefrist 30 Tage. Vorbehalten bleiben weitere besondere gesetzliche und gerichtliche Klagefristen.

4. Kapitel: Urteilsvorschlag und Entscheid

Art. 210
¹ Die Schlichtungsbehörde kann den Parteien einen Urteilsvorschlag unterbreiten in: *Urteilsvorschlag*
a. Streitigkeiten nach dem Gleichstellungsgesetz vom 24. März 1995[1)];
b. Streitigkeiten aus Miete und Pacht von Wohn- und Geschäftsräumen sowie aus landwirtschaftlicher Pacht, sofern die Hinterlegung von Miet- und Pachtzinsen, der Schutz vor missbräuchlichen Miet- und Pachtzinsen, der Kündigungsschutz oder die Erstreckung des Miet- und Pachtverhältnisses betroffen ist;
c. den übrigen vermögensrechtlichen Streitigkeiten bis zu einem Streitwert von 5000 Franken.
² Der Urteilsvorschlag kann eine kurze Begründung enthalten; im Übrigen gilt Artikel 238 sinngemäss.

Art. 211
¹ Der Urteilsvorschlag gilt als angenommen und hat die Wirkungen eines rechtskräftigen Entscheids, wenn ihn keine Partei innert 20 Tagen seit der schriftlichen Eröffnung ablehnt. Die Ablehnung bedarf keiner Begründung.   *Wirkungen*
² Nach Eingang der Ablehnung stellt die Schlichtungsbehörde die Klagebewilligung zu:
a. in den Angelegenheiten nach Artikel 210 Absatz 1 Buchstabe b: der ablehnenden Partei;
b. in den übrigen Fällen: der klagenden Partei.
³ Wird die Klage in den Angelegenheiten nach Artikel 210 Absatz 1 Buchstabe b nicht rechtzeitig eingereicht, so gilt der Urteilsvorschlag als anerkannt und er hat die Wirkungen eines rechtskräftigen Entscheides.
⁴ Die Parteien sind im Urteilsvorschlag auf die Wirkungen nach den Absätzen 1–3 hinzuweisen.

[1)] SR **151.1**

Art. 212

Entscheid ¹ Vermögensrechtliche Streitigkeiten bis zu einem Streitwert von 2000 Franken kann die Schlichtungsbehörde entscheiden, sofern die klagende Partei einen entsprechenden Antrag stellt.

² Das Verfahren ist mündlich.

2. TITEL: MEDIATION

Art. 213

¹ Auf Antrag sämtlicher Parteien tritt eine Mediation an die Stelle des Schlichtungsverfahrens.
² Der Antrag ist im Schlichtungsgesuch oder an der Schlichtungsverhandlung zu stellen.
³ Teilt eine Partei der Schlichtungsbehörde das Scheitern der Mediation mit, so wird die Klagebewilligung ausgestellt.

Mediation statt Schlichtungsverfahren

Art. 214

¹ Das Gericht kann den Parteien jederzeit eine Mediation empfehlen.
² Die Parteien können dem Gericht jederzeit gemeinsam eine Mediation beantragen.
³ Das gerichtliche Verfahren bleibt bis zum Widerruf des Antrages durch eine Partei oder bis zur Mitteilung der Beendigung der Mediation sistiert.

Mediation im Entscheidverfahren

Art. 215

Organisation und Durchführung der Mediation ist Sache der Parteien.

Organisation und Durchführung der Mediation

Art. 216

¹ Die Mediation ist von der Schlichtungsbehörde und vom Gericht unabhängig und vertraulich.
² Die Aussagen der Parteien dürfen im gerichtlichen Verfahren nicht verwendet werden.

Verhältnis zum gerichtlichen Verfahren

Art. 217

Die Parteien können gemeinsam die Genehmigung der in der Mediation erzielten Vereinbarung beantragen. Die genehmigte Vereinbarung hat die Wirkung eines rechtskräftigen Entscheids.

Genehmigung einer Vereinbarung

Art. 218

¹ Die Parteien tragen die Kosten der Mediation.
² In kindesrechtlichen Angelegenheiten nicht vermögensrechtlicher Art haben die Parteien Anspruch auf eine unentgeltliche Mediation, wenn:
a. ihnen die erforderlichen Mittel fehlen; und
b. das Gericht die Durchführung einer Mediation empfiehlt.
³ Das kantonale Recht kann weitere Kostenerleichterungen vorsehen.

Kosten der Mediation

3. TITEL: ORDENTLICHES VERFAHREN

1. Kapitel: Geltungsbereich

Art. 219

Die Bestimmungen dieses Titels gelten für das ordentliche Verfahren sowie sinngemäss für sämtliche anderen Verfahren, soweit das Gesetz nichts anderes bestimmt.

2. Kapitel: Schriftenwechsel und Vorbereitung der Hauptverhandlung

Art. 220

Einleitung Das ordentliche Verfahren wird mit Einreichung der Klage eingeleitet.

Art. 221

Klage ¹ Die Klage enthält:
a. die Bezeichnung der Parteien und allfälliger Vertreterinnen und Vertreter;
b. das Rechtsbegehren;
c. die Angabe des Streitwerts;
d. die Tatsachenbehauptungen;
e. die Bezeichnung der einzelnen Beweismittel zu den behaupteten Tatsachen;
f. das Datum und die Unterschrift.

² Mit der Klage sind folgende Beilagen einzureichen:
a. eine Vollmacht bei Vertretung;
b. gegebenenfalls die Klagebewilligung oder die Erklärung, dass auf das Schlichtungsverfahren verzichtet werde;
c. die verfügbaren Urkunden, welche als Beweismittel dienen sollen;
d. ein Verzeichnis der Beweismittel.

³ Die Klage kann eine rechtliche Begründung enthalten.

Art. 222

Klageantwort ¹ Das Gericht stellt die Klage der beklagten Partei zu und setzt ihr gleichzeitig eine Frist zur schriftlichen Klageantwort.

² Für die Klageantwort gilt Artikel 221 sinngemäss. Die beklagte Partei hat darzulegen, welche Tatsachenbehauptungen der klagenden Partei im Einzelnen anerkannt oder bestritten werden.

³ Das Gericht kann die beklagte Partei auffordern, die Klageantwort auf einzelne Fragen oder einzelne Rechtsbegehren zu beschränken (Art. 125).

⁴ Es stellt die Klageantwort der klagenden Partei zu.

Art. 223

Versäumte Klageantwort

¹ Bei versäumter Klageantwort setzt das Gericht der beklagten Partei eine kurze Nachfrist.

² Nach unbenutzter Frist trifft das Gericht einen Endentscheid, sofern die Angelegenheit spruchreif ist. Andernfalls lädt es zur Hauptverhandlung vor.

Art. 224

Widerklage

¹ Die beklagte Partei kann in der Klageantwort Widerklage erheben, wenn der geltend gemachte Anspruch nach der gleichen Verfahrensart wie die Hauptklage zu beurteilen ist.

² Übersteigt der Streitwert der Widerklage die sachliche Zuständigkeit des Gerichts, so hat dieses beide Klagen dem Gericht mit der höheren sachlichen Zuständigkeit zu überweisen.

³ Wird Widerklage erhoben, so setzt das Gericht der klagenden Partei eine Frist zur schriftlichen Antwort. Widerklage auf Widerklage ist unzulässig.

Art. 225

Zweiter Schriftenwechsel

Erfordern es die Verhältnisse, so kann das Gericht einen zweiten Schriftenwechsel anordnen.

Art. 226

Instruktionsverhandlung

¹ Das Gericht kann jederzeit Instruktionsverhandlungen durchführen.

² Die Instruktionsverhandlung dient der freien Erörterung des Streitgegenstandes, der Ergänzung des Sachverhaltes, dem Versuch einer Einigung und der Vorbereitung der Hauptverhandlung.

³ Das Gericht kann Beweise abnehmen.

Art. 227

Klageänderung

¹ Eine Klageänderung ist zulässig, wenn der geänderte oder neue Anspruch nach der gleichen Verfahrensart zu beurteilen ist und:
a. mit dem bisherigen Anspruch in einem sachlichen Zusammenhang steht; oder
b. die Gegenpartei zustimmt.

² Übersteigt der Streitwert der geänderten Klage die sachliche Zuständigkeit des Gerichts, so hat dieses den Prozess an das Gericht mit der höheren sachlichen Zuständigkeit zu überweisen.

³ Eine Beschränkung der Klage ist jederzeit zulässig; das angerufene Gericht bleibt zuständig.

3. Kapitel: Hauptverhandlung

Art. 228

Erste Parteivorträge

¹ Nach der Eröffnung der Hauptverhandlung stellen die Parteien ihre Anträge und begründen sie.

² Das Gericht gibt ihnen Gelegenheit zu Replik und Duplik.

Art. 229

Neue Tatsachen und Beweismittel

¹ In der Hauptverhandlung werden neue Tatsachen und Beweismittel nur noch berücksichtigt, wenn sie ohne Verzug vorgebracht werden und:
a. erst nach Abschluss des Schriftenwechsels oder nach der letzten Instruktionsverhandlung entstanden oder gefunden worden sind (echte Noven); oder
b. bereits vor Abschluss des Schriftenwechsels oder vor der letzten Instruktionsverhandlung vorhanden waren, aber trotz zumutbarer Sorgfalt nicht vorher vorgebracht werden konnten (unechte Noven).

² Hat weder ein zweiter Schriftenwechsel noch eine Instruktionsverhandlung stattgefunden, so können neue Tatsachen und Beweismittel zu Beginn der Hauptverhandlung unbeschränkt vorgebracht werden.

³ Hat das Gericht den Sachverhalt von Amtes wegen abzuklären, so berücksichtigt es neue Tatsachen und Beweismittel bis zur Urteilsberatung.

Art. 230

Klageänderung

¹ Eine Klageänderung ist in der Hauptverhandlung nur noch zulässig, wenn:
a. die Voraussetzungen nach Artikel 227 Absatz 1 gegeben sind; und
b. sie zudem auf neuen Tatsachen und Beweismitteln beruht.

² Artikel 227 Absätze 2 und 3 ist anwendbar.

Art. 231

Beweisabnahme

Nach den Parteivorträgen nimmt das Gericht die Beweise ab.

Art. 232

Schlussvorträge

¹ Nach Abschluss der Beweisabnahme können die Parteien zum Beweisergebnis und zur Sache Stellung nehmen. Die klagende Partei plädiert zuerst. Das Gericht gibt Gelegenheit zu einem zweiten Vortrag.

² Die Parteien können gemeinsam auf die mündlichen Schlussvorträge verzichten und beantragen, schriftliche Parteivorträge einzureichen. Das Gericht setzt ihnen dazu eine Frist.

Art. 233

Die Parteien können gemeinsam auf die Durchführung der Hauptverhandlung verzichten.

Verzicht auf die Hauptverhandlung

Art. 234

¹ Bei Säumnis einer Partei berücksichtigt das Gericht die Eingaben, die nach Massgabe dieses Gesetzes eingereicht worden sind. Im Übrigen kann es seinem Entscheid unter Vorbehalt von Artikel 153 die Akten sowie die Vorbringen der anwesenden Partei zu Grunde legen.

² Bei Säumnis beider Parteien wird das Verfahren als gegenstandslos abgeschrieben. Die Gerichtskosten werden den Parteien je zur Hälfte auferlegt.

Säumnis an der Hauptverhandlung

4. Kapitel: Protokoll

Art. 235

¹ Das Gericht führt über jede Verhandlung Protokoll. Dieses enthält insbesondere:
a. den Ort und die Zeit der Verhandlung;
b. die Zusammensetzung des Gerichts;
c. die Anwesenheit der Parteien und ihrer Vertretungen;
d. die Rechtsbegehren, Anträge und Prozesserklärungen der Parteien;
e. die Verfügungen des Gerichts;
f. die Unterschrift der protokollführenden Person.

² Ausführungen tatsächlicher Natur sind dem wesentlichen Inhalt nach zu protokollieren, soweit sie nicht in den Schriftsätzen der Parteien enthalten sind. Sie können zusätzlich auf Tonband, auf Video oder mit anderen geeigneten technischen Hilfsmitteln aufgezeichnet werden.

³ Über Gesuche um Protokollberichtigung entscheidet das Gericht.

5. Kapitel: Entscheid

Art. 236

¹ Ist das Verfahren spruchreif, so wird es durch Sach- oder Nichteintretensentscheid beendet.

² Das Gericht urteilt durch Mehrheitsentscheid.

³ Auf Antrag der obsiegenden Partei ordnet es Vollstreckungsmassnahmen an.

Endentscheid

Art. 237

Zwischenentscheid

¹ Das Gericht kann einen Zwischenentscheid treffen, wenn durch abweichende oberinstanzliche Beurteilung sofort ein Endentscheid herbeigeführt und so ein bedeutender Zeit- oder Kostenaufwand gespart werden kann.

² Der Zwischenentscheid ist selbstständig anzufechten; eine spätere Anfechtung zusammen mit dem Endentscheid ist ausgeschlossen.

Art. 238

Inhalt

Ein Entscheid enthält:
a. die Bezeichnung und die Zusammensetzung des Gerichts;
b. den Ort und das Datum des Entscheids;
c. die Bezeichnung der Parteien und ihrer Vertretung;
d. das Dispositiv (Urteilsformel);
e. die Angabe der Personen und Behörden, denen der Entscheid mitzuteilen ist;
f. eine Rechtsmittelbelehrung, sofern die Parteien auf die Rechtsmittel nicht verzichtet haben;
g. gegebenenfalls die Entscheidgründe;
h. die Unterschrift des Gerichts.

Art. 239

Eröffnung und Begründung

¹ Das Gericht kann seinen Entscheid ohne schriftliche Begründung eröffnen:
a. in der Hauptverhandlung durch Übergabe des schriftlichen Dispositivs an die Parteien mit kurzer mündlicher Begründung;
b. durch Zustellung des Dispositivs an die Parteien.

² Eine schriftliche Begründung ist nachzuliefern, wenn eine Partei dies innert 10 Tagen seit der Eröffnung des Entscheides verlangt. Wird keine Begründung verlangt, so gilt dies als Verzicht auf die Anfechtung des Entscheides mit Berufung oder Beschwerde.

³ Vorbehalten bleiben die Bestimmungen des Bundesgerichtsgesetzes vom 17. Juni 2005[1] über die Eröffnung von Entscheiden, die an das Bundesgericht weitergezogen werden können.

Art. 240

Mitteilung und Veröffentlichung des Entscheides

Sieht das Gesetz es vor oder dient es der Vollstreckung, so wird der Entscheid Behörden und betroffenen Dritten mitgeteilt oder veröffentlicht.

---

[1] SR **173.110**

6. Kapitel: Beendigung des Verfahrens ohne Entscheid

Art. 241

¹ Wird ein Vergleich, eine Klageanerkennung oder ein Klagerückzug dem Gericht zu Protokoll gegeben, so haben die Parteien das Protokoll zu unterzeichnen.

² Ein Vergleich, eine Klageanerkennung oder ein Klagerückzug hat die Wirkung eines rechtskräftigen Entscheides.

³ Das Gericht schreibt das Verfahren ab.

Vergleich, Klageanerkennung, Klagerückzug

Art. 242

Endet das Verfahren aus anderen Gründen ohne Entscheid, so wird es abgeschrieben.

Gegenstandslosigkeit aus anderen Gründen

4. TITEL: VEREINFACHTES VERFAHREN

Art. 243

Geltungsbereich ¹ Das vereinfachte Verfahren gilt für vermögensrechtliche Streitigkeiten bis zu einem Streitwert von 30 000 Franken.
² Es gilt ohne Rücksicht auf den Streitwert für Streitigkeiten:
a. nach dem Gleichstellungsgesetz vom 24. März 1995[1];
b. wegen Gewalt, Drohung oder Nachstellungen nach Artikel 28*b* ZGB[2];
c. aus Miete und Pacht von Wohn- und Geschäftsräumen sowie aus landwirtschaftlicher Pacht, sofern die Hinterlegung von Miet- und Pachtzinsen, der Schutz vor missbräuchlichen Miet- und Pachtzinsen, der Kündigungsschutz oder die Erstreckung des Miet- oder Pachtverhältnisses betroffen ist;
d. zur Durchsetzung des Auskunftsrechts nach dem Bundesgesetz vom 19. Juni 1992[3] über den Datenschutz;
e. nach dem Mitwirkungsgesetz vom 17. Dezember 1993[4];
f. aus Zusatzversicherungen zur sozialen Krankenversicherung nach dem Bundesgesetz vom 18. März 1994[5] über die Krankenversicherung.

³ Es findet keine Anwendung in Streitigkeiten vor der einzigen kantonalen Instanz nach den Artikeln 5 und 8 und vor dem Handelsgericht nach Artikel 6.

Art. 244

Vereinfachte Klage ¹ Die Klage kann in den Formen nach Artikel 130 eingereicht oder mündlich bei Gericht zu Protokoll gegeben werden. Sie enthält:
a. die Bezeichnung der Parteien;
b. das Rechtsbegehren;
c. die Bezeichnung des Streitgegenstandes;
d. wenn nötig die Angabe des Streitwertes;
e. das Datum und die Unterschrift.
² Eine Begründung der Klage ist nicht erforderlich.
³ Als Beilagen sind einzureichen:
a. eine Vollmacht bei Vertretung;
b. die Klagebewilligung oder die Erklärung, dass auf das Schlichtungsverfahren verzichtet werde;
c. die verfügbaren Urkunden, welche als Beweismittel dienen sollen.

---

[1] SR **151.1**
[2] SR **210**
[3] SR **235.1**
[4] SR **822.14**
[5] SR **832.10**

Art. 245

Vorladung zur Verhandlung und Stellungnahme

¹ Enthält die Klage keine Begründung, so stellt das Gericht sie der beklagten Partei zu und lädt die Parteien zugleich zur Verhandlung vor.

² Enthält die Klage eine Begründung, so setzt das Gericht der beklagten Partei zunächst eine Frist zur schriftlichen Stellungnahme.

Art. 246

Prozessleitende Verfügungen

¹ Das Gericht trifft die notwendigen Verfügungen, damit die Streitsache möglichst am ersten Termin erledigt werden kann.

² Erfordern es die Verhältnisse, so kann das Gericht einen Schriftenwechsel anordnen und Instruktionsverhandlungen durchführen.

Art. 247

Feststellung des Sachverhaltes

¹ Das Gericht wirkt durch entsprechende Fragen darauf hin, dass die Parteien ungenügende Angaben zum Sachverhalt ergänzen und die Beweismittel bezeichnen.

² Das Gericht stellt den Sachverhalt von Amtes wegen fest:
a. in den Angelegenheiten nach Artikel 243 Absatz 2;
b. bis zu einem Streitwert von 30 000 Franken:
    1. in den übrigen Streitigkeiten aus Miete und Pacht von Wohn- und Geschäftsräumen sowie aus landwirtschaftlicher Pacht;
    2. in den übrigen arbeitsrechtlichen Streitigkeiten.

5. TITEL: SUMMARISCHES VERFAHREN

1. Kapitel: Geltungsbereich

Art. 248

Grundsatz Das summarische Verfahren ist anwendbar:
a. in den vom Gesetz bestimmten Fällen;
b. für den Rechtsschutz in klaren Fällen;
c. für das gerichtliche Verbot;
d. für die vorsorglichen Massnahmen;
e. für die Angelegenheiten der freiwilligen Gerichtsbarkeit.

Art. 249

Zivilgesetzbuch[1] Das summarische Verfahren gilt insbesondere für folgende Angelegenheiten:
a. Personenrecht:
  1. Anspruch auf Gegendarstellung (Art. 28l ZGB),
  2. Verschollenerklärung (Art. 35–38 ZGB),
  3. Bereinigung einer Eintragung im Zivilstandsregister (Art. 42 ZGB);
b. Familienrecht: Fristansetzung zur Genehmigung von Rechtsgeschäften eines Unmündigen oder Entmündigten (Art. 410 ZGB);
c. Erbrecht:
  1. Entgegennahme eines mündlichen Testamentes (Art. 507 ZGB),
  2. Sicherstellung bei Beerbung einer verschollenen Person (Art. 546 ZGB),
  3. Verschiebung der Erbteilung und Sicherung der Ansprüche der Miterbinnen und Miterben gegenüber zahlungsunfähigen Erben (Art. 604 Abs. 2 und 3 ZGB);
d. Sachenrecht:
  1. Massnahmen zur Erhaltung des Wertes und der Gebrauchsfähigkeit der Sache bei Miteigentum (Art. 647 Abs. 2 Ziff. 1 ZGB),
  2. Eintragung dinglicher Rechte an Grundstücken bei ausserordentlicher Ersitzung (Art. 662 ZGB),
  3. Aufhebung der Einsprache gegen die Verfügungen über ein Stockwerk (Art. 712c Abs. 3 ZGB),
  4. Ernennung und Abberufung des Verwalters bei Stockwerkeigentum (Art. 712q und 712r ZGB),
  5. vorläufige Eintragung gesetzlicher Grundpfandrechte (Art. 712i, 779d, 779k und 837–839 ZGB),
  6. Fristansetzung zur Sicherstellung bei Nutzniessung und Entzug des Besitzes (Art. 760 und 762 ZGB),

---

[1] SR **210**

7. Anordnung der Schuldenliquidation des Nutzniessungsvermögens (Art. 766 ZGB),
8. Massnahmen zu Gunsten des Pfandgläubigers zur Sicherung des Grundpfands (Art. 808 Abs. 1 und 2 sowie Art. 809–811 ZGB),
9. Anordnung über die Stellvertretung bei Schuldbrief (Art. 860 Abs. 3 ZGB),
10. Kraftloserklärung von Schuldbrief (Art. 870 und 871 ZGB),
11. Vormerkung von Verfügungsbeschränkungen und vorläufigen Eintragungen im Streitfall (Art. 960 Abs. 1 Ziff. 1, 961 Abs. 1 Ziff. 1 und 966 Abs. 2 ZGB).

Art. 250

Das summarische Verfahren gilt insbesondere für folgende Angelegenheiten: **Obligationenrecht**[1]

a. Allgemeiner Teil:
   1. gerichtliche Hinterlegung einer erloschenen Vollmacht (Art. 36 Abs. 1 OR),
   2. Ansetzung einer angemessenen Frist zur Sicherstellung (Art. 83 Abs. 2 OR),
   3. Hinterlegung und Verkauf der geschuldeten Sache bei Gläubigerverzug (Art. 92 Abs. 2 und 93 Abs. 2 OR),
   4. Ermächtigung zur Ersatzvornahme (Art. 98 OR),
   5. Ansetzung einer Frist zur Vertragserfüllung (Art. 107 Abs. 2 OR),
   6. Hinterlegung eines streitigen Betrages (Art. 168 Abs. 1 OR);
b. Einzelne Vertragsverhältnisse:
   1. Bezeichnung einer sachverständigen Person zur Nachprüfung des Geschäftsergebnisses oder der Provisionsabrechnung (Art. 322a Abs. 2 und 322c Abs. 2 OR),
   2. Ansetzung einer Frist zur Sicherheitsleistung bei Lohngefährdung (Art. 337a OR),
   3. Ansetzung einer Frist bei vertragswidriger Ausführung eines Werkes (Art. 366 Abs. 2 OR),
   4. Bezeichnung einer sachverständigen Person zur Prüfung eines Werkes (Art. 367 OR),
   5. Ansetzung einer Frist zur Herstellung der neuen Auflage eines literarischen oder künstlerischen Werkes (Art. 383 Abs. 3 OR),
   6. Herausgabe der beim Sequester hinterlegten Sache (Art. 480 OR),
   7. Beurteilung der Pfanddeckung bei Solidarbürgschaft (Art. 496 Abs. 2 OR),

---

[1] SR **220**

8. Einstellung der Betreibung gegen den Bürgen bei Leistung von Realsicherheit (Art. 501 Abs. 2 OR),
9. Sicherstellung durch den Hauptschuldner und Befreiung von der Bürgschaft (Art. 506 OR);

c. Gesellschaftsrecht:
1. vorläufiger Entzug der Vertretungsbefugnis (Art. 565 Abs. 2, 603 und 767 Abs. 1 OR),
2. Bezeichnung der gemeinsamen Vertretung (Art. 690 Abs. 1, 764 Abs. 2, 792 Ziff. 1 und 847 Abs. 4 OR),
3. Bestimmung, Abberufung und Ersetzung von Liquidatoren (Art. 583 Abs. 2, 619, 740, 741, 770, 826 Abs. 2 und 913 OR),
4. Verkauf zu einem Gesamtübernahmepreis und Art der Veräusserung von Grundstücken (Art. 585 Abs. 3 und 619 OR),
5. Bezeichnung der sachverständigen Person zur Prüfung der Gewinn- und Verlustrechnung und der Bilanz der Kommanditgesellschaft (Art. 600 Abs. 3 OR),
6. Ansetzung einer Frist bei ungenügender Anzahl von Mitgliedern oder bei Fehlen von notwendigen Organen (Art. 731*b*, 819 und 908 OR),
7. Anordnung der Auskunftserteilung an Aktionäre und Gläubiger einer Aktiengesellschaft, an Mitglieder einer Gesellschaft mit beschränkter Haftung und an Genossenschafter (Art. 697 Abs. 4, 697*h* Abs. 2, 802 Abs. 4 und 857 Abs. 3 OR),
8. Sonderprüfung bei der Aktiengesellschaft (Art. 697*a*–697*g* OR),
9. Einberufung der Generalversammlung einer Aktiengesellschaft oder einer Genossenschaft, Traktandierung eines Verhandlungsgegenstandes und Einberufung der Gesellschafterversammlung einer Gesellschaft mit beschränkter Haftung (Art. 699 Abs. 4, 805 Abs. 5 Ziff. 2 und 881 Abs. 3 OR),
10. Bezeichnung einer Vertretung der Gesellschaft oder der Genossenschaft bei Anfechtung von Generalversammlungsbeschlüssen durch die Verwaltung (Art. 706*a* Abs. 2, 808*c* und 891 Abs. 1 OR),
11. Ernennung und Abberufung der Revisionsstelle (Art. 731*b* OR),
12. Hinterlegung von Forderungsbeiträgen bei der Liquidation (Art. 744, 770, 826 Abs. 2 und 913 OR);
13. Abberufung der Verwaltung und Kontrollstelle der Genossenschaft (Art. 890 Abs. 2 OR);

d. Wertpapierrecht:
1. Kraftloserklärung von Wertpapieren (Art. 981 OR),
2. Verbot der Bezahlung eines Wechsels und Hinterlegung des Wechselbetrages (Art. 1072 OR),

3. Erlöschen einer Vollmacht, welche die Gläubigerversammlung bei Anleihensobligationen einer Vertretung erteilt hat (Art. 1162 Abs. 4 OR),
4. Einberufung einer Gläubigerversammlung auf Gesuch der Anleihensgläubiger (Art. 1165 Abs. 3 und 4 OR).

Art. 251

Das summarische Verfahren gilt insbesondere für folgende Angelegenheiten:
a. Entscheide, die vom Rechtsöffnungs-, Konkurs-, Arrest- und Nachlassgericht getroffen werden;
b. Bewilligung des nachträglichen Rechtsvorschlages (Art. 77 Abs. 3 SchKG) und des Rechtsvorschlages in der Wechselbetreibung (Art. 181 SchKG);
c. Aufhebung oder Einstellung der Betreibung (Art. 85 SchKG);
d. Entscheid über das Vorliegen neuen Vermögens (Art. 265a Abs. 1–3 SchKG);
e. Anordnung der Gütertrennung (Art. 68b SchKG).

Bundesgesetz vom 11. April 1889[1] **über Schuldbetreibung und Konkurs**

2. Kapitel: Verfahren und Entscheid

Art. 252

¹ Das Verfahren wird durch ein Gesuch eingeleitet.
² Das Gesuch ist in den Formen nach Artikel 130 zu stellen; in einfachen oder dringenden Fällen kann es mündlich beim Gericht zu Protokoll gegeben werden.

Gesuch

Art. 253

Erscheint das Gesuch nicht offensichtlich unzulässig oder offensichtlich unbegründet, so gibt das Gericht der Gegenpartei Gelegenheit, mündlich oder schriftlich Stellung zu nehmen.

Stellungnahme

Art. 254

¹ Beweis ist durch Urkunden zu erbringen.
² Andere Beweismittel sind nur zulässig, wenn:
a. sie das Verfahren nicht wesentlich verzögern;
b. es der Verfahrenszweck erfordert; oder
c. das Gericht den Sachverhalt von Amtes wegen festzustellen hat.

Beweismittel

Art. 255

Das Gericht stellt den Sachverhalt von Amtes wegen fest:
a. wenn es als Konkurs- oder Nachlassgericht zu entscheiden hat;
b. bei Anordnungen der freiwilligen Gerichtsbarkeit.

Untersuchungsgrundsatz

---

[1] SR **281.1**

Art. 256

Entscheid ¹ Das Gericht kann auf die Durchführung einer Verhandlung verzichten und aufgrund der Akten entscheiden, sofern das Gesetz nichts anderes bestimmt.

² Erweist sich eine Anordnung der freiwilligen Gerichtsbarkeit im Nachhinein als unrichtig, so kann sie von Amtes wegen oder auf Antrag aufgehoben oder abgeändert werden, es sei denn, das Gesetz oder die Rechtssicherheit ständen entgegen.

3. Kapitel: Rechtsschutz in klaren Fällen

Art. 257

¹ Das Gericht gewährt Rechtsschutz im summarischen Verfahren, wenn:
a. der Sachverhalt unbestritten oder sofort beweisbar ist; und
b. die Rechtslage klar ist.

² Ausgeschlossen ist dieser Rechtsschutz, wenn die Angelegenheit dem Offizialgrundsatz unterliegt.

³ Kann dieser Rechtsschutz nicht gewährt werden, so tritt das Gericht auf das Gesuch nicht ein.

4. Kapitel: Gerichtliches Verbot

Art. 258

Grundsatz ¹ Wer an einem Grundstück dinglich berechtigt ist, kann beim Gericht beantragen, dass jede Besitzesstörung zu unterlassen ist und eine Widerhandlung auf Antrag mit einer Busse bis zu 2000 Franken bestraft wird. Das Verbot kann befristet oder unbefristet sein.

² Die gesuchstellende Person hat ihr dingliches Recht mit Urkunden zu beweisen und eine bestehende oder drohende Störung glaubhaft zu machen.

Art. 259

Bekanntmachung Das Verbot ist öffentlich bekannt zu machen und auf dem Grundstück an gut sichtbarer Stelle anzubringen.

Art. 260

Einsprache ¹ Wer das Verbot nicht anerkennen will, hat innert 30 Tagen seit dessen Bekanntmachung und Anbringung auf dem Grundstück beim Gericht Einsprache zu erheben. Die Einsprache bedarf keiner Begründung.

² Die Einsprache macht das Verbot gegenüber der einsprechenden Person unwirksam. Zur Durchsetzung des Verbotes ist beim Gericht Klage einzureichen.

5. Kapitel:
Vorsorgliche Massnahmen und Schutzschrift

1. Abschnitt:
Vorsorgliche Massnahmen

Art. 261

Grundsatz

¹ Das Gericht trifft die notwendigen vorsorglichen Massnahmen, wenn die gesuchstellende Partei glaubhaft macht, dass:
a. ein ihr zustehender Anspruch verletzt ist oder eine Verletzung zu befürchten ist; und
b. ihr aus der Verletzung ein nicht leicht wieder gutzumachender Nachteil droht.

² Leistet die Gegenpartei angemessene Sicherheit, so kann das Gericht von vorsorglichen Massnahmen absehen.

Art. 262

Inhalt

Eine vorsorgliche Massnahme kann jede gerichtliche Anordnung sein, die geeignet ist, den drohenden Nachteil abzuwenden, insbesondere:
a. ein Verbot;
b. eine Anordnung zur Beseitigung eines rechtswidrigen Zustands;
c. eine Anweisung an eine Registerbehörde oder eine dritte Person;
d. eine Sachleistung;
e. die Leistung einer Geldzahlung in den vom Gesetz bestimmten Fällen.

Art. 263

Massnahmen vor Rechtshängigkeit

Ist die Klage in der Hauptsache noch nicht rechtshängig, so setzt das Gericht der gesuchstellenden Partei eine Frist zur Einreichung der Klage, mit der Androhung, die angeordnete Massnahme falle bei ungenutztem Ablauf der Frist ohne Weiteres dahin.

Art. 264

Sicherheitsleistung und Schadenersatz

¹ Ist ein Schaden für die Gegenpartei zu befürchten, so kann das Gericht die Anordnung vorsorglicher Massnahmen von der Leistung einer Sicherheit durch die gesuchstellende Partei abhängig machen.

² Die gesuchstellende Partei haftet für den aus einer ungerechtfertigten vorsorglichen Massnahme erwachsenen Schaden. Beweist sie jedoch, dass sie ihr Gesuch in guten Treuen gestellt hat, so kann das Gericht die Ersatzpflicht herabsetzen oder gänzlich von ihr entbinden.

³ Eine geleistete Sicherheit ist freizugeben, wenn feststeht, dass keine Schadenersatzklage erhoben wird; bei Ungewissheit setzt das Gericht eine Frist zur Klage.

Art. 265

Superprovisorische Massnahmen

¹ Bei besonderer Dringlichkeit, insbesondere bei Vereitelungsgefahr, kann das Gericht die vorsorgliche Massnahme sofort und ohne Anhörung der Gegenpartei anordnen.

² Mit der Anordnung lädt das Gericht die Parteien zu einer Verhandlung vor, die unverzüglich stattzufinden hat, oder setzt der Gegenpartei eine Frist zur schriftlichen Stellungnahme. Nach Anhörung der Gegenpartei entscheidet das Gericht unverzüglich über das Gesuch.

³ Das Gericht kann die gesuchstellende Partei von Amtes wegen zu einer vorgängigen Sicherheitsleistung verpflichten.

Art. 266

Massnahmen gegen Medien

Gegen periodisch erscheinende Medien darf das Gericht eine vorsorgliche Massnahme nur anordnen, wenn:
a. die drohende Rechtsverletzung der gesuchstellenden Partei einen besonders schweren Nachteil verursachen kann;
b. offensichtlich kein Rechtfertigungsgrund vorliegt; und
c. die Massnahme nicht unverhältnismässig erscheint.

Art. 267

Vollstreckung

Das Gericht, das die vorsorgliche Massnahme anordnet, trifft auch die erforderlichen Vollstreckungsmassnahmen.

Art. 268

Änderung und Aufhebung

¹ Haben sich die Umstände geändert oder erweisen sich vorsorgliche Massnahmen nachträglich als ungerechtfertigt, so können sie geändert oder aufgehoben werden.

² Mit Rechtskraft des Entscheides in der Hauptsache fallen die Massnahmen von Gesetzes wegen dahin. Das Gericht kann die Weitergeltung anordnen, wenn es der Vollstreckung dient oder das Gesetz dies vorsieht.

Art. 269

Vorbehalten bleiben die Bestimmungen: **Vorbehalt**
a. des SchKG[1] über sichernde Massnahmen bei der Vollstreckung von Geldforderungen;
b. des ZGB[2] über die erbrechtlichen Sicherungsmassregeln;
c. des Patentgesetzes vom 25. Juni 1954[3] über die Klage auf Lizenzerteilung.

2. Abschnitt:
Schutzschrift

Art. 270

[1] Wer Grund zur Annahme hat, dass gegen ihn ohne vorgängige Anhörung die Anordnung einer superprovisorischen Massnahme, eines Arrests nach den Artikeln 271–281 SchKG[4] oder einer anderen Massnahme beantragt wird, kann seinen Standpunkt vorsorglich in einer Schutzschrift darlegen.

[2] Die Schutzschrift wird der Gegenpartei nur mitgeteilt, wenn diese das entsprechende Verfahren einleitet.

[3] Die Schutzschrift ist 6 Monate nach Einreichung nicht mehr zu beachten.

---

[1] SR **281.1**
[2] SR **210**
[3] SR **232.14**
[4] SR **281.1**

6. TITEL:
BESONDERE EHERECHTLICHE VERFAHREN

1. Kapitel:
Angelegenheiten des summarischen Verfahrens

Art. 271

Geltungsbereich Das summarische Verfahren ist unter Vorbehalt der Artikel 272 und 273 anwendbar für Massnahmen zum Schutz der ehelichen Gemeinschaft, insbesondere für:
a. die Massnahmen nach den Artikeln 172–179 ZGB[1];
b. die Ausdehnung der Vertretungsbefugnis eines Ehegatten für die eheliche Gemeinschaft (Art. 166 Abs. 2 Ziff. 1 ZGB);
c. die Ermächtigung eines Ehegatten zur Verfügung über die Wohnung der Familie (Art. 169 Abs. 2 ZGB);
d. die Auskunftspflicht der Ehegatten über Einkommen, Vermögen und Schulden (Art. 170 Abs. 2 ZGB);
e. die Anordnung der Gütertrennung und Wiederherstellung des früheren Güterstands (Art. 185, 187 Abs. 2, 189 und 191 ZGB);
f. die Verpflichtung eines Ehegatten zur Mitwirkung bei der Aufnahme eines Inventars (Art. 195*a* ZGB);
g. die Festsetzung von Zahlungsfristen und Sicherheitsleistungen zwischen Ehegatten ausserhalb eines Prozesses über die güterrechtliche Auseinandersetzung (Art. 203 Abs. 2, 218, 235 Abs. 2 und 250 Abs. 2 ZGB);
h. die Zustimmung eines Ehegatten zur Ausschlagung oder zur Annahme einer Erbschaft (Art. 230 Abs. 2 ZGB);
i. die Anweisung an die Schuldner und die Sicherstellung nachehelichen Unterhalts ausserhalb eines Prozesses über den nachehelichen Unterhalt (Art. 132 ZGB).

Art. 272

Untersuchungsgrundsatz Das Gericht stellt den Sachverhalt von Amtes wegen fest.

Art. 273

Verfahren [1] Das Gericht führt eine mündliche Verhandlung durch. Es kann nur darauf verzichten, wenn der Sachverhalt aufgrund der Eingaben der Parteien klar oder unbestritten ist.

[2] Die Parteien müssen persönlich erscheinen, sofern das Gericht sie nicht wegen Krankheit, Alter oder anderen wichtigen Gründen dispensiert.

[3] Das Gericht versucht, zwischen den Parteien eine Einigung herbeizuführen.

---

[1] SR **210**

2. Kapitel: Scheidungsverfahren

1. Abschnitt:
Allgemeine Bestimmungen

Art. 274

Das Scheidungsverfahren wird durch Einreichung eines gemeinsamen Scheidungsbegehrens oder einer Scheidungsklage eingeleitet.

Einleitung

Art. 275

Jeder Ehegatte kann nach Eintritt der Rechtshängigkeit für die Dauer des Scheidungsverfahrens den gemeinsamen Haushalt aufheben.

Aufhebung des gemeinsamen Haushalts

Art. 276

[1] Das Gericht trifft die nötigen vorsorglichen Massnahmen. Die Bestimmungen über die Massnahmen zum Schutz der ehelichen Gemeinschaft sind sinngemäss anwendbar.

[2] Massnahmen, die das Eheschutzgericht angeordnet hat, dauern weiter. Für die Aufhebung oder die Änderung ist das Scheidungsgericht zuständig.

[3] Das Gericht kann vorsorgliche Massnahmen auch dann anordnen, wenn die Ehe aufgelöst ist, das Verfahren über die Scheidungsfolgen aber andauert.

Vorsorgliche Massnahmen

Art. 277

[1] Für die güterrechtliche Auseinandersetzung und den nachehelichen Unterhalt gilt der Verhandlungsgrundsatz.

[2] Stellt das Gericht fest, dass für die Beurteilung von vermögensrechtlichen Scheidungsfolgen notwendige Urkunden fehlen, so fordert es die Parteien auf, diese nachzureichen.

[3] Im Übrigen stellt das Gericht den Sachverhalt von Amtes wegen fest.

Feststellung des Sachverhalts

Art. 278

Die Parteien müssen persönlich zu den Verhandlungen erscheinen, sofern das Gericht sie nicht wegen Krankheit, Alter oder anderen wichtigen Gründen dispensiert.

Persönliches Erscheinen

Art. 279

Genehmigung der Vereinbarung

¹ Das Gericht genehmigt die Vereinbarung über die Scheidungsfolgen, wenn es sich davon überzeugt hat, dass die Ehegatten sie aus freiem Willen und nach reiflicher Überlegung geschlossen haben und sie klar, vollständig und nicht offensichtlich unangemessen ist; vorbehalten bleiben die Bestimmungen über die berufliche Vorsorge.

² Die Vereinbarung ist erst rechtsgültig, wenn das Gericht sie genehmigt hat. Sie ist in das Dispositiv des Entscheids aufzunehmen.

Art. 280

Vereinbarung über die berufliche Vorsorge

¹ Das Gericht genehmigt eine Vereinbarung über die Teilung der Austrittsleistungen der beruflichen Vorsorge, wenn die Ehegatten:
a. sich über die Teilung sowie deren Durchführung geeinigt haben;
b. eine Bestätigung der beteiligten Einrichtungen der beruflichen Vorsorge über die Durchführbarkeit der getroffenen Regelung und die Höhe der Guthaben vorlegen; und
c. das Gericht sich davon überzeugt hat, dass die Vereinbarung dem Gesetz entspricht.

² Das Gericht teilt den beteiligten Einrichtungen den rechtskräftigen Entscheid bezüglich der sie betreffenden Punkte unter Einschluss der nötigen Angaben für die Überweisung des vereinbarten Betrages mit. Der Entscheid ist für die Einrichtungen verbindlich.

³ Verzichtet ein Ehegatte in der Vereinbarung ganz oder teilweise auf seinen Anspruch, so prüft das Gericht von Amtes wegen, ob eine entsprechende Alters- und Invalidenvorsorge auf andere Weise gewährleistet ist.

Art. 281

Fehlende Einigung über die Teilung der Austrittsleistungen

¹ Kommt keine Vereinbarung zustande, stehen jedoch die massgeblichen Austrittsleistungen fest, so entscheidet das Gericht nach den Vorschriften des ZGB[1] über das Teilungsverhältnis (Art. 122 und 123 ZGB in Verbindung mit den Art. 22 und 22a des Freizügigkeitsgesetzes vom 17. Dezember 1993[2]), legt den zu überweisenden Betrag fest und holt bei den beteiligten Einrichtungen der beruflichen Vorsorge unter Ansetzung einer Frist die Bestätigung über die Durchführbarkeit der in Aussicht genommenen Regelung ein.

² Artikel 280 Absatz 2 gilt sinngemäss.

---

[1] SR **210**
[2] SR **831.42**

³ In den übrigen Fällen überweist das Gericht bei Rechtskraft des Entscheides über das Teilungsverhältnis die Streitsache von Amtes wegen dem nach dem Freizügigkeitsgesetz vom 17. Dezember 1993 zuständigen Gericht und teilt diesem insbesondere mit:
a. den Entscheid über das Teilungsverhältnis;
b. das Datum der Eheschliessung und das Datum der Ehescheidung;
c. die Einrichtungen der beruflichen Vorsorge, bei denen den Ehegatten voraussichtlich Guthaben zustehen;
d. die Höhe der Guthaben der Ehegatten, die diese Einrichtungen gemeldet haben.

Art. 282

Unterhaltsbeiträge

¹ Werden durch Vereinbarung oder Entscheid Unterhaltsbeiträge festgelegt, so ist anzugeben:
a. von welchem Einkommen und Vermögen jedes Ehegatten ausgegangen wird;
b. wie viel für den Ehegatten und wie viel für jedes Kind bestimmt ist;
c. welcher Betrag zur Deckung des gebührenden Unterhalts des berechtigten Ehegatten fehlt, wenn eine nachträgliche Erhöhung der Rente vorbehalten wird;
d. ob und in welchem Ausmass die Rente den Veränderungen der Lebenskosten angepasst wird.

² Wird der Unterhaltsbeitrag für den Ehegatten angefochten, so kann die Rechtsmittelinstanz auch die nicht angefochtenen Unterhaltsbeiträge für die Kinder neu beurteilen.

Art. 283

Einheit des Entscheids

¹ Das Gericht befindet im Entscheid über die Ehescheidung auch über deren Folgen.

² Die güterrechtliche Auseinandersetzung kann aus wichtigen Gründen in ein separates Verfahren verwiesen werden.

Art. 284

Änderung rechtskräftig entschiedener Scheidungsfolgen

¹ Die Voraussetzungen und die sachliche Zuständigkeit für eine Änderung des Entscheids richten sich nach den Artikeln 129 und 134 ZGB[1].

² Nicht streitige Änderungen können die Parteien in einfacher Schriftlichkeit vereinbaren; vorbehalten bleiben die Bestimmungen des ZGB betreffend Kinderbelange (Art. 134 Abs. 3 ZGB).

³ Für streitige Änderungsverfahren gelten die Vorschriften über die Scheidungsklage sinngemäss.

---

[1] SR **210**

2. Abschnitt:
Scheidung auf gemeinsames Begehren

Art. 285

Eingabe bei umfassender Einigung

Die gemeinsame Eingabe der Ehegatten enthält:
a. die Namen und Adressen der Ehegatten sowie die Bezeichnung allfälliger Vertreterinnen und Vertreter;
b. das gemeinsame Scheidungsbegehren;
c. die vollständige Vereinbarung über die Scheidungsfolgen;
d. die gemeinsamen Anträge hinsichtlich der Kinder;
e. die erforderlichen Belege;
f. das Datum und die Unterschriften.

Art. 286

Eingabe bei Teileinigung

[1] In der Eingabe haben die Ehegatten zu beantragen, dass das Gericht die Scheidungsfolgen beurteilt, über die sie sich nicht einig sind.

[2] Jeder Ehegatte kann begründete Anträge zu den streitigen Scheidungsfolgen stellen.

[3] Im Übrigen gilt Artikel 285 sinngemäss.

Art. 287

Anhörung der Parteien

Ist die Eingabe vollständig, so lädt das Gericht die Parteien zur Anhörung vor. Diese richtet sich nach den Bestimmungen des ZGB[1].

Art. 288

Fortsetzung des Verfahrens und Entscheid

[1] Sind die Voraussetzungen für eine Scheidung auf gemeinsames Begehren erfüllt, so spricht das Gericht die Scheidung aus und genehmigt die Vereinbarung.

[2] Sind Scheidungsfolgen streitig geblieben, so wird das Verfahren in Bezug auf diese kontradiktorisch fortgesetzt. Das Gericht kann die Parteirollen verteilen.

[3] Sind die Voraussetzungen für eine Scheidung auf gemeinsames Begehren nicht erfüllt, so weist das Gericht das gemeinsame Scheidungsbegehren ab und setzt gleichzeitig jedem Ehegatten eine Frist zur Einreichung einer Scheidungsklage. Das Verfahren bleibt während dieser Frist rechtshängig und allfällige vorsorgliche Massnahmen gelten weiter.

Art. 289

Rechtsmittel

Die Scheidung der Ehe kann nur wegen Willensmängeln mit Berufung angefochten werden.

---

[1] SR **210**

3. Abschnitt:
Scheidungsklage

Art. 290

Die Scheidungsklage kann ohne schriftliche Begründung eingereicht werden. Sie enthält:
a. Namen und Adressen der Ehegatten sowie die Bezeichnung allfälliger Vertreterinnen und Vertreter;
b. das Rechtsbegehren, die Ehe sei zu scheiden sowie die Bezeichnung des Scheidungsgrunds (Art. 114 oder 115 ZGB[1]);
c. die Rechtsbegehren hinsichtlich der vermögensrechtlichen Scheidungsfolgen;
d. die Rechtsbegehren hinsichtlich der Kinder;
e. die erforderlichen Belege;
f. das Datum und die Unterschriften.

Einreichung der Klage

Art. 291

[1] Das Gericht lädt die Ehegatten zu einer Verhandlung vor und klärt ab, ob der Scheidungsgrund gegeben ist.

[2] Steht der Scheidungsgrund fest, so versucht das Gericht zwischen den Ehegatten eine Einigung über die Scheidungsfolgen herbeizuführen.

[3] Steht der Scheidungsgrund nicht fest oder kommt keine Einigung zustande, so setzt das Gericht der klagenden Partei Frist, eine schriftliche Klagebegründung nachzureichen. Bei Nichteinhalten der Frist wird die Klage als gegenstandslos abgeschrieben.

Einigungsverhandlung

Art. 292

[1] Das Verfahren wird nach den Vorschriften über die Scheidung auf gemeinsames Begehren fortgesetzt, wenn die Ehegatten:
a. bei Eintritt der Rechtshängigkeit noch nicht seit mindestens zwei Jahren getrennt gelebt haben; und
b. mit der Scheidung einverstanden sind.

[2] Steht der geltend gemachte Scheidungsgrund fest, so findet kein Wechsel zur Scheidung auf gemeinsames Begehren statt.

Wechsel zur Scheidung auf gemeinsames Begehren

Art. 293

Die Scheidungsklage kann bis zum Beginn der Urteilsberatung in eine Trennungsklage umgewandelt werden.

Klageänderung

---

[1] SR **210**

4. Abschnitt:
Eheungültigkeits- und Ehetrennungsklagen

Art. 294

¹ Das Verfahren bei Eheungültigkeits- und Ehetrennungsklagen richtet sich sinngemäss nach den Vorschriften über die Scheidungsklage.

² Eine Trennungsklage kann bis zum Beginn der Urteilsberatung in eine Scheidungsklage umgewandelt werden.

7. TITEL: KINDERBELANGE IN FAMILIENRECHTLICHEN ANGELEGENHEITEN

1. Kapitel: Allgemeine Bestimmungen

Art. 295
Für selbstständige Klagen gilt das vereinfachte Verfahren.

Grundsatz

Art. 296
[1] Das Gericht erforscht den Sachverhalt von Amtes wegen.

[2] Zur Aufklärung der Abstammung haben Parteien und Dritte an Untersuchungen mitzuwirken, die nötig und ohne Gefahr für die Gesundheit sind. Die Bestimmungen über die Verweigerungsrechte der Parteien und von Dritten sind nicht anwendbar.

[3] Das Gericht entscheidet ohne Bindung an die Parteianträge.

Untersuchungs- und Offizialgrundsatz

2. Kapitel: Eherechtliche Verfahren

Art. 297
[1] Sind Anordnungen über ein Kind zu treffen, so hört das Gericht die Eltern persönlich an.

[2] Das Gericht kann die Eltern zu einem Mediationsversuch auffordern.

Anhörung der Eltern und Mediation

Art. 298
[1] Das Kind wird durch das Gericht oder durch eine beauftragte Drittperson in geeigneter Weise persönlich angehört, sofern sein Alter oder andere wichtige Gründe nicht dagegen sprechen.

[2] Im Protokoll der Anhörung werden nur die für den Entscheid wesentlichen Ergebnisse festgehalten. Die Eltern und die Beiständin oder der Beistand werden über diese Ergebnisse informiert.

[3] Das urteilsfähige Kind kann die Verweigerung der Anhörung mit Beschwerde anfechten.

Anhörung des Kindes

Art. 299
[1] Das Gericht ordnet wenn nötig die Vertretung des Kindes an und bezeichnet als Beiständin oder Beistand eine in fürsorgerischen und rechtlichen Fragen erfahrene Person.

[2] Es prüft die Anordnung der Vertretung insbesondere, wenn:
a. die Eltern bezüglich der Zuteilung der elterlichen Obhut oder Sorge oder bezüglich wichtiger Fragen des persönlichen Verkehrs unterschiedliche Anträge stellen;

Anordnung einer Vertretung des Kindes

b. die Vormundschaftsbehörde oder ein Elternteil eine Vertretung beantragen;
c. das Gericht aufgrund der Anhörung der Eltern oder des Kindes oder aus anderen Gründen:
  1. erhebliche Zweifel an der Angemessenheit der gemeinsamen Anträge der Eltern über die Zuteilung der elterlichen Obhut oder Sorge oder über den persönlichen Verkehr hat, oder
  2. den Erlass von Kindesschutzmassnahmen erwägt.

³ Stellt das urteilsfähige Kind Antrag auf eine Vertretung, so ist diese anzuordnen. Das Kind kann die Nichtanordnung mit Beschwerde anfechten.

Art. 300

Kompetenzen der Vertretung Die Vertretung des Kindes kann Anträge stellen und Rechtsmittel einlegen, soweit es um folgende Angelegenheiten geht:
a. die Zuteilung der elterlichen Obhut oder Sorge;
b. wichtige Fragen des persönlichen Verkehrs;
c. Kindesschutzmassnahmen.

Art. 301

Eröffnung des Entscheides Ein Entscheid wird eröffnet:
a. den Eltern;
b. dem Kind, welches das 14. Altersjahr vollendet hat;
c. gegebenenfalls der Beiständin oder dem Beistand, soweit es um die Zuteilung der elterlichen Obhut oder Sorge, um wichtige Fragen des persönlichen Verkehrs oder um Kindesschutzmassnahmen geht.

3. Kapitel: Angelegenheiten des summarischen Verfahrens

Art. 302

Geltungsbereich ¹ Das summarische Verfahren ist insbesondere anwendbar für:
a. Entscheide nach dem Haager Übereinkommen vom 25. Oktober 1980[1] über die zivilrechtlichen Aspekte internationaler Kindesentführung und nach dem Europäischen Übereinkommen vom 20. Mai 1980[2] über die Anerkennung und Vollstreckung von Entscheidungen über das Sorgerecht für Kinder und die Wiederherstellung des Sorgerechts;

---

[1] SR **0.211.230.02**
[2] SR **0.211.230.01**

b. die Leistung eines besonderen Beitrags bei nicht vorgesehenen ausserordentlichen Bedürfnissen des Kindes (Art. 286 Abs. 3 ZGB[1]);
c. die Anweisung an die Schuldner und die Sicherstellung des Kinderunterhalts ausserhalb eines Prozesses über die Unterhaltspflicht der Eltern (Art. 291 und 292 ZGB).

[2] Die Bestimmungen des Bundesgesetzes vom 21. Dezember 2007[2] über internationale Kindesentführung und die Haager Übereinkommen zum Schutz von Kindern und Erwachsenen sind vorbehalten.

4. Kapitel: Unterhalts- und Vaterschaftsklage

Art. 303

Vorsorgliche Massnahmen

[1] Steht das Kindesverhältnis fest, so kann der Beklagte verpflichtet werden, angemessene Beiträge an den Unterhalt des Kindes zu hinterlegen oder vorläufig zu zahlen.

[2] Ist die Unterhaltsklage zusammen mit der Vaterschaftsklage eingereicht worden, so hat der Beklagte auf Gesuch der klagenden Partei:

a. die Entbindungskosten und angemessene Beiträge an den Unterhalt von Mutter und Kind zu hinterlegen, wenn die Vaterschaft glaubhaft gemacht ist;
b. angemessene Beiträge an den Unterhalt des Kindes zu zahlen, wenn die Vaterschaft zu vermuten ist und die Vermutung durch die sofort verfügbaren Beweismittel nicht umgestossen wird.

Art. 304

Zuständigkeit

Über die Hinterlegung, die vorläufige Zahlung, die Auszahlung hinterlegter Beiträge und die Rückerstattung vorläufiger Zahlungen entscheidet das für die Beurteilung der Klage zuständige Gericht.

---

[1] SR **210**
[2] BBl **2008** 33

8. TITEL: VERFAHREN BEI EINGETRAGENER PARTNERSCHAFT

1. Kapitel: Angelegenheiten des summarischen Verfahrens

Art. 305

Geltungsbereich Das summarische Verfahren ist anwendbar für:
a. die Festsetzung von Geldbeiträgen an den Unterhalt und Anweisung an die Schuldnerin oder den Schuldner (Art. 13 Abs. 2 und 3 des Partnerschaftsgesetzes vom 18. Juni 2004[1], PartG);
b. die Ermächtigung einer Partnerin oder eines Partners zur Verfügung über die gemeinsame Wohnung (Art. 14 Abs. 2 PartG);
c. die Ausdehnung oder den Entzug der Vertretungsbefugnis einer Partnerin oder eines Partners für die Gemeinschaft (Art. 15 Abs. 2 Bst. a und Abs. 4 PartG);
d. die Auskunftspflicht der Partnerin oder des Partners über Einkommen, Vermögen und Schulden (Art. 16 Abs. 2 PartG);
e. die Festlegung, Anpassung oder Aufhebung der Geldbeiträge und die Regelung der Benützung der Wohnung und des Hausrats (Art. 17 Abs. 2 und 4 PartG);
f. die Verpflichtung einer Partnerin oder eines Partners zur Mitwirkung bei der Aufnahme eines Inventars (Art. 20 Abs. 1 PartG);
g. die Beschränkung der Verfügungsbefugnis einer Partnerin oder eines Partners über bestimmte Vermögenswerte (Art. 22 Abs. 1 PartG);
h. die Einräumung von Fristen zur Begleichung von Schulden zwischen den Partnerinnen oder Partner (Art. 23 Abs. 1 PartG).

Art. 306

Verfahren Für das Verfahren gelten die Artikel 272 und 273 sinngemäss.

2. Kapitel: Auflösung und Ungültigkeit der eingetragenen Partnerschaft

Art. 307

Für das Verfahren zur Auflösung und zur Ungültigerklärung der eingetragenen Partnerschaft gelten die Bestimmungen über das Scheidungsverfahren sinngemäss.

---

[1] SR **211.231**

9. TITEL: RECHTSMITTEL

1. Kapitel: Berufung

1. Abschnitt:
Anfechtbare Entscheide und Berufungsgründe

Art. 308

¹ Mit Berufung sind anfechtbar:
a. erstinstanzliche End- und Zwischenentscheide;
b. erstinstanzliche Entscheide über vorsorgliche Massnahmen.

² In vermögensrechtlichen Angelegenheiten ist die Berufung nur zulässig, wenn der Streitwert der zuletzt aufrechterhaltenen Rechtsbegehren mindestens 10 000 Franken beträgt.

Anfechtbare Entscheide

Art. 309

Die Berufung ist unzulässig:
a. gegen Entscheide des Vollstreckungsgerichts;
b. in den folgenden Angelegenheiten des SchKG[1]:
   1. Aufhebung des Rechtsstillstandes (Art. 57*d* SchKG);
   2. Bewilligung des nachträglichen Rechtsvorschlages (Art. 77 SchKG);
   3. Rechtsöffnung (Art. 80–84 SchKG);
   4. Aufhebung oder Einstellung der Betreibung (Art. 85 SchKG);
   5. Bewilligung des Rechtsvorschlages in der Wechselbetreibung (Art. 185 SchKG);
   6. Arrest (Art. 272 und 278 SchKG);
   7. Entscheide, die nach SchKG in die Zuständigkeit des Konkurs- und des Nachlassgerichts fallen.

Ausnahmen

Art. 310

Mit Berufung kann geltend gemacht werden:
a. unrichtige Rechtsanwendung;
b. unrichtige Feststellung des Sachverhaltes.

Berufungsgründe

---

[1] SR **281.1**

2. Abschnitt:
Berufung, Berufungsantwort und Anschlussberufung

Art. 311

Einreichen der Berufung

¹ Die Berufung ist bei der Rechtsmittelinstanz innert 30 Tagen seit Zustellung des begründeten Entscheides beziehungsweise seit der nachträglichen Zustellung der Entscheidbegründung (Art. 239) schriftlich und begründet einzureichen.

² Der angefochtene Entscheid ist beizulegen.

Art. 312

Berufungsantwort

¹ Die Rechtsmittelinstanz stellt die Berufung der Gegenpartei zur schriftlichen Stellungnahme zu, es sei denn, die Berufung sei offensichtlich unzulässig oder offensichtlich unbegründet.

² Die Frist für die Berufungsantwort beträgt 30 Tage.

Art. 313

Anschlussberufung

¹ Die Gegenpartei kann in der Berufungsantwort Anschlussberufung erheben.

² Die Anschlussberufung fällt dahin, wenn:
a. die Rechtsmittelinstanz nicht auf die Berufung eintritt;
b. die Berufung als offensichtlich unbegründet abgewiesen wird;
c. die Berufung vor Beginn der Urteilsberatung zurückgezogen wird.

Art. 314

Summarisches Verfahren

¹ Gegen einen im summarischen Verfahren ergangenen Entscheid beträgt die Frist zur Einreichung der Berufung und zur Berufungsantwort je 10 Tage.

² Die Anschlussberufung ist unzulässig.

3. Abschnitt:
Wirkungen und Verfahren der Berufung

Art. 315

Aufschiebende Wirkung

¹ Die Berufung hemmt die Rechtskraft und die Vollstreckbarkeit des angefochtenen Entscheids im Umfang der Anträge.

² Die Rechtsmittelinstanz kann die vorzeitige Vollstreckung bewilligen. Nötigenfalls ordnet sie sichernde Massnahmen oder die Leistung einer Sicherheit an.

³ Richtet sich die Berufung gegen einen Gestaltungsentscheid, so kann die aufschiebende Wirkung nicht entzogen werden.

⁴ Keine aufschiebende Wirkung hat die Berufung gegen Entscheide über:
a. das Gegendarstellungsrecht;
b. vorsorgliche Massnahmen.

⁵ Die Vollstreckung vorsorglicher Massnahmen kann ausnahmsweise aufgeschoben werden, wenn der betroffenen Partei ein nicht leicht wiedergutzumachender Nachteil droht.

Art. 316

¹ Die Rechtsmittelinstanz kann eine Verhandlung durchführen oder aufgrund der Akten entscheiden.

² Sie kann einen zweiten Schriftenwechsel anordnen.

³ Sie kann Beweise abnehmen.

Verfahren vor der Rechtsmittelinstanz

Art. 317

¹ Neue Tatsachen und Beweismittel werden nur noch berücksichtigt, wenn sie:
a. ohne Verzug vorgebracht werden; und
b. trotz zumutbarer Sorgfalt nicht schon vor erster Instanz vorgebracht werden konnten.

² Eine Klageänderung ist nur noch zulässig, wenn:
a. die Voraussetzungen nach Artikel 227 Absatz 1 gegeben sind; und
b. sie zudem auf neuen Tatsachen und Beweismitteln beruht.

Neue Tatsachen, neue Beweismittel und Klageänderung

Art. 318

¹ Die Rechtsmittelinstanz kann:
a. den angefochtenen Entscheid bestätigen;
b. neu entscheiden; oder
c. die Sache an die erste Instanz zurückweisen, wenn:
   1. ein wesentlicher Teil der Klage nicht beurteilt wurde, oder
   2. der Sachverhalt in wesentlichen Teilen zu vervollständigen ist.

² Die Rechtsmittelinstanz eröffnet ihren Entscheid mit einer schriftlichen Begründung.

³ Trifft die Rechtsmittelinstanz einen neuen Entscheid, so entscheidet sie auch über die Prozesskosten des erstinstanzlichen Verfahrens.

Entscheid

2. Kapitel: Beschwerde

Art. 319

Anfechtungsobjekt Mit Beschwerde sind anfechtbar:
a. nicht berufungsfähige erstinstanzliche Endentscheide, Zwischenentscheide und Entscheide über vorsorgliche Massnahmen;
b. andere erstinstanzliche Entscheide und prozessleitende Verfügungen:
   1. in den vom Gesetz bestimmten Fällen,
   2. wenn durch sie ein nicht leicht wiedergutzumachender Nachteil droht;
c. Fälle von Rechtsverzögerung.

Art. 320

Beschwerdegründe Mit der Beschwerde kann geltend gemacht werden:
a. unrichtige Rechtsanwendung;
b. offensichtlich unrichtige Feststellung des Sachverhaltes.

Art. 321

Einreichen der Beschwerde ¹ Die Beschwerde ist bei der Rechtsmittelinstanz innert 30 Tagen seit der Zustellung des begründeten Entscheides oder seit der nachträglichen Zustellung der Entscheidbegründung (Art. 239) schriftlich und begründet einzureichen.

² Wird ein im summarischen Verfahren ergangener Entscheid oder eine prozessleitende Verfügung angefochten, so beträgt die Beschwerdefrist 10 Tage, sofern das Gesetz nichts anderes bestimmt.

³ Der angefochtene Entscheid oder die angefochtene prozessleitende Verfügung ist beizulegen, soweit die Partei sie in Händen hat.

⁴ Gegen Rechtsverzögerung kann jederzeit Beschwerde eingereicht werden.

Art. 322

Beschwerdeantwort ¹ Die Rechtsmittelinstanz stellt der Gegenpartei die Beschwerde zur schriftlichen Stellungnahme zu, es sei denn, die Beschwerde sei offensichtlich unzulässig oder offensichtlich unbegründet.

² Für die Beschwerdeantwort gilt die gleiche Frist wie für die Beschwerde.

Art. 323

Anschlussbeschwerde Eine Anschlussbeschwerde ist ausgeschlossen.

Art. 324

Stellungnahme der Vorinstanz Die Rechtsmittelinstanz kann die Vorinstanz um eine Stellungnahme ersuchen.

Art. 325

Aufschiebende Wirkung

¹ Die Beschwerde hemmt die Rechtskraft und die Vollstreckbarkeit des angefochtenen Entscheids nicht.

² Die Rechtsmittelinstanz kann die Vollstreckung aufschieben. Nötigenfalls ordnet sie sichernde Massnahmen oder die Leistung einer Sicherheit an.

Art. 326

Neue Anträge, neue Tatsachen und neue Beweismittel

¹ Neue Anträge, neue Tatsachenbehauptungen und neue Beweismittel sind ausgeschlossen.

² Besondere Bestimmungen des Gesetzes bleiben vorbehalten.

Art. 327

Verfahren und Entscheid

¹ Die Rechtsmittelinstanz verlangt bei der Vorinstanz die Akten.

² Sie kann aufgrund der Akten entscheiden.

³ Soweit sie die Beschwerde gutheisst:

a. hebt sie den Entscheid oder die prozessleitende Verfügung auf und weist die Sache an die Vorinstanz zurück; oder

b. entscheidet sie neu, wenn die Sache spruchreif ist.

⁴ Wird die Beschwerde wegen Rechtsverzögerung gutgeheissen, so kann die Rechtsmittelinstanz der Vorinstanz eine Frist zur Behandlung der Sache setzen.

⁵ Die Rechtsmittelinstanz eröffnet ihren Entscheid mit einer schriftlichen Begründung.

Art. 327a

Vollstreckbar-Erklärung nach Lugano-Übereinkommen

¹ Richtet sich die Beschwerde gegen einen Entscheid des Vollstreckungsgerichts nach den Artikeln 38–52 des Übereinkommens vom 30. Oktober 2007[1] über die gerichtliche Zuständigkeit, die Anerkennung und Vollstreckung gerichtlicher Entscheidungen in Zivil- und Handelssachen, so prüft das Gericht die im Übereinkommen vorgesehenen Verweigerungsgründe mit voller Kognition.

² Die Beschwerde hat aufschiebende Wirkung. Sichernde Massnahmen, insbesondere der Arrest nach Artikel 271 Absatz 1 Ziffer 6 SchKG[2], sind vorbehalten.

³ Die Frist für die Beschwerde gegen die Vollstreckbarerklärung richtet sich nach Artikel 43 Absatz 5 des Übereinkommens.

---

[1] BBl **2009** 1841
[2] SR **281.1**

3. Kapitel: Revision

Art. 328

Revisionsgründe

¹ Eine Partei kann beim Gericht, welches als letzte Instanz in der Sache entschieden hat, die Revision des rechtskräftigen Entscheids verlangen, wenn:
  a. sie nachträglich erhebliche Tatsachen erfährt oder entscheidende Beweismittel findet, die sie im früheren Verfahren nicht beibringen konnte; ausgeschlossen sind Tatsachen und Beweismittel, die erst nach dem Entscheid entstanden sind;
  b. ein Strafverfahren ergeben hat, dass durch ein Verbrechen oder ein Vergehen zum Nachteil der betreffenden Partei auf den Entscheid eingewirkt wurde; eine Verurteilung durch das Strafgericht ist nicht erforderlich; ist das Strafverfahren nicht durchführbar, so kann der Beweis auf andere Weise erbracht werden;
  c. geltend gemacht wird, dass die Klageanerkennung, der Klagerückzug oder der gerichtliche Vergleich unwirksam ist.

² Die Revision wegen Verletzung der Europäischen Menschenrechtskonvention vom 4. November 1950[1] (EMRK) kann verlangt werden, wenn:
  a. der Europäische Gerichtshof für Menschenrechte in einem endgültigen Urteil festgestellt hat, dass die EMRK oder die Protokolle dazu verletzt worden sind;
  b. eine Entschädigung nicht geeignet ist, die Folgen der Verletzung auszugleichen; und
  c. die Revision notwendig ist, um die Verletzung zu beseitigen.

Art. 329

Revisionsgesuch und Revisionsfristen

¹ Das Revisionsgesuch ist innert 90 Tagen seit Entdeckung des Revisionsgrundes schriftlich und begründet einzureichen.

² Nach Ablauf von 10 Jahren seit Eintritt der Rechtskraft des Entscheids kann die Revision nicht mehr verlangt werden, ausser im Falle von Artikel 328 Absatz 1 Buchstabe b.

Art. 330

Stellungnahme der Gegenpartei

Das Gericht stellt das Revisionsgesuch der Gegenpartei zur Stellungnahme zu, es sei denn, das Gesuch sei offensichtlich unzulässig oder offensichtlich unbegründet.

---

[1] SR **0.101**

Art. 331

¹ Das Revisionsgesuch hemmt die Rechtskraft und die Vollstreckbarkeit des Entscheids nicht.

² Das Gericht kann die Vollstreckung aufschieben. Nötigenfalls ordnet es sichernde Massnahmen oder die Leistung einer Sicherheit an.

Aufschiebende Wirkung

Art. 332

Der Entscheid über das Revisionsgesuch ist mit Beschwerde anfechtbar.

Entscheid über das Revisionsgesuch

Art. 333

¹ Heisst das Gericht das Revisionsgesuch gut, so hebt es seinen früheren Entscheid auf und entscheidet neu.

² Im neuen Entscheid entscheidet es auch über die Kosten des früheren Verfahrens.

³ Es eröffnet seinen Entscheid mit einer schriftlichen Begründung.

Neuer Entscheid in der Sache

4. Kapitel: Erläuterung und Berichtigung

Art. 334

¹ Ist das Dispositiv unklar, widersprüchlich oder unvollständig oder steht es mit der Begründung im Widerspruch, so nimmt das Gericht auf Gesuch einer Partei oder von Amtes wegen eine Erläuterung oder Berichtigung des Entscheids vor. Im Gesuch sind die beanstandeten Stellen und die gewünschten Änderungen anzugeben.

² Die Artikel 330 und 331 gelten sinngemäss. Bei der Berichtigung von Schreib- oder Rechnungsfehlern kann das Gericht auf eine Stellungnahme der Parteien verzichten.

³ Ein Entscheid über das Erläuterungs- oder Berichtigungsgesuch ist mit Beschwerde anfechtbar.

⁴ Der erläuterte oder berichtigte Entscheid wird den Parteien eröffnet.

10. TITEL: VOLLSTRECKUNG

1. Kapitel: Vollstreckung von Entscheiden

Art. 335

Geltungsbereich ¹ Die Entscheide werden nach den Bestimmungen dieses Kapitels vollstreckt.

² Lautet der Entscheid auf eine Geldzahlung oder eine Sicherheitsleistung, so wird er nach den Bestimmungen des SchKG[1] vollstreckt.

³ Die Anerkennung, Vollstreckbarerklärung und Vollstreckung ausländischer Entscheide richten sich nach diesem Kapitel, soweit weder ein Staatsvertrag noch das IPRG[2] etwas anderes bestimmen.

Art. 336

Vollstreckbarkeit ¹ Ein Entscheid ist vollstreckbar, wenn er:
a. rechtskräftig ist und das Gericht die Vollstreckung nicht aufgeschoben hat (Art. 325 Abs. 2 und 331 Abs. 2); oder
b. noch nicht rechtskräftig ist, jedoch die vorzeitige Vollstreckung bewilligt worden ist.

² Auf Verlangen bescheinigt das Gericht, das den zu vollstreckenden Entscheid getroffen hat, die Vollstreckbarkeit.

Art. 337

Direkte Vollstreckung ¹ Hat bereits das urteilende Gericht konkrete Vollstreckungsmassnahmen angeordnet (Art. 236 Abs. 3), so kann der Entscheid direkt vollstreckt werden.

² Die unterlegene Partei kann beim Vollstreckungsgericht um Einstellung der Vollstreckung ersuchen; Artikel 341 gilt sinngemäss.

Art. 338

Vollstreckungsgesuch ¹ Kann nicht direkt vollstreckt werden, so ist beim Vollstreckungsgericht ein Vollstreckungsgesuch einzureichen.

² Die gesuchstellende Partei hat die Voraussetzungen der Vollstreckbarkeit darzulegen und die erforderlichen Urkunden beizulegen.

---

[1] SR **281.1**
[2] SR **291**

Art. 339

¹ Zwingend zuständig für die Anordnung von Vollstreckungsmassnahmen und die Einstellung der Vollstreckung ist das Gericht:
a. am Wohnsitz oder Sitz der unterlegenen Partei;
b. am Ort, wo die Massnahmen zu treffen sind; oder
c. am Ort, wo der zu vollstreckende Entscheid gefällt worden ist.

² Das Gericht entscheidet im summarischen Verfahren.

Zuständigkeit und Verfahren

Art. 340

Das Vollstreckungsgericht kann sichernde Massnahmen anordnen, nötigenfalls ohne vorherige Anhörung der Gegenpartei.

Sichernde Massnahmen

Art. 341

¹ Das Vollstreckungsgericht prüft die Vollstreckbarkeit von Amtes wegen.

² Es setzt der unterlegenen Partei eine kurze Frist zur Stellungnahme.

³ Materiell kann die unterlegene Partei einwenden, dass seit Eröffnung des Entscheids Tatsachen eingetreten sind, welche der Vollstreckung entgegenstehen, wie insbesondere Tilgung, Stundung, Verjährung oder Verwirkung der geschuldeten Leistung. Tilgung und Stundung sind mit Urkunden zu beweisen.

Prüfung der Vollstreckbarkeit und Stellungnahme der unterlegenen Partei

Art. 342

Der Entscheid über eine bedingte oder eine von einer Gegenleistung abhängige Leistung kann erst vollstreckt werden, wenn das Vollstreckungsgericht festgestellt hat, dass die Bedingung eingetreten ist oder die Gegenleistung gehörig angeboten, erbracht oder sichergestellt worden ist.

Vollstreckung einer bedingten oder von einer Gegenleistung abhängigen Leistung

Art. 343

¹ Lautet der Entscheid auf eine Verpflichtung zu einem Tun, Unterlassen oder Dulden, so kann das Vollstreckungsgericht anordnen:
a. eine Strafdrohung nach Artikel 292 StGB[1];
b. eine Ordnungsbusse bis zu 5000 Franken;
c. eine Ordnungsbusse bis zu 1000 Franken für jeden Tag der Nichterfüllung;
d. eine Zwangsmassnahme wie Wegnahme einer beweglichen Sache oder Räumung eines Grundstückes; oder
e. eine Ersatzvornahme.

Verpflichtung zu einem Tun, Unterlassen oder Dulden

---

[1] SR **311.0**

² Die unterlegene Partei und Dritte haben die erforderlichen Auskünfte zu erteilen und die notwendigen Durchsuchungen zu dulden.

³ Die mit der Vollstreckung betraute Person kann die Hilfe der zuständigen Behörde in Anspruch nehmen.

Art. 344

Abgabe einer Willenserklärung

¹ Lautet der Entscheid auf Abgabe einer Willenserklärung, so wird die Erklärung durch den vollstreckbaren Entscheid ersetzt.

² Betrifft die Erklärung ein öffentliches Register wie das Grundbuch und das Handelsregister, so erteilt das urteilende Gericht der registerführenden Person die nötigen Anweisungen.

Art. 345

Schadenersatz und Umwandlung in Geld

¹ Die obsiegende Partei kann verlangen:
a. Schadenersatz, wenn die unterlegene Partei den gerichtlichen Anordnungen nicht nachkommt;
b. die Umwandlung der geschuldeten Leistung in eine Geldleistung.

² Das Vollstreckungsgericht setzt den entsprechenden Betrag fest.

Art. 346

Rechtsmittel Dritter

Dritte, die von einem Vollstreckungsentscheid in ihren Rechten betroffen sind, können den Entscheid mit Beschwerde anfechten.

2. Kapitel: Vollstreckung öffentlicher Urkunden

Art. 347

Vollstreckbarkeit

Öffentliche Urkunden über Leistungen jeder Art können wie Entscheide vollstreckt werden, wenn:
a. die verpflichtete Partei in der Urkunde ausdrücklich erklärt hat, dass sie die direkte Vollstreckung anerkennt;
b. der Rechtsgrund der geschuldeten Leistung in der Urkunde erwähnt ist; und
c. die geschuldete Leistung:
   1. in der Urkunde genügend bestimmt ist,
   2. in der Urkunde von der verpflichteten Partei anerkannt ist, und
   3. fällig ist.

Art. 348
Nicht direkt vollstreckbar sind Urkunden über Leistungen: **Ausnahmen**
a. nach dem Gleichstellungsgesetz vom 24. März 1995[1];
b. aus Miete und Pacht von Wohn- und Geschäftsräumen sowie aus landwirtschaftlicher Pacht;
c. nach dem Mitwirkungsgesetz vom 17. Dezember 1993[2];
d. aus dem Arbeitsverhältnis und nach dem Arbeitsvermittlungsgesetz vom 6. Oktober 1989[3];
e. aus Konsumentenverträgen (Art. 32).

Art. 349
Die vollstreckbare Urkunde über eine Geldleistung gilt als definitiver Rechtsöffnungstitel nach den Artikeln 80 und 81 SchKG[4].

Urkunde über eine Geldleistung

Art. 350
¹ Ist eine Urkunde über eine andere Leistung zu vollstrecken, so stellt die Urkundsperson der verpflichteten Partei auf Antrag der berechtigten Partei eine beglaubigte Kopie der Urkunde zu und setzt ihr für die Erfüllung eine Frist von 20 Tagen. Die berechtigte Partei erhält eine Kopie der Zustellung.

² Nach unbenütztem Ablauf der Erfüllungsfrist kann die berechtigte Partei beim Vollstreckungsgericht ein Vollstreckungsgesuch stellen.

Urkunde über eine andere Leistung

Art. 351
¹ Die verpflichtete Partei kann Einwendungen gegen die Leistungspflicht nur geltend machen, sofern sie sofort beweisbar sind.

² Ist die Abgabe einer Willenserklärung geschuldet, so wird die Erklärung durch den Entscheid des Vollstreckungsgerichts ersetzt. Dieses trifft die erforderlichen Anweisungen nach Artikel 344 Absatz 2.

Verfahren vor dem Vollstreckungsgericht

Art. 352
Die gerichtliche Beurteilung der geschuldeten Leistung bleibt in jedem Fall vorbehalten. Insbesondere kann die verpflichtete Partei jederzeit auf Feststellung klagen, dass der Anspruch nicht oder nicht mehr besteht oder gestundet ist.

Gerichtliche Beurteilung

---

[1] SR **151.1**
[2] SR **822.14**
[3] SR **823.11**
[4] SR **281.1**

3. TEIL:
SCHIEDSGERICHTSBARKEIT

1. TITEL: ALLGEMEINE BESTIMMUNGEN

Art. 353

Geltungsbereich

¹ Die Bestimmungen dieses Teils gelten für Verfahren vor Schiedsgerichten mit Sitz in der Schweiz, sofern nicht die Bestimmungen des zwölften Kapitels des IPRG[1] anwendbar sind.

² Die Parteien können die Geltung dieses Teils durch eine ausdrückliche Erklärung in der Schiedsvereinbarung oder in einer späteren Übereinkunft ausschliessen und die Anwendung der Bestimmungen des zwölften Kapitels des IPRG vereinbaren. Die Erklärung bedarf der Form gemäss Artikel 358.

Art. 354

Schiedsfähigkeit

Gegenstand eines Schiedsverfahrens kann jeder Anspruch sein, über den die Parteien frei verfügen können.

Art. 355

Sitz des Schiedsgerichtes

¹ Der Sitz des Schiedsgerichtes wird von den Parteien oder von der durch sie beauftragten Stelle bestimmt. Erfolgt keine Sitzbestimmung, so bestimmt das Schiedsgericht seinen Sitz selbst.

² Bestimmen weder die Parteien noch die von ihnen beauftragte Stelle noch das Schiedsgericht den Sitz, so ist dieser am Ort des staatlichen Gerichtes, das bei Fehlen einer Schiedsvereinbarung zur Beurteilung der Sache zuständig wäre.

³ Sind mehrere staatliche Gerichte zuständig, so hat das Schiedsgericht seinen Sitz am Ort des staatlichen Gerichtes, das als erstes in Anwendung von Artikel 356 angerufen wird.

⁴ Haben die Parteien nichts anderes vereinbart, so kann das Schiedsgericht auch an jedem andern Ort verhandeln, Beweise abnehmen und beraten.

---

[1] SR **291**

Art. 356

Zuständige staatliche Gerichte

¹ Der Kanton, in dem sich der Sitz des Schiedsgerichts befindet, bezeichnet ein oberes Gericht, das zuständig ist für:
a. Beschwerden und Revisionsgesuche;
b. die Entgegennahme des Schiedsspruchs zur Hinterlegung und die Bescheinigung der Vollstreckbarkeit.

² Ein vom Sitzkanton bezeichnetes anderes oder anders zusammengesetztes Gericht ist als einzige Instanz zuständig für:
a. die Ernennung, Ablehnung, Abberufung und Ersetzung der Schiedsrichterinnen und Schiedsrichter;
b. die Verlängerung der Amtsdauer des Schiedsgerichts;
c. die Unterstützung des Schiedsgerichts bei den Verfahrenshandlungen.

2. TITEL: SCHIEDSVEREINBARUNG

Art. 357

¹ Die Schiedsvereinbarung kann sich sowohl auf bestehende als auch auf künftige Streitigkeiten aus einem bestimmten Rechtsverhältnis beziehen.

² Gegen die Schiedsvereinbarung kann nicht eingewendet werden, der Hauptvertrag sei ungültig.

Schiedsvereinbarung

Art. 358

Die Schiedsvereinbarung hat schriftlich oder in einer anderen Form zu erfolgen, die den Nachweis durch Text ermöglicht.

Form

Art. 359

¹ Werden die Gültigkeit der Schiedsvereinbarung, ihr Inhalt, ihre Tragweite oder die richtige Konstituierung des Schiedsgerichts vor dem Schiedsgericht bestritten, so entscheidet dieses darüber mit Zwischenentscheid oder im Entscheid über die Hauptsache.

² Die Einrede der Unzuständigkeit des Schiedsgerichts muss vor der Einlassung auf die Hauptsache erhoben werden.

Bestreitung der Zuständigkeit des Schiedsgerichts

3. TITEL: BESTELLUNG DES SCHIEDSGERICHTS

Art. 360

Anzahl der Mitglieder

¹ Die Parteien können frei vereinbaren, aus wie vielen Mitgliedern das Schiedsgericht besteht. Haben sie nichts vereinbart, so besteht es aus drei Mitgliedern.

² Haben die Parteien eine gerade Zahl vereinbart, so ist anzunehmen, dass eine zusätzliche Person als Präsidentin oder Präsident zu bestimmen ist.

Art. 361

Ernennung durch die Parteien

¹ Die Mitglieder des Schiedsgerichts werden nach der Vereinbarung der Parteien ernannt.

² Bei Fehlen einer Vereinbarung ernennt jede Partei die gleiche Anzahl Mitglieder; diese wählen einstimmig eine Präsidentin oder einen Präsidenten.

³ Wird eine Schiedsrichterin oder ein Schiedsrichter der Stellung nach bezeichnet, so gilt als ernannt, wer diese Stellung bei Abgabe der Annahmeerklärung bekleidet.

⁴ In den Angelegenheiten aus Miete und Pacht von Wohnräumen können die Parteien einzig die Schlichtungsbehörde als Schiedsgericht einsetzen.

Art. 362

Ernennung durch das staatliche Gericht

¹ Sieht die Schiedsvereinbarung keine andere Stelle für die Ernennung vor oder ernennt diese die Mitglieder nicht innert angemessener Frist, so nimmt das nach Artikel 356 Absatz 2 zuständige staatliche Gericht auf Antrag einer Partei die Ernennung vor, wenn:

a. die Parteien sich über die Ernennung der Einzelschiedsrichterin, des Einzelschiedsrichters, der Präsidentin oder des Präsidenten nicht einigen;
b. eine Partei die von ihr zu bezeichnenden Mitglieder nicht innert 30 Tagen seit Aufforderung ernennt; oder
c. die Schiedsrichterinnen und Schiedsrichter sich nicht innert 30 Tagen seit ihrer Ernennung über die Wahl der Präsidentin oder des Präsidenten einigen.

² Im Falle einer Mehrparteienschiedssache kann das nach Artikel 356 Absatz 2 zuständige staatliche Gericht alle Mitglieder ernennen.

³ Wird ein staatliches Gericht mit der Ernennung betraut, so muss es die Ernennung vornehmen, es sei denn, eine summarische Prüfung ergebe, dass zwischen den Parteien keine Schiedsvereinbarung besteht.

Art. 363

¹ Eine Person, der ein Schiedsrichteramt angetragen wird, hat das Vorliegen von Umständen unverzüglich offenzulegen, die berechtigte Zweifel an ihrer Unabhängigkeit oder Unparteilichkeit wecken können.

² Diese Pflicht bleibt während des ganzen Verfahrens bestehen.

Offenlegungspflicht

Art. 364

¹ Die Schiedsrichterinnen und Schiedsrichter bestätigen die Annahme des Amtes.

² Das Schiedsgericht ist erst konstituiert, wenn alle Mitglieder die Annahme des Amtes erklärt haben.

Annahme des Amtes

Art. 365

¹ Das Schiedsgericht kann ein Sekretariat bestellen.

² Die Artikel 363 Absatz 1 und 367–369 gelten sinngemäss.

Sekretariat

Art. 366

¹ In der Schiedsvereinbarung oder in einer späteren Vereinbarung können die Parteien die Amtsdauer des Schiedsgerichts befristen.

² Die Amtsdauer, innert der das Schiedsgericht den Schiedsspruch zu fällen hat, kann verlängert werden:

a. durch Vereinbarung der Parteien;
b. auf Antrag einer Partei oder des Schiedsgerichts durch Entscheid des nach Artikel 356 Absatz 2 zuständigen staatlichen Gerichts.

Amtsdauer

4. TITEL: ABLEHNUNG, ABBERUFUNG UND ERSETZUNG DER MITGLIEDER DES SCHIEDSGERICHTS

Art. 367

Ablehnung eines Mitgliedes

¹ Ein Mitglied des Schiedsgerichts kann abgelehnt werden, wenn:
a. es nicht den von den Parteien vereinbarten Anforderungen entspricht;
b. ein Ablehnungsgrund vorliegt, der in der von den Parteien vereinbarten Verfahrensordnung vorgesehen ist; oder
c. berechtigte Zweifel an seiner Unabhängigkeit oder Unparteilichkeit bestehen.

² Eine Partei kann ein Mitglied, das sie ernannt hat oder an dessen Ernennung sie mitgewirkt hat, nur aus Gründen ablehnen, von denen sie erst nach der Ernennung Kenntnis erhalten hat. Der Ablehnungsgrund ist dem Schiedsgericht und der anderen Partei unverzüglich mitzuteilen.

Art. 368

Ablehnung des Schiedsgerichts

¹ Eine Partei kann das Schiedsgericht ablehnen, wenn die andere Partei einen überwiegenden Einfluss auf die Ernennung der Mitglieder ausgeübt hat. Die Ablehnung ist dem Schiedsgericht und der anderen Partei unverzüglich mitzuteilen.

² Das neue Schiedsgericht wird im Verfahren nach den Artikeln 361 und 362 bestellt.

³ Die Parteien sind berechtigt, Mitglieder des abgelehnten Schiedsgerichts wiederum als Schiedsrichterinnen und Schiedsrichter zu ernennen.

Art. 369

Ablehnungsverfahren

¹ Die Parteien können das Ablehnungsverfahren frei vereinbaren.

² Haben sie nichts vereinbart, so ist das Ablehnungsgesuch schriftlich und begründet innert 30 Tagen seit Kenntnis des Ablehnungsgrundes an das abgelehnte Mitglied zu richten und den übrigen Mitgliedern mitzuteilen.

³ Bestreitet das abgelehnte Mitglied die Ablehnung, so kann die gesuchstellende Partei innert 30 Tagen einen Entscheid von der von den Parteien bezeichneten Stelle oder, wenn keine solche bezeichnet wurde, von dem nach Artikel 356 Absatz 2 zuständigen staatlichen Gericht verlangen.

⁴ Haben die Parteien nichts anderes vereinbart, so kann das Schiedsgericht während des Ablehnungsverfahrens das Verfahren ohne Ausschluss der abgelehnten Personen bis und mit Schiedsspruch weiterführen.

⁵ Der Entscheid über die Ablehnung kann nur zusammen mit dem ersten Schiedsspruch angefochten werden.

Art. 370

¹ Jedes Mitglied des Schiedsgerichts kann durch schriftliche Vereinbarung der Parteien abberufen werden.

² Ist ein Mitglied des Schiedsgerichts ausser Stande, seine Aufgabe innert nützlicher Frist oder mit der gehörigen Sorgfalt zu erfüllen, so kann auf Antrag einer Partei die von den Parteien bezeichnete Stelle oder, wenn keine solche bezeichnet wurde, das nach Artikel 356 Absatz 2 zuständige staatliche Gericht dieses Mitglied absetzen.

³ Für die Anfechtung eines solchen Entscheides gilt Artikel 369 Absatz 5.

Abberufung

Art. 371

¹ Ist ein Mitglied des Schiedsgerichts zu ersetzen, so gilt das gleiche Verfahren wie für seine Ernennung, sofern die Parteien nichts anderes vereinbart haben oder vereinbaren.

² Kann es nicht auf diese Weise ersetzt werden, so wird das neue Mitglied durch das nach Artikel 356 Absatz 2 zuständige staatliche Gericht ernannt, es sei denn, die Schiedsvereinbarung schliesse diese Möglichkeit aus oder falle nach Ausscheiden eines Mitglieds des Schiedsgerichts dahin.

³ Können sich die Parteien nicht darüber einigen, welche Prozesshandlungen, an denen das ersetzte Mitglied mitgewirkt hat, zu wiederholen sind, so entscheidet das neu konstituierte Schiedsgericht.

⁴ Während der Dauer des Ersetzungsverfahrens steht die Frist, innert der das Schiedsgericht seinen Schiedsspruch zu fällen hat, nicht still.

Ersetzung eines Mitglieds des Schiedsgerichts

5. TITEL: DAS SCHIEDSVERFAHREN

Art. 372

Rechtshängigkeit

¹ Das Schiedsverfahren ist rechtshängig:
a. sobald eine Partei das in der Schiedsvereinbarung bezeichnete Schiedsgericht anruft; oder
b. wenn die Vereinbarung kein Schiedsgericht bezeichnet: sobald eine Partei das Verfahren zur Bestellung des Schiedsgerichts oder das von den Parteien vereinbarte vorausgehende Schlichtungsverfahren einleitet.

² Werden bei einem staatlichen Gericht und einem Schiedsgericht Klagen über denselben Streitgegenstand zwischen denselben Parteien rechtshängig gemacht, setzt das zuletzt angerufene Gericht das Verfahren aus, bis das zuerst angerufene Gericht über seine Zuständigkeit entschieden hat.

Art. 373

Allgemeine Verfahrensregeln

¹ Die Parteien können das Schiedsverfahren:
a. selber regeln;
b. durch Verweis auf eine schiedsgerichtliche Verfahrensordnung regeln;
c. einem Verfahrensrecht ihrer Wahl unterstellen.

² Haben die Parteien das Verfahren nicht geregelt, so wird dieses vom Schiedsgericht festgelegt.

³ Die Präsidentin oder der Präsident des Schiedsgerichts kann über einzelne Verfahrensfragen allein entscheiden, wenn eine entsprechende Ermächtigung der Parteien oder der andern Mitglieder des Schiedsgerichts vorliegt.

⁴ Das Schiedsgericht muss die Gleichbehandlung der Parteien und ihren Anspruch auf rechtliches Gehör gewährleisten und ein kontradiktorisches Verfahren durchführen.

⁵ Jede Partei kann sich vertreten lassen.

⁶ Verstösse gegen die Verfahrensregeln sind sofort zu rügen, andernfalls können sie später nicht mehr geltend gemacht werden.

Art. 374

Vorsorgliche Massnahmen, Sicherheit und Schadenersatz

¹ Das staatliche Gericht oder, sofern die Parteien nichts anderes vereinbart haben, das Schiedsgericht kann auf Antrag einer Partei vorsorgliche Massnahmen einschliesslich solcher für die Sicherung von Beweismitteln anordnen.

² Unterzieht sich die betroffene Person einer vom Schiedsgericht angeordneten Massnahme nicht freiwillig, so trifft das staatliche Gericht auf Antrag des Schiedsgerichts oder einer Partei die erforderlichen Anordnungen; stellt eine Partei den Antrag, so muss die Zustimmung des Schiedsgerichts eingeholt werden.

³ Ist ein Schaden für die andere Partei zu befürchten, so kann das Schiedsgericht oder das staatliche Gericht die Anordnung vorsorglicher Massnahmen von der Leistung einer Sicherheit abhängig machen.

⁴ Die gesuchstellende Partei haftet für den aus einer ungerechtfertigten vorsorglichen Massnahme erwachsenen Schaden. Beweist sie jedoch, dass sie ihr Gesuch in guten Treuen gestellt hat, so kann das Gericht die Ersatzpflicht herabsetzen oder gänzlich von ihr entbinden. Die geschädigte Partei kann den Anspruch im hängigen Schiedsverfahren geltend machen.

⁵ Eine geleistete Sicherheit ist freizugeben, wenn feststeht, dass keine Schadenersatzklage erhoben wird; bei Ungewissheit setzt das Schiedsgericht eine Frist zur Klage.

Art. 375

¹ Das Schiedsgericht nimmt die Beweise selber ab.

² Ist für die Beweisabnahme oder für die Vornahme sonstiger Handlungen des Schiedsgerichts staatliche Rechtshilfe erforderlich, so kann das Schiedsgericht das nach Artikel 356 Absatz 2 zuständige staatliche Gericht um Mitwirkung ersuchen. Mit Zustimmung des Schiedsgerichts kann dies auch eine Partei tun.

³ Die Mitglieder des Schiedsgerichts können an den Verfahrenshandlungen des staatlichen Gerichts teilnehmen und Fragen stellen.

Beweisabnahme und Mitwirkung des staatlichen Gerichts

Art. 376

¹ Ein Schiedsverfahren kann von oder gegen Streitgenossen geführt werden, wenn:
a. alle Parteien unter sich durch eine oder mehrere übereinstimmende Schiedsvereinbarungen verbunden sind; und
b. die geltend gemachten Ansprüche identisch sind oder in einem sachlichen Zusammenhang stehen.

² Sachlich zusammenhängende Ansprüche zwischen den gleichen Parteien können im gleichen Schiedsverfahren beurteilt werden, wenn sie Gegenstand übereinstimmender Schiedsvereinbarungen der Parteien sind.

³ Die Intervention einer dritten Person und der Beitritt einer durch Klage streitberufenen Person setzen eine Schiedsvereinbarung zwischen der dritten Person und den Streitparteien voraus und bedürfen der Zustimmung des Schiedsgerichts.

Streitgenossenschaft, Klagenhäufung und Beteiligung Dritter

Art. 377

Verrechnung und Widerklage

¹ Erhebt eine Partei die Verrechnungseinrede, so kann das Schiedsgericht die Einrede beurteilen, unabhängig davon, ob die zur Verrechnung gestellte Forderung unter die Schiedsvereinbarung fällt oder ob für sie eine andere Schiedsvereinbarung oder eine Gerichtsstandsvereinbarung besteht.

² Eine Widerklage ist zulässig, wenn sie eine Streitsache betrifft, die unter eine übereinstimmende Schiedsvereinbarung der Parteien fällt.

Art. 378

Kostenvorschuss

¹ Das Schiedsgericht kann einen Vorschuss für die mutmasslichen Verfahrenskosten verlangen und die Durchführung des Verfahrens von dessen Leistung abhängig machen. Soweit die Parteien nichts anderes vereinbart haben, bestimmt es die Höhe des Vorschusses jeder Partei.

² Leistet eine Partei den von ihr verlangten Vorschuss nicht, so kann die andere Partei die gesamten Kosten vorschiessen oder auf das Schiedsverfahren verzichten. Verzichtet sie auf das Schiedsverfahren, so kann sie für diese Streitsache ein neues Schiedsverfahren einleiten oder Klage vor dem staatlichen Gericht erheben.

Art. 379

Sicherstellung der Parteientschädigung

Erscheint die klagende Partei zahlungsunfähig, so kann das Schiedsgericht auf Antrag der beklagten Partei verfügen, dass deren mutmassliche Parteientschädigung innert bestimmter Frist sicherzustellen ist. Für die beklagte Partei gilt Artikel 378 Absatz 2 sinngemäss.

Art. 380

Unentgeltliche Rechtspflege

Die unentgeltliche Rechtspflege ist ausgeschlossen.

6. TITEL: SCHIEDSSPRUCH

Art. 381

¹ Das Schiedsgericht entscheidet:
a. nach den Rechtsregeln, welche die Parteien gewählt haben; oder
b. nach Billigkeit, wenn es von den Parteien dazu ermächtigt worden ist.

² Fehlt eine solche Wahl oder eine solche Ermächtigung, so entscheidet es nach dem Recht, das ein staatliches Gericht anwenden würde.

Anwendbares Recht

Art. 382

¹ Bei den Beratungen und Abstimmungen haben alle Mitglieder des Schiedsgerichts mitzuwirken.

² Verweigert ein Mitglied die Teilnahme an einer Beratung oder an einer Abstimmung, so können die übrigen Mitglieder ohne es beraten und entscheiden, sofern die Parteien nichts anderes vereinbart haben.

³ Das Schiedsgericht fällt den Schiedsspruch mit der Mehrheit der Stimmen seiner Mitglieder, es sei denn, die Parteien hätten etwas anderes vereinbart.

⁴ Ergibt sich keine Stimmenmehrheit, so fällt die Präsidentin oder der Präsident den Schiedsspruch.

Beratung und Abstimmung

Art. 383

Haben die Parteien nichts anderes vereinbart, so kann das Schiedsgericht das Verfahren auf einzelne Fragen und Rechtsbegehren beschränken.

Zwischen- und Teilschiedssprüche

Art. 384

¹ Der Schiedsspruch enthält:
a. die Zusammensetzung des Schiedsgerichts;
b. die Angabe des Sitzes des Schiedsgerichts;
c. die Bezeichnung der Parteien und ihrer Vertretung;
d. die Rechtsbegehren der Parteien oder, bei Fehlen von Anträgen, eine Umschreibung der Streitfrage;
e. sofern die Parteien nicht darauf verzichtet haben: die Darstellung des Sachverhaltes, die rechtlichen Entscheidungsgründe und gegebenenfalls die Billigkeitserwägungen;
f. das Dispositiv in der Sache sowie die Höhe und die Verteilung der Verfahrenskosten und der Parteientschädigung;
g. das Datum des Schiedsspruches.

² Der Schiedsspruch ist zu unterzeichnen; es genügt die Unterschrift der Präsidentin oder der Präsidenten.

Inhalt des Schiedsspruches

Art. 385

Einigung der Parteien

Erledigen die Parteien während des Schiedsverfahrens die Streitsache, so hält das Schiedsgericht auf Antrag die Einigung in Form eines Schiedsspruches fest.

Art. 386

Zustellung und Hinterlegung

¹ Jeder Partei ist ein Exemplar des Schiedsspruches zuzustellen.

² Jede Partei kann auf ihre Kosten beim nach Artikel 356 Absatz 1 zuständigen staatlichen Gericht ein Exemplar des Schiedsspruches hinterlegen.

³ Auf Antrag einer Partei stellt dieses Gericht eine Vollstreckbarkeitsbescheinigung aus.

Art. 387

Wirkungen des Schiedsspruches

Mit der Eröffnung hat der Schiedsspruch die Wirkung eines rechtskräftigen und vollstreckbaren gerichtlichen Entscheids.

Art. 388

Berichtigung, Erläuterung und Ergänzung des Schiedsspruchs

¹ Jede Partei kann beim Schiedsgericht beantragen, dass dieses:
a. Redaktions- und Rechnungsfehler im Schiedsspruch berichtigt;
b. bestimmte Teile des Schiedsspruchs erläutert;
c. einen ergänzenden Schiedsspruch über Ansprüche fällt, die im Schiedsverfahren zwar geltend gemacht, im Schiedsspruch aber nicht behandelt worden sind.

² Der Antrag ist innert 30 Tagen seit Entdecken des Fehlers oder der erläuterungs- und ergänzungsbedürftigen Teile des Schiedsspruches zu stellen, spätestens aber innert eines Jahres seit Zustellung des Schiedsspruches.

³ Der Antrag hemmt die Rechtsmittelfristen nicht. Wird eine Partei durch den Ausgang dieses Verfahrens beschwert, so läuft für sie bezüglich dieses Punktes die Rechtsmittelfrist von neuem.

7. TITEL: RECHTSMITTEL

1. Kapitel: Beschwerde

Art. 389

¹ Der Schiedsspruch unterliegt der Beschwerde an das Bundesgericht.

² Für das Verfahren gelten die Bestimmungen des Bundesgerichtsgesetzes vom 17. Juni 2005[1], soweit dieses Kapitel nichts anderes bestimmt.

Beschwerde an das Bundesgericht

Art. 390

¹ Die Parteien können durch eine ausdrückliche Erklärung in der Schiedsvereinbarung oder in einer späteren Übereinkunft vereinbaren, dass der Schiedsspruch mit Beschwerde beim nach Artikel 356 Absatz 1 zuständigen kantonalen Gericht angefochten werden kann.

² Für das Verfahren gelten die Artikel 319–327, soweit dieses Kapitel nichts anderes bestimmt. Das kantonale Gericht entscheidet endgültig.

Beschwerde an das kantonale Gericht

Art. 391

Die Beschwerde ist erst nach Ausschöpfung der in der Schiedsvereinbarung vorgesehenen schiedsgerichtlichen Rechtsmittel zulässig.

Subsidiarität

Art. 392

Anfechtbar ist:
a. jeder Teil- oder Endschiedsspruch;
b. ein Zwischenschiedsspruch aus den in Artikel 393 Buchstaben a und b genannten Gründen.

Anfechtbare Schiedssprüche

Art. 393

Ein Schiedsspruch kann nur angefochten werden, wenn:
a. die Einzelschiedsrichterin oder der Einzelschiedsrichter vorschriftswidrig ernannt oder das Schiedsgericht vorschriftswidrig zusammengesetzt worden ist;
b. sich das Schiedsgericht zu Unrecht für zuständig oder für unzuständig erklärt hat;
c. das Schiedsgericht über Streitpunkte entschieden hat, die ihm nicht unterbreitet wurden, oder wenn es Rechtsbegehren unbeurteilt gelassen hat;
d. der Grundsatz der Gleichbehandlung der Parteien oder der Grundsatz des rechtlichen Gehörs verletzt wurde;

Beschwerdegründe

---

[1] SR **173.110**

e. er im Ergebnis willkürlich ist, weil er auf offensichtlich aktenwidrigen tatsächlichen Feststellungen oder auf einer offensichtlichen Verletzung des Rechts oder der Billigkeit beruht;
f. die vom Schiedsgericht festgesetzten Entschädigungen und Auslagen der Mitglieder des Schiedsgerichts offensichtlich zu hoch sind.

Art. 394

Rückweisung zur Berichtigung oder Ergänzung

Die Rechtsmittelinstanz kann den Schiedsspruch nach Anhörung der Parteien an das Schiedsgericht zurückweisen und ihm eine Frist zur Berichtigung oder Ergänzung setzen.

Art. 395

Entscheid

¹ Wird der Schiedsspruch nicht an das Schiedsgericht zurückgewiesen oder von diesem nicht fristgerecht berichtigt oder ergänzt, so entscheidet die Rechtsmittelinstanz über die Beschwerde und hebt bei deren Gutheissung den Schiedsspruch auf.

² Wird der Schiedsspruch aufgehoben, so entscheidet das Schiedsgericht nach Massgabe der Erwägungen im Rückweisungsentscheid neu.

³ Die Aufhebung kann auf einzelne Teile des Schiedsspruches beschränkt werden, sofern die andern nicht davon abhängen.

⁴ Wird der Schiedsspruch wegen offensichtlich zu hoher Entschädigungen und Auslagen angefochten, so kann die Rechtmittelinstanz über diese selber entscheiden.

2. Kapitel: Revision

Art. 396

Revisionsgründe

¹ Eine Partei kann beim nach Artikel 356 Absatz 1 zuständigen staatlichen Gericht die Revision eines Schiedsspruchs verlangen, wenn:
a. sie nachträglich erhebliche Tatsachen erfährt oder entscheidende Beweismittel findet, die sie im früheren Verfahren nicht beibringen konnte; ausgeschlossen sind Tatsachen und Beweismittel, die erst nach dem Schiedsspruch entstanden sind;
b. wenn ein Strafverfahren ergeben hat, dass durch ein Verbrechen oder ein Vergehen zum Nachteil der betreffenden Partei auf den Schiedsspruch eingewirkt wurde; eine Verurteilung durch das Strafgericht ist nicht erforderlich; ist das Strafverfahren nicht durchführbar, so kann der Beweis auf andere Weise erbracht werden;
c. geltend gemacht wird, dass die Klageanerkennung, der Klagerückzug oder der schiedsgerichtliche Vergleich unwirksam ist.

² Die Revision wegen Verletzung der EMRK[1] kann verlangt werden, wenn:
a. der Europäische Gerichtshof für Menschenrechte in einem endgültigen Urteil festgestellt hat, dass die EMRK oder die Protokolle dazu verletzt worden sind;
b. eine Entschädigung nicht geeignet ist, die Folgen der Verletzung auszugleichen; und
c. die Revision notwendig ist, um die Verletzung zu beseitigen.

Art. 397

¹ Das Revisionsgesuch ist innert 90 Tagen seit Entdeckung des Revisionsgrundes einzureichen.

² Nach Ablauf von 10 Jahren seit Eintritt der Rechtskraft des Schiedsspruches kann die Revision nicht mehr verlangt werden, ausser im Fall von Artikel 396 Absatz 1 Buchstabe b.

Fristen

Art. 398

Für das Verfahren gelten die Artikel 330 und 331.

Verfahren

Art. 399

¹ Heisst das Gericht das Revisionsgesuch gut, so hebt es den Schiedsspruch auf und weist die Sache zur Neubeurteilung an das Schiedsgericht zurück.

² Ist das Schiedsgericht nicht mehr vollständig, so ist Artikel 371 anwendbar.

Rückweisung an das Schiedsgericht

---

[1] SR **0.101**

4. TEIL:
SCHLUSSBESTIMMUNGEN

1. TITEL: VOLLZUG

Art. 400

¹ Der Bundesrat erlässt die Ausführungsbestimmungen.

² Er stellt für Gerichtsurkunden und Parteieingaben Formulare zur Verfügung. Die Formulare für die Parteieingaben sind so zu gestalten, dass sie auch von einer rechtsunkundigen Partei ausgefüllt werden können.

³ Er kann den Erlass administrativer und technischer Vorschriften dem Bundesamt für Justiz übertragen.

Grundsätze

Art. 401

¹ Die Kantone können mit Genehmigung des Bundesrates Pilotprojekte durchführen.

² Der Bundesrat kann die Zuständigkeit für die Genehmigung dem Bundesamt für Justiz übertragen.

Pilotprojekte

2. TITEL: ANPASSUNG VON GESETZEN

Art. 402

Aufhebung und Änderung bisherigen Rechts

Die Aufhebung und die Änderung bisherigen Rechts werden in Anhang 1 geregelt.

Art. 403

Koordinationsbestimmungen

Die Koordination von Bestimmungen anderer Erlasse mit diesem Gesetz wird in Anhang 2 geregelt.

3. TITEL: ÜBERGANGSBESTIMMUNGEN

Art. 404

¹ Für Verfahren, die bei Inkrafttreten dieses Gesetzes rechtshängig sind, gilt das bisherige Verfahrensrecht bis zum Abschluss vor der betroffenen Instanz.

² Die örtliche Zuständigkeit bestimmt sich nach dem neuen Recht. Eine bestehende Zuständigkeit nach dem alten Recht bleibt erhalten.

Weitergelten des bisherigen Rechts

Art. 405

¹ Für die Rechtsmittel gilt das Recht, das bei der Eröffnung des Entscheides in Kraft ist.

² Für die Revision von Entscheiden, die unter dem bisherigen Recht eröffnet worden sind, gilt das neue Recht.

Rechtsmittel

Art. 406

Die Gültigkeit einer Gerichtsstandsvereinbarung bestimmt sich nach dem Recht, das zur Zeit ihres Abschlusses gegolten hat.

Gerichtsstandsvereinbarung

Art. 407

¹ Die Gültigkeit von Schiedsvereinbarungen, die vor Inkrafttreten dieses Gesetzes geschlossen wurden, beurteilt sich nach dem für sie günstigeren Recht.

² Für Schiedsverfahren, die bei Inkrafttreten dieses Gesetzes rechtshängig sind, gilt das bisherige Recht. Die Parteien können jedoch die Anwendung des neuen Rechts vereinbaren.

³ Für die Rechtsmittel gilt das Recht, das bei der Eröffnung des Schiedsspruches in Kraft ist.

⁴ Für Verfahren vor den nach Artikel 356 zuständigen staatlichen Gerichten, die bei Inkrafttreten dieses Gesetzes rechtshängig sind, gilt das bisherige Recht.

Schiedsgerichtsbarkeit

4. TITEL: REFERENDUM UND INKRAFTTRETEN

Art. 408

¹ Dieses Gesetz untersteht dem fakultativen Referendum.
² Der Bundesrat bestimmt das Inkrafttreten.

Ständerat, 19. Dezember 2008	Nationalrat, 19. Dezember 2008
Der Präsident: *Alain Berset* Der Sekretär: *Philippe Schwab*	Die Präsidentin: *Chiara Simoneschi-Cortesi* Der Sekretär: *Pierre-Hervé Freléchoz*

Datum der Veröffentlichung: 6. Januar 2009[1)]
Ablauf der Referendumsfrist: 16. April 2009

[1)] BBl **2009** 21

Aufhebung und Änderung bisherigen Rechts

I. Aufhebung bisherigen Rechts

Das Gerichtsstandsgesetz vom 24. März 2000[1] wird aufgehoben.

II. Änderung bisherigen Rechts

Die nachstehenden Bundesgesetze werden wie folgt geändert:

1. Gleichstellungsgesetz vom 24. März 1995[2]

Art. 11 und 12
Aufgehoben

2. Bundesgerichtsgesetz vom 17. Juni 2005[3]

Art. 74 Abs. 2 Bst. b
² Erreicht der Streitwert den massgebenden Betrag nach Absatz 1 nicht, so ist die Beschwerde dennoch zulässig:
b. wenn ein Bundesgesetz eine einzige kantonale Instanz vorsieht;

Art. 75 Abs. 2 Bst. a und c
² Die Kantone setzen als letzte kantonale Instanzen obere Gerichte ein. Diese entscheiden als Rechtsmittelinstanzen; ausgenommen sind die Fälle, in denen:
a. ein Bundesgesetz eine einzige kantonale Instanz vorsieht;
c. eine Klage mit einem Streitwert von mindestens 100 000 Franken mit Zustimmung aller Parteien direkt beim oberen Gericht eingereicht wurde.

---

[1] AS **2000** 2355, **2004** 2617, **2005** 5685, **2006** 5379
[2] SR **151.1**
[3] SR **173.110**

Anhang 1 (Art. 402)

Art. 76 Abs. 1 Bst. b und Abs. 2

¹ Zur Beschwerde in Zivilsachen ist berechtigt, wer:
b. durch den angefochtenen Entscheid besonders berührt ist und ein schutzwürdiges Interesse an dessen Aufhebung oder Änderung hat.

² Gegen Entscheide nach Artikel 72 Absatz 2 steht das Beschwerderecht auch der Bundeskanzlei, den Departementen des Bundes oder, soweit das Bundesrecht es vorsieht, den ihnen unterstellten Dienststellen zu, wenn der angefochtene Entscheid die Bundesgesetzgebung in ihrem Aufgabenbereich verletzen kann.

Art. 77 Sachüberschrift und Abs. 1 und 2

Schiedsgerichtsbarkeit ¹ Die Beschwerde in Zivilsachen ist zulässig gegen Entscheide von Schiedsgerichten:
a. in der internationalen Schiedsgerichtsbarkeit unter den Voraussetzungen der Artikel 190–192 des Bundesgesetzes vom 18. Dezember 1987[1] über das Internationale Privatrecht;
b. in der nationalen Schiedsgerichtsbarkeit unter den Voraussetzungen der Artikel 389–395 der Zivilprozessordnung vom 19. Dezember 2008[2].

² Die Artikel 48 Absatz 3, 90–98, 103 Absatz 2, 105 Absatz 2, 106 Absatz 1 sowie 107 Absatz 2, soweit dieser dem Bundesgericht erlaubt, in der Sache selbst zu entscheiden, sind in diesen Fällen nicht anwendbar.

Art. 100 Abs. 6, 111 Abs. 3 zweiter Satz
Aufgehoben

3. Zivilgesetzbuch[3]

Art. 10, 28c–28f, 28l Abs. 3 und 4, 110, 112 Abs. 3, 113, 116, 117 Abs. 2
Aufgehoben

Vierter Abschnitt (Art. 135–149)
Aufgehoben

Art. 208 Abs. 2
Aufgehoben

---

[1] SR **291**
[2] Bl **2009** 21
[3] SR **210**

Art. 230 Abs. 2
² Kann der Ehegatte diese Zustimmung nicht einholen oder wird sie ihm ohne triftigen Grund verweigert, so kann er das Gericht anrufen.

Art. 254 und 280–284
Aufgehoben

Art. 295 Abs. 1 Einleitungssatz
¹ Die Mutter kann spätestens bis ein Jahr nach der Geburt gegen den Vater oder dessen Erben auf Ersatz klagen:

Art. 598 Abs. 2
Aufgehoben

Art. 618 Abs. 1
¹ Können sich die Erben über den Anrechnungswert nicht verständigen, so wird er durch amtlich bestellte Sachverständige geschätzt.

Art. 712c Abs. 3
³ Die Einsprache ist unwirksam, wenn sie ohne wichtigen Grund erhoben worden ist.

Art. 961 Abs. 3
³ Über das Begehren entscheidet das Gericht und bewilligt, nachdem der Ansprecher seine Berechtigung glaubhaft gemacht hat, die Vormerkung, indem es deren Wirkung zeitlich und sachlich genau feststellt und nötigenfalls zur gerichtlichen Geltendmachung der Ansprüche eine Frist ansetzt.

Schlusstitel

Art. 54 Abs. 3
³ Soweit nicht die Zivilprozessordnung vom 19. Dezember 2008[1] anwendbar ist, regeln die Kantone das Verfahren.

---

[1] BBl **2009** 21

Anhang 1 (Art. 402) — ZPO

4. Partnerschaftsgesetz vom 18. Juni 2004[1]

3. Abschnitt (Art. 35)
Aufgehoben

5. Obligationenrecht[2]

Art. 97 Abs. 2
² Für die Vollstreckung gelten die Bestimmungen des Bundesgesetzes vom 11. April 1889[3] über Schuldbetreibung und Konkurs sowie der Zivilprozessordnung vom 19. Dezember 2008[4] (ZPO).

Art. 135 Ziff. 2
Die Verjährung wird unterbrochen:
2. durch Schuldbetreibung, durch Schlichtungsgesuch, durch Klage oder Einrede vor einem staatlichen Gericht oder einem Schiedsgericht sowie durch Eingabe im Konkurs.

Art. 138 Abs. 1
¹ Wird die Verjährung durch Schlichtungsgesuch, Klage oder Einrede unterbrochen, so beginnt die Verjährung von Neuem zu laufen, wenn der Rechtsstreit vor der befassten Instanz abgeschlossen ist.

Art. 139
Aufgehoben

Art. 193

2. Verfahren
a. Streitverkündung

¹ Die Voraussetzungen und Wirkungen der Streitverkündung richten sich nach der ZPO[5].

² Ist die Streitverkündung ohne Veranlassung des Verkäufers unterblieben, so wird dieser von der Verpflichtung zur Gewährleistung insoweit befreit, als er zu beweisen vermag, dass bei rechtzeitig erfolgter Streitverkündung ein günstigeres Ergebnis des Prozesses zu erlangen gewesen wäre.

Art. 259i

c. Verfahren

Das Verfahren richtet sich nach der ZPO[6].

---

[1] SR **211.231**
[2] SR **220**
[3] SR **281.1**
[4] BBl **2009** 21
[5] BBl **2009** 21
[6] BBl **2009** 21

AUFHEBUNG UND ÄNDERUNG BISHERIGEN RECHTS

**Anhang 1
(Art. 402)**

Art. 273 Randtitel und Abs. 4 und 5
⁴ Das Verfahren vor der Schlichtungsbehörde richtet sich nach der ZPO[1].
⁵ Weist die zuständige Behörde ein Begehren des Mieters betreffend Anfechtung der Kündigung ab, so prüft sie von Amtes wegen, ob das Mietverhältnis erstreckt werden kann.

C. Fristen und Verfahren

Vierter Abschnitt (Art. 274–274g)
Aufgehoben

Art. 276a Abs. 2
² Im Übrigen gilt das Obligationenrecht mit Ausnahme der Bestimmungen über die Pacht von Wohn- und Geschäftsräumen.

Art. 301
Das Verfahren richtet sich nach der ZPO[2].

Q. Verfahren

Art. 331e Abs. 6
⁶ Werden Ehegatten vor Eintritt eines Vorsorgefalles geschieden, so gilt der Vorbezug als Freizügigkeitsleistung und wird nach den Artikeln 122 und 123 des Zivilgesetzbuches[3], nach Artikel 280 ZPO[4] und Artikel 22 des Freizügigkeitsgesetzes vom 17. Dezember 1993[5] geteilt. Die gleiche Regelung gilt bei gerichtlicher Auflösung einer eingetragenen Partnerschaft.

Art. 343
Aufgehoben

Art. 396 Abs. 3
³ Einer besonderen Ermächtigung bedarf der Beauftragte, wenn es sich darum handelt, einen Vergleich abzuschliessen, ein Schiedsgericht anzunehmen, wechselrechtliche Verbindlichkeiten einzugehen, Grundstücke zu veräussern oder zu belasten oder Schenkungen zu machen.

---

[1] BBl **2009** 21
[2] BBl **2009** 21
[3] SR **210**
[4] BBl **2009** 21
[5] SR **831.42**

Anhang 1 (Art. 402)

ZPO

Art. 697 Abs. 4
⁴ Wird die Auskunft oder die Einsicht ungerechtfertigterweise verweigert, so ordnet das Gericht sie auf Antrag an.

Art. 697h Abs. 2 zweiter Satz, 706a Abs. 3, 756 Abs. 2, 957 Abs. 4 und 963
Aufgehoben

Art. 1165 Abs. 3 und 4
³ Entspricht der Schuldner diesem Begehren nicht, so kann das Gericht die Gesuchsteller ermächtigen, von sich aus eine Gläubigerversammlung einzuberufen. Zwingend zuständig ist das Gericht am gegenwärtigen oder letzten Sitz des Schuldners in der Schweiz.
⁴ Hat oder hatte der Schuldner nur eine Niederlassung in der Schweiz, so ist das Gericht am Ort dieser Niederlassung zwingend zuständig.

6. Bundesgesetz vom 28. März 1905[1] über die Haftpflicht der Eisenbahn- und Dampfschifffahrtsunternehmungen und der Schweizerischen Post

Art. 20 und 22
Aufgehoben

7. Bundesgesetz vom 4. Oktober 1985[2] über die landwirtschaftliche Pacht

Art. 1 Abs. 4
⁴ Soweit dieses Gesetz nicht anwendbar ist oder keine besondern Vorschriften enthält, gilt das Obligationenrecht, mit Ausnahme der Bestimmungen über die Pacht von Wohn- und Geschäftsräumen und über die Hinterlegung des Pachtzinses.

Art. 47

Verfahren Soweit dieses Gesetz das verwaltungsrechtliche Verfahren nicht regelt, ordnen es die Kantone; für zivilrechtliche Klagen gelten die Bestimmungen der Zivilprozessordnung vom 19. Dezember 2008[3].

Art. 48
Aufgehoben

---

[1] SR **221.112.742**
[2] SR **221.213.2**
[3] BBl **2009** 21

AUFHEBUNG UND ÄNDERUNG BISHERIGEN RECHTS **Anhang 1 (Art. 402)**

8. Versicherungsvertragsgesetz vom 2. April 1908[1]

Art. 13 Abs. 1
Aufgehoben

9. Urheberrechtsgesetz vom 9. Oktober 1992[2]

Art. 64
Aufgehoben

Art. 65
Ersucht eine Person um die Anordnung vorsorglicher Massnahmen, so kann sie insbesondere verlangen, dass das Gericht Massnahmen anordnet:
a. zur Beweissicherung,
b. zur Ermittlung der Herkunft widerrechtlich hergestellter oder in Verkehr gebrachter Gegenstände;
c. zur Wahrung des bestehenden Zustandes; oder
d. zur vorläufigen Vollstreckung von Unterlassungs- und Beseitigungsansprüchen.

Vorsorgliche Massnahmen

10. Markenschutzgesetz vom 28. August 1992[3]

Art. 42
Wer an einem Verwaltungsverfahren nach diesem Gesetz beteiligt ist und in der Schweiz keinen Wohnsitz oder Sitz hat, muss eine hier niedergelassene Vertretung bestellen.

Art. 58
Aufgehoben

Art. 59
Ersucht eine Person um die Anordnung vorsorglicher Massnahmen, so kann sie insbesondere verlangen, dass das Gericht Massnahmen anordnet:
a. zur Beweissicherung;
b. zur Ermittlung der Herkunft widerrechtlich mit der Marke oder der Herkunftsangabe versehener Gegenstände;
c. zur Wahrung des bestehenden Zustandes; oder
d. zur vorläufigen Vollstreckung von Unterlassungs- und Beseitigungsansprüchen.

Vorsorgliche Massnahmen

---

[1] SR **221.229.1**
[2] SR **231.1**
[3] SR **232.11**

11. Designgesetz vom 5. Oktober 2001[1]

Art. 18
Wer an einem Verwaltungsverfahren nach diesem Gesetz beteiligt ist und in der Schweiz keinen Wohnsitz oder Sitz hat, muss eine hier niedergelassene Vertretung bestellen.

Art. 37
Aufgehoben

Art. 38

Vorsorgliche Massnahmen Ersucht eine Person um die Anordnung vorsorglicher Massnahmen, so kann sie insbesondere verlangen, dass das Gericht Massnahmen anordnet:
a. zur Beweissicherung;
b. zur Ermittlung der Herkunft widerrechtlich hergestellter Gegenstände;
c. zur Wahrung des bestehenden Zustandes; oder
d. zur vorläufigen Vollstreckung von Unterlassungs- und Beseitigungsansprüchen.

12. Patentgesetz vom 25. Juni 1954[2]

Art. 13 Abs. 1 Einleitungssätze
¹ Wer in der Schweiz keinen Wohnsitz hat, muss einen Vertreter mit Zustelldomizil in der Schweiz bestellen, der ihn in Verfahren nach diesem Gesetz vor den Verwaltungsbehörden vertritt. Keiner Vertretung bedürfen jedoch:

Art. 73 Abs. 2 und 76
Aufgehoben

Art. 77

Vorsorgliche Massnahmen Ersucht eine Person um die Anordnung vorsorglicher Massnahmen, so kann sie insbesondere verlangen, dass das Gericht anordnet:
a. eine genaue Beschreibung:
   1. der angeblich widerrechtlich angewendeten Verfahren,
   2. der hergestellten Erzeugnisse und der zur Herstellung dienenden Einrichtungen und Geräte; oder
b. die Beschlagnahme dieser Gegenstände.

Art. 79 und 80
Aufgehoben

---
[1] SR **232.12**
[2] SR **232.14**

AUFHEBUNG UND ÄNDERUNG BISHERIGEN RECHTS

**Anhang 1
(Art. 402)**

13. Sortenschutzgesetz vom 20. März 1975[1]

Art. 3
Wer in der Schweiz weder Wohnsitz noch Sitz hat, muss eine in der Schweiz niedergelassene Vertretung bestellen, die ihn in Verfahren nach diesem Gesetz vor den Verwaltungsbehörden vertritt.

Auslandswohnsitz

Art. 39, 40 und 42
Aufgehoben

Art. 43
Ersucht eine Person um die Anordnung vorsorglicher Massnahmen, so kann sie insbesondere verlangen, dass das Gericht Massnahmen anordnet:
a. zur Beweissicherung;
b. zur Ermittlung der Herkunft von Material, das mit der Sortenbezeichnung einer in der Schweiz geschützten Sorte versehen ist;
c. zur Wahrung des bestehenden Zustandes; oder
d. zur vorläufigen Vollstreckung von Unterlassungs- und Beseitigungsansprüchen.

Vorsorgliche Massnahmen

14. Bundesgesetz vom 19. Juni 1992[2] über den Datenschutz

Art. 15
[1] Klagen zum Schutz der Persönlichkeit richten sich nach den Artikeln 28, 28a sowie 28l des Zivilgesetzbuchs[3]. Die klagende Partei kann insbesondere verlangen, dass die Datenbearbeitung gesperrt wird, keine Daten an Dritte bekannt gegeben oder die Personendaten berichtigt oder vernichtet werden.
[2] Kann weder die Richtigkeit noch die Unrichtigkeit von Personendaten dargetan werden, so kann die klagende Partei verlangen, dass bei den Daten ein entsprechender Vermerk angebracht wird.
[3] Die klagende Partei kann zudem verlangen, dass die Berichtigung, die Vernichtung, die Sperre, namentlich die Sperre der Bekanntgabe an Dritte, der Vermerk über die Bestreitung oder das Urteil Dritten mitgeteilt oder veröffentlicht wird.
[4] Über Klagen zur Durchsetzung des Auskunftsrechts entscheidet das Gericht im vereinfachten Verfahren nach der Zivilprozessordnung vom 19. Dezember 2008[4].

Rechtsansprüche

---

[1] SR **232.16**
[2] SR **235.1**
[3] SR **210**
[4] BBl **2009** 21

15. Bundesgesetz vom 19. Dezember 1986[1] gegen den unlauteren Wettbewerb

Gliederungstitel vor Art. 9
2. Abschnitt: Prozessrechtliche Bestimmungen

Art. 9 Sachüberschrift
Klageberechtigung

Art. 10 Sachüberschrift
Klageberechtigung von Kunden und Organisationen sowie des Bundes

Gliederungstitel vor Art. 12
Aufgehoben

Art. 12, 13, 13a Abs. 2, 14 und 15
Aufgehoben

16. Kartellgesetz vom 6. Oktober 1995[2]

Art. 14, 16 und 17
Aufgehoben

17. Bundesgesetz vom 11. April 1889[3] über Schuldbetreibung und Konkurs

Ersatz von Ausdrücken
¹ *In Artikel 8a Absatz 3 Buchstabe a wird der Ausdruck «Urteils» durch «gerichtlichen Entscheids» ersetzt.*
² *In den Artikeln 153a Absatz 2, 271 Absatz 1 Ziffer 4 und 279 Absätze 2 und 4 wird der Ausdruck «Urteil» durch «Entscheid» ersetzt, unter allfälliger Anpassung der grammatischen Form.*

Art. 15 Abs. 4 und 5
⁴ *Aufgehoben*
⁵ Er koordiniert die elektronische Kommunikation zwischen den Betreibungs- und Konkursämtern, den Grundbuch- und Handelsregisterämtern, den Gerichten und dem Publikum.

Art. 25
Aufgehoben

---

[1] SR **241**
[2] SR **251**
[3] SR **281.1**

Art. 29
Aufgehoben

Art. 31
Für die Berechnung, die Einhaltung und den Lauf der Fristen gelten die Bestimmungen der Zivilprozessordnung vom 19. Dezember 2008[1] (ZPO), sofern dieses Gesetz nichts anderes bestimmt.

A. Fristen
1. Im Allgemeinen

Art. 32 Abs. 1, 2 und 3
[1] *Aufgehoben*
[2] Eine Frist ist auch dann gewahrt, wenn vor ihrem Ablauf ein unzuständiges Betreibungs- oder Konkursamt angerufen wird; dieses überweist die Eingabe unverzüglich dem zuständigen Amt.
[3] *Aufgehoben*

Art. 33a
[1] Eingaben können den Betreibungs- und Konkursämtern und den Aufsichtsbehörden elektronisch eingereicht werden.

A^{bis}. Elektronische Eingaben

[2] Das Dokument, das die Eingabe und die Beilagen enthält, muss mit einer anerkannten elektronischen Signatur der Absenderin oder des Absenders versehen sein. Der Bundesrat bestimmt die Einzelheiten.

[3] Die Betreibungs- und Konkursämter und die Aufsichtsbehörden können verlangen, dass die Eingabe und die Beilagen in Papierform nachgereicht wird.

Art. 34
[1] Die Zustellung von Mitteilungen, Verfügungen und Entscheiden der Betreibungs- und Konkursämter sowie der Aufsichtsbehörden erfolgen durch eingeschriebene Postsendung oder auf andere Weise gegen Empfangsbestätigung, sofern dieses Gesetz nichts anderes bestimmt.

B. Zustellung
1. Schriftlich und elektronisch

[2] Mit dem Einverständnis der betroffenen Person kann die Zustellung elektronisch erfolgen. Der Bundesrat bestimmt die Einzelheiten.

---
[1] BBl **2009** 21

Anhang 1 (Art. 402) — *ZPO*

Art. 56

A. Grundsätze

¹ Ausser im Arrestverfahren oder wenn es sich um unaufschiebbare Massnahmen zur Erhaltung von Vermögensgegenständen handelt, dürfen Betreibungshandlungen nicht vorgenommen werden:

a. in den geschlossenen Zeiten, nämlich zwischen 20 Uhr und 7 Uhr sowie an Sonntagen und staatlich anerkannten Feiertagen;
b. während der Betreibungsferien, nämlich:
  1. vom siebten Tag vor Ostern bis und mit dem siebten Tag nach Ostern,
  2. vom 15. Juli bis und mit dem 15. August,
  3. vom 18. Dezember bis und mit dem 2. Januar;
c. gegen einen Schuldner, dem der Rechtsstillstand (Art. 57–62) gewährt ist.

² In der Wechselbetreibung gibt es keine Betreibungsferien.

Art. 79

D. Beseitigung des Rechtsvorschlages
1. Im Zivilprozess oder im Verwaltungsverfahren

Ein Gläubiger, gegen dessen Betreibung Rechtsvorschlag erhoben worden ist, hat seinen Anspruch im Zivilprozess oder im Verwaltungsverfahren geltend zu machen. Er kann die Fortsetzung der Betreibung nur aufgrund eines vollstreckbaren Entscheids erwirken, der den Rechtsvorschlag ausdrücklich beseitigt.

Art. 80 Abs. 1 sowie 2 Einleitungssatz und Ziff. 1bis, 2 und 3

¹ Beruht die Forderung auf einem vollstreckbaren gerichtlichen Entscheid, so kann der Gläubiger beim Richter die Aufhebung des Rechtsvorschlags (definitive Rechtsöffnung) verlangen.

² Gerichtlichen Entscheiden gleichgestellt sind:

1bis. vollstreckbare öffentliche Urkunden nach den Artikeln 347–352 ZPO[1];
2. Verfügungen schweizerischer Verwaltungsbehörden;
3. *Aufgehoben*

Art. 81

b. Einwendungen

¹ Beruht die Forderung auf einem vollstreckbaren Entscheid eines schweizerischen Gerichts oder einer schweizerischen Verwaltungsbehörde, so wird die definitive Rechtsöffnung erteilt, wenn nicht der Betriebene durch Urkunden beweist, dass die Schuld seit Erlass des Entscheids getilgt oder gestundet worden ist, oder die Verjährung anruft.

² Beruht die Forderung auf einer vollstreckbaren öffentlichen Urkunde, so kann der Betriebene weitere Einwendungen gegen die Leistungspflicht geltend machen, sofern sie sofort beweisbar sind.

---

[1] BBl **2009** 21

AUFHEBUNG UND ÄNDERUNG BISHERIGEN RECHTS

**Anhang 1
(Art. 402)**

³ Ist ein Entscheid in einem andern Staat ergangen, so kann der Betriebene überdies die Einwendungen geltend machen, die im betreffenden Staatsvertrag oder, wenn ein solcher fehlt, im Bundesgesetz vom 18. Dezember 1987[1)] über das Internationale Privatrecht vorgesehen sind.

Art. 85a Randtitel und Abs. 4
⁴ *Aufgehoben*

2. Im ordentlichen und im vereinfachten Verfahren

Art. 86 Abs. 1
¹ Wurde der Rechtsvorschlag unterlassen oder durch Rechtsöffnung beseitigt, so kann derjenige, welcher infolgedessen eine Nichtschuld bezahlt hat, innerhalb eines Jahres nach der Zahlung auf dem Prozesswege den bezahlten Betrag zurückfordern.

Art. 109 Abs. 4 zweiter Satz, 111 Abs. 5 zweiter Satz, 148 Abs. 2
Aufgehoben

Art. 174
¹ Der Entscheid des Konkursgerichts kann innert 10 Tagen mit Beschwerde nach der ZPO[2)] angefochten werden. Die Parteien können dabei neue Tatsachen geltend machen, wenn diese vor dem erstinstanzlichen Entscheid eingetreten sind.

4. Beschwerde

² Die Rechtsmittelinstanz kann die Konkurseröffnung aufheben, wenn der Schuldner seine Zahlungsfähigkeit glaubhaft macht und durch Urkunden beweist, dass inzwischen:
1. die Schuld, einschliesslich der Zinsen und Kosten, getilgt ist;
2. der geschuldete Betrag bei der Rechtsmittelinstanz zuhanden des Gläubigers hinterlegt ist; oder
3. der Gläubiger auf die Durchführung des Konkurses verzichtet.

³ Wird der Beschwerde aufschiebende Wirkung gewährt, sind zum Schutz der Gläubiger die notwendigen vorsorglichen Massnahmen zu treffen.

Art. 185
Der Entscheid über die Bewilligung des Rechtsvorschlages kann innert 5 Tagen mit Beschwerde nach der ZPO[3)] angefochten werden.

7. Rechtsmittel

Art. 250 Abs. 3
Aufgehoben

[1)] SR **291**
[2)] BBl **2009** 21
[3)] BBl **2009** 21

Anhang 1 (Art. 402) *ZPO*

Art. 265a Abs. 1 und 4

¹ Erhebt der Schuldner Rechtsvorschlag mit der Begründung, er sei nicht zu neuem Vermögen gekommen, so legt das Betreibungsamt den Rechtsvorschlag dem Richter des Betreibungsortes vor. Dieser hört die Parteien an und entscheidet; gegen den Entscheid ist kein Rechtsmittel zulässig.

⁴ Der Schuldner und der Gläubiger können innert 20 Tagen nach der Eröffnung des Entscheides über den Rechtsvorschlag beim Richter des Betreibungsortes Klage auf Bestreitung oder Feststellung des neuen Vermögens einreichen.

Art. 278 Abs. 3

³ Der Einspracheentscheid kann mit Berufung oder mit Beschwerde nach der ZPO[1] angefochten werden. Vor der Rechtsmittelinstanz können neue Tatsachen geltend gemacht werden.

Art. 284 dritter Satz

… Über streitige Fälle entscheidet der Richter.

Art. 294 Randtitel, Abs. 3 und 4

2. Ladung, Entscheid und Beschwerde

³ Der Schuldner und der gesuchstellende Gläubiger können den Entscheid des Nachlassgerichts mit Beschwerde nach der ZPO[2] anfechten.

⁴ Soweit der Entscheid die Ernennung des Sachwalters betrifft, ist jeder Gläubiger zur Beschwerde legitimiert.

Art. 307

3. Beschwerde

Der Entscheid über den Nachlassvertrag kann mit Beschwerde nach der ZPO[3] angefochten werden.

Art. 340 Randtitel, Abs. 1 und 3

3. Beschwerde

¹ Der Schuldner und jeder Gläubiger können den Entscheid mit Beschwerde nach der ZPO[4] anfechten.

³ Eine vom Nachlassgericht bewilligte Notstundung besitzt Wirksamkeit bis zum endgültigen Entscheid der Rechtsmittelinstanz.

Art. 348 Abs. 2 zweiter Satz

² … Das Nachlassgericht entscheidet nach Vornahme der allfällig noch notwendigen Erhebungen auf Grund der Akten, ebenso die Rechtsmittelinstanz im Fall der Beschwerde. …

---

[1] BBl **2009** 21
[2] BBl **2009** 21
[3] BBl **2009** 21
[4] BBl **2009** 21

**Anhang 1
(Art. 402)**

18. Bundesgesetz vom 18. Dezember 1987[1]
über das Internationale Privatrecht

Art. 10
Zuständig zur Anordnung vorsorglicher Massnahmen sind:
a. die schweizerischen Gerichte oder Behörden, die in der Hauptsache zuständig sind; oder
b. die schweizerischen Gerichte und Behörden am Ort, an dem die Massnahme vollstreckt werden soll.

IX. Vorsorgliche Massnahmen

Art. 11
Die Rechtshilfe zwischen der Schweiz und anderen Staaten wird durch das Bundesamt für Justiz vermittelt.

X. Rechtshilfe
1. Vermittlung der Rechtshilfe

Art. 11a
[1] Rechtshilfehandlungen, die in der Schweiz durchzuführen sind, werden nach schweizerischem Recht vorgenommen.
[2] Auf Begehren der ersuchenden Behörde können auch ausländische Verfahrensformen angewendet oder berücksichtigt werden, wenn es für die Durchsetzung eines Rechtsanspruchs im Ausland notwendig ist und nicht wichtige Gründe auf Seiten des Betroffenen entgegenstehen.
[3] Die schweizerischen Gerichte oder Behörden können Urkunden nach einer Form des ausländischen Rechts ausstellen oder einem Gesuchsteller die eidesstattliche Erklärung abnehmen, wenn eine Form nach schweizerischem Recht im Ausland nicht anerkannt wird und deshalb ein schützenswerter Rechtsanspruch dort nicht durchgesetzt werden könnte.
[4] Bei Rechtshilfeersuchen um Zustellung oder um Beweiserhebung in die Schweiz und aus der Schweiz ist die Haager Übereinkunft vom 1. März 1954[2] betreffend Zivilprozessrecht anwendbar.

2. Anwendbares Recht

Art. 11b
Der Kostenvorschuss und die Sicherheit für die Parteientschädigung richten sich nach der Zivilprozessordnung vom 19. Dezember 2008[3] (ZPO).

3. Kostenvorschuss und Sicherheit für die Parteientschädigung

Art. 11c
Den Personen mit Wohnsitz im Ausland wird die unentgeltliche Rechtspflege unter den gleichen Voraussetzungen gewährt wie den Personen mit Wohnsitz in der Schweiz.

4. Unentgeltliche Rechtspflege

---

[1] SR **291**
[2] SR **0.274.12**
[3] BBl **2009** 21

**Anhang 1
(Art. 402)** *ZPO*

*Art. 12
Aufgehoben*

Art. 151 Abs. 4
⁴ Für Stimmrechtssuspendierungsklagen nach dem Börsengesetz vom 24. März 1995[1] sind die schweizerischen Gerichte am Sitz der Zielgesellschaft zuständig.

Art. 176 Abs. 2
² Die Parteien können die Geltung dieses Kapitels durch eine ausdrückliche Erklärung in der Schiedsvereinbarung oder in einer späteren Übereinkunft ausschliessen und die Anwendung des dritten Teils der ZPO[2] vereinbaren.

Art. 179 Abs. 2
² Fehlt eine solche Vereinbarung, so kann der Richter am Sitz des Schiedsgerichts angerufen werden; er wendet sinngemäss die Bestimmungen der ZPO[3] über die Ernennung, Abberufung oder Ersetzung der Mitglieder des Schiedsgerichts an.

19. Kernenergiehaftpflichtgesetz vom 18. März 1983[4]

*Art. 23 und 25
Aufgehoben*

Art. 26 Abs. 1
¹ Das Gericht stellt den Sachverhalt von Amtes wegen fest. Es ist an die Begehren der Parteien nicht gebunden.

20. Kernenergiehaftpflichtgesetz vom 13. Juni 2008[5]

*Art. 21
Aufgehoben*

Art. 22 Abs. 1
¹ Das Gericht stellt den Sachverhalt von Amtes wegen fest. Es ist an die Begehren der Parteien nicht gebunden.

---

[1] SR **954.1**
[2] BBl **2009** 21
[3] BBl **2009** 21
[4] SR **732.44**
[5] BBl **2008** 5339 5341

21. Strassenverkehrsgesetz vom 19. Dezember 1958[1]

Art. 86
Aufgehoben

22. Bundesgesetz vom 28. September 1923[2] über das Schiffsregister

Art. 37 und 52
Aufgehoben

23. Bundesgesetz vom 3. Oktober 1975[3] über die Binnenschifffahrt

7. Kapitel (Art. 39)
Aufgehoben

24. Seeschifffahrtsgesetz vom 23. September 1953[4]

Art. 16
Aufgehoben

25. Luftfahrtgesetz vom 21. Dezember 1948[5]

Art. 67, 82–84
Aufgehoben

26. Bundesgesetz vom 7. Oktober 1959[6] über das Luftfahrzeugbuch

Gliederungstitel vor Art. 61
Fünfter Abschnitt: Strafbestimmungen

Art. 61 und 62
Aufgehoben

---

[1] SR **741.01**
[2] SR **747.11**
[3] SR **747.201**
[4] SR **747.30**
[5] SR **748.0**
[6] SR **748.217.1**

Anhang 1 (Art. 402)

27. Mitwirkungsgesetz vom 17. Dezember 1993[1]

Art. 15 Abs. 3
Aufgehoben

28. Arbeitsvermittlungsgesetz vom 6. Oktober 1989[2]

2. Kapitel 3. Abschnitt (Art. 10)
Aufgehoben

3. Kapitel 3. Abschnitt (Art. 23)
Aufgehoben

29. Bundesgesetz vom 25. Juni 1982[3] über die berufliche Alters-, Hinterlassenen- und Invalidenvorsorge

Art. 30c Abs. 6
⁶ Werden Ehegatten vor Eintritt eines Vorsorgefalles geschieden, so gilt der Vorbezug als Freizügigkeitsleistung und wird nach den Artikeln 122 und 123 des Zivilgesetzbuches[4], nach Artikel 280 der Zivilprozessordnung vom 19. Dezember 2008[5] und Artikel 22 FZG[6] geteilt.

---

[1] SR **822.14**
[2] SR **823.11**
[3] SR **831.40**
[4] SR **210**
[5] BBl **2009** 21
[6] SR **831.42**

30. Freizügigkeitsgesetz vom 17. Dezember 1993[1]

Art. 22 Abs. 1
[1] Bei Ehescheidung werden die für die Ehedauer zu ermittelnden Austrittsleistungen nach den Artikeln 122 und 123 des Zivilgesetzbuches[2] (ZGB) sowie den Artikeln 280 und 281 der Zivilprozessordnung vom 19. Dezember 2008[3] (ZPO) geteilt; die Artikel 3–5 sind auf den zu übertragenden Betrag sinngemäss anwendbar.

Art. 25a Abs. 1
[1] Können sich die Ehegatten über die bei der Ehescheidung zu übertragende Austrittsleistung (Art. 122, 123 ZGB[4]) nicht einigen, so hat das am Ort der Scheidung nach Artikel 73 Absatz 1 des BVG[5] zuständige Gericht gestützt auf den vom Scheidungsgericht bestimmten Teilungsschlüssel die Teilung von Amtes wegen durchzuführen, nachdem ihm die Streitsache überwiesen worden ist (Art. 281 Abs. 3 ZPO[6]).

31. Versicherungsaufsichtsgesetz vom 17. Dezember 2004[7]

Art. 85 Abs. 2 und 3
Aufgehoben

---

[1] SR **831.42**
[2] SR **210**
[3] BBl **2009** 21
[4] SR **210**
[5] SR **831.40**
[6] BBl **2009** 21
[7] SR **961.01**

Anhang 2 ZPO
(Art. 403)

Koordinationsbestimmungen

1. Koordination der Zivilprozessordnung mit dem neuen Kernenergiehaftpflichtgesetz

Unabhängig davon, ob das Kernenergiehaftpflichtgesetz vom 13. Juni 2008[1] (neues KHG) oder die Zivilprozessordnung vom 19. Dezember 2008 (ZPO) zuerst in Kraft tritt, wird mit Inkrafttreten des später in Kraft tretenden Gesetzes sowie bei gleichzeitigem Inkrafttreten die ZPO wie folgt geändert:

Art. 5 Abs. 1 Bst. e
¹ Das kantonale Recht bezeichnet das Gericht, welches als einzige kantonale Instanz zuständig ist für:
e. Streitigkeiten nach dem Kernenergiehaftpflichtgesetz vom 13. Juni 2008[2];

Art. 38a

Nuklearschäden ¹ Für Klagen aus nuklearen Ereignissen ist zwingend das Gericht des Kantons zuständig, auf dessen Gebiet das Ereignis eingetreten ist.

² Kann dieser Kanton nicht mit Sicherheit bestimmt werden, so ist zwingend das Gericht des Kantons zuständig, in welchem die Kernanlage des haftpflichtigen Inhabers gelegen ist.

³ Bestehen nach diesen Regeln mehrere Gerichtsstände, so ist zwingend das Gericht des Kantons zuständig, der die engste Verbindung zum Ereignis aufweist und am meisten von seinen Auswirkungen betroffen ist.

2. Koordination von Ziffer 19 des Anhangs 1 mit dem neuen KHG

Unabhängig davon, ob das neue KHG[3] oder die ZPO zuerst in Kraft tritt, wird mit Inkrafttreten des später in Kraft tretenden Gesetzes sowie bei gleichzeitigem Inkrafttreten Ziffer 19 des Anhangs 1 der ZPO gegenstandslos und das neue KHG wird gemäss Ziffer 20 des Anhangs 1 der ZPO geändert.

---

[1] BBl **2008** 5339 5341
[2] BBl **2008** 5339 5341
[3] BBl **2008** 5339 5341

KOORDINATIONSBESTIMMUNGEN

**Anhang 2
(Art. 403)**

3. Koordination mit der Änderung vom 19. Dezember 2008 des ZGB (Erwachsenenschutz, Personenrecht und Kindesrecht)

Unabhängig davon, ob die Änderung vom 19. Dezember 2008[1] *des ZGB (Erwachsenenschutz, Personenrecht und Kindesrecht) oder die ZPO zuerst in Kraft tritt, wird mit Inkrafttreten des später in Kraft tretenden Gesetzes sowie bei gleichzeitigem Inkrafttreten die ZPO wie folgt geändert:*

Art. 69 Abs. 2
² Das Gericht benachrichtigt die Erwachsenen- und Kindesschutzbehörde, wenn es Schutzmassnahmen für geboten hält.

Art. 160 Abs. 2 erster Satz
² Über die Mitwirkungspflicht einer minderjährigen Person entscheidet das Gericht nach seinem Ermessen. ...

Art. 165 Abs. 1 Bst. e
¹ Jede Mitwirkung können verweigern:
e. die für eine Partei zur Vormundschaft oder zur Beistandschaft eingesetzte Person.

Art. 249 Bst. a und b
Das summarische Verfahren gilt insbesondere für folgende Angelegenheiten:
a. Personenrecht:
   1. Fristansetzung zur Genehmigung von Rechtsgeschäften einer minderjährigen Person oder einer Person unter umfassender Beistandschaft (Art. 19*a* ZGB),
   2. Anspruch auf Gegendarstellung (Art. 28*l* ZGB),
   3. Verschollenerklärung (Art. 35–38 ZGB),
   4. Bereinigung einer Eintragung im Zivilstandsregister (Art. 42 ZGB).
b. *Aufgehoben*

Art. 299 Abs. 2 Bst. b
² Es prüft die Anordnung der Vertretung insbesondere, wenn:
b. die Kindesschutzbehörde oder ein Elternteil eine Vertretung beantragen;

---

[1] SR **210**; BBl **2009** 141

Übereinkommen

INHALTSVERZEICHNIS

Seite

**Übereinkommen
über die gerichtliche Zuständigkeit und die
Anerkennung und Vollstreckung von Entscheidungen
in Zivil- und Handelssachen (LugÜ II)
vom 30. Oktober 2007** 173

Protokoll 1
über bestimmte Zuständigkeits-, Verfahrens- und
Vollstreckungsfragen 206

Protokoll 2
über die einheitliche Auslegung des Übereinkommens
und den Ständigen Ausschuss 209

Protokoll 3
über die Anwendung von Artikel 67
des Übereinkommens 213

**Übereinkommen
über die Zustellung gerichtlicher und
aussergerichtlicher Schriftstücke im Ausland
in Zivil- oder Handelssachen (HZÜ 65)
vom 15. November 1965** 227

**Übereinkommen
über die Beweisaufnahme im Ausland
in Zivil- oder Handelssachen (HBewÜ 70)
vom 18. März 1970** 249

ÜBEREINKOMMEN ÜBER DIE GERICHTLICHE ZUSTÄNDIGKEIT UND DIE ANERKENNUNG UND VOLLSTRECKUNG VON ENTSCHEIDUNGEN IN ZIVIL- UND HANDELSSACHEN (LugÜ II) vom 30. Oktober 2007

Abgeschlossen in Lugano am 30. Oktober 2007,
genehmigt von der Bundesversammlung am 19. Dezember 2009

Präambel

Die Hohen Vertragsparteien dieses Übereinkommens,
entschlossen, in ihren Hoheitsgebieten den Rechtsschutz der dort ansässigen Personen zu verstärken,
in der Erwägung, dass es zu diesem Zweck geboten ist, die internationale Zuständigkeit ihrer Gerichte festzulegen, die Anerkennung von Entscheidungen zu erleichtern und ein beschleunigtes Verfahren einzuführen, um die Vollstreckung von Entscheidungen, öffentlichen Urkunden und gerichtlichen Vergleichen sicherzustellen,
im Bewusstsein der zwischen ihnen bestehenden Bindungen, die im wirtschaftlichen Bereich durch die Freihandelsabkommen zwischen der Europäischen Gemeinschaft und bestimmten Mitgliedstaaten der Europäischen Freihandelsassoziation bestätigt worden sind,
unter Berücksichtigung:
– des Brüsseler Übereinkommens vom 27. September 1968 über die gerichtliche Zuständigkeit und die Vollstreckung gerichtlicher Entscheidungen in Zivil- und Handelssachen in der Fassung der infolge der verschiedenen Erweiterungen der Europäischen Union geschlossenen Beitrittsübereinkommen,
– des Luganer Übereinkommens vom 16. September 1988 über die gerichtliche Zuständigkeit und die Vollstreckung gerichtlicher Entscheidungen in Zivil- und Handelssachen, das die Anwendung der Bestimmungen des Brüsseler Übereinkommens von 1968 auf bestimmte Mitgliedstaaten der Europäischen Freihandelsassoziation erstreckt,
– der Verordnung (EG) Nr. 44/2001 des Rates vom 22. Dezember 2000 über die gerichtliche Zuständigkeit und die Anerkennung und Vollstreckung von Entscheidungen in Zivil- und Handelssachen,

— des Abkommens zwischen der Europäischen Gemeinschaft und dem Königreich Dänemark über die gerichtliche Zuständigkeit und die Anerkennung und Vollstreckung von Entscheidungen in Zivil- und Handelssachen, das am 19. Oktober 2005 in Brüssel unterzeichnet worden ist;

in der Überzeugung, dass die Ausdehnung der Grundsätze der Verordnung (EG) Nr. 44/2001 auf die Vertragsparteien des vorliegenden Übereinkommens die rechtliche und wirtschaftliche Zusammenarbeit verstärken wird,

in dem Wunsch, eine möglichst einheitliche Auslegung des Übereinkommens sicherzustellen,

haben in diesem Sinne beschlossen, dieses Übereinkommen zu schliessen, und

sind wie folgt übereingekommen:

Titel I: Anwendungsbereich

Art. 1

1. Dieses Übereinkommen ist in Zivil- und Handelssachen anzuwenden, ohne dass es auf die Art der Gerichtsbarkeit ankommt. Es erfasst insbesondere nicht Steuer- und Zollsachen sowie verwaltungsrechtliche Angelegenheiten.
2. Dieses Übereinkommen ist nicht anzuwenden auf:
   a) den Personenstand, die Rechts- und Handlungsfähigkeit sowie die gesetzliche Vertretung von natürlichen Personen, die ehelichen Güterstände, das Gebiet des Erbrechts einschliesslich des Testamentsrechts;
   b) Konkurse, Vergleiche und ähnliche Verfahren;
   c) die soziale Sicherheit;
   d) die Schiedsgerichtsbarkeit.
3. In diesem Übereinkommen bezeichnet der Ausdruck «durch dieses Übereinkommen gebundener Staat» jeden Staat, der Vertragspartei dieses Übereinkommens oder ein Mitgliedstaat der Europäischen Gemeinschaft ist. Er kann auch die Europäische Gemeinschaft bezeichnen.

Titel II: Zuständigkeit

Abschnitt 1: Allgemeine Vorschriften

Art. 2
1. Vorbehaltlich der Vorschriften dieses Übereinkommens sind Personen, die ihren Wohnsitz im Hoheitsgebiet eines durch dieses Übereinkommen gebundenen Staates haben, ohne Rücksicht auf ihre Staatsangehörigkeit vor den Gerichten dieses Staates zu verklagen.
2. Auf Personen, die nicht dem durch dieses Übereinkommen gebundenen Staat angehören, in dem sie ihren Wohnsitz haben, sind die für Inländer massgebenden Zuständigkeitsvorschriften anzuwenden.

Art. 3
1. Personen, die ihren Wohnsitz im Hoheitsgebiet eines durch dieses Übereinkommen gebundenen Staates haben, können vor den Gerichten eines anderen durch dieses Übereinkommen gebundenen Staates nur gemäss den Vorschriften der Abschnitte 2–7 dieses Titels verklagt werden.
2. Gegen diese Personen können insbesondere nicht die in Anhang I aufgeführten innerstaatlichen Zuständigkeitsvorschriften geltend gemacht werden.

Art. 4
1. Hat der Beklagte keinen Wohnsitz im Hoheitsgebiet eines durch dieses Übereinkommen gebundenen Staates, so bestimmt sich vorbehaltlich der Artikel 22 und 23 die Zuständigkeit der Gerichte eines jeden durch dieses Übereinkommen gebundenen Staates nach dessen eigenen Gesetzen.
2. Gegenüber einem Beklagten, der keinen Wohnsitz im Hoheitsgebiet eines durch dieses Übereinkommen gebundenen Staates hat, kann sich jede Person, die ihren Wohnsitz im Hoheitsgebiet eines durch dieses Übereinkommen gebundenen Staates hat, in diesem Staat auf die dort geltenden Zuständigkeitsvorschriften, insbesondere auf die in Anhang I aufgeführten Vorschriften, wie ein Inländer berufen, ohne dass es auf ihre Staatsangehörigkeit ankommt.

Abschnitt 2: Besondere Zuständigkeiten

Art. 5

Eine Person, die ihren Wohnsitz im Hoheitsgebiet eines durch dieses Übereinkommen gebundenen Staates hat, kann in einem anderen durch dieses Übereinkommen gebundenen Staat verklagt werden:
1. a) wenn ein Vertrag oder Ansprüche aus einem Vertrag den Gegenstand des Verfahrens bilden, vor dem Gericht des Ortes, an dem die Verpflichtung erfüllt worden ist oder zu erfüllen wäre;
   b) im Sinne dieser Vorschrift – und sofern nichts anderes vereinbart worden ist – ist der Erfüllungsort der Verpflichtung
      – für den Verkauf beweglicher Sachen der Ort in einem durch dieses Übereinkommen gebundenen Staat, an dem sie nach dem Vertrag geliefert worden sind oder hätten geliefert werden müssen;
      – für die Erbringung von Dienstleistungen der Ort in einem durch dieses Übereinkommen gebundenen Staat, an dem sie nach dem Vertrag erbracht worden sind oder hätten erbracht werden müssen;
   c) ist Buchstabe b nicht anwendbar, so gilt Buchstabe a;
2. wenn es sich um eine Unterhaltssache handelt,
   a) vor dem Gericht des Ortes, an dem der Unterhaltsberechtigte seinen Wohnsitz oder seinen gewöhnlichen Aufenthalt hat, oder
   b) im Falle einer Unterhaltssache, über die im Zusammenhang mit einem Verfahren in Bezug auf den Personenstand zu entscheiden ist, vor dem nach seinem Recht für dieses Verfahren zuständigen Gericht, es sei denn, diese Zuständigkeit beruht lediglich auf der Staatsangehörigkeit einer der Parteien, oder
   c) im Falle einer Unterhaltssache, über die im Zusammenhang mit einem Verfahren in Bezug auf die elterliche Verantwortung zu entscheiden ist, vor dem nach seinem Recht für dieses Verfahren zuständigen Gericht, es sei denn, diese Zuständigkeit beruht lediglich auf der Staatsangehörigkeit einer der Parteien;
3. wenn eine unerlaubte Handlung oder eine Handlung, die einer unerlaubten Handlung gleichgestellt ist, oder wenn Ansprüche aus einer solchen Handlung den Gegenstand des Verfahrens bilden, vor dem Gericht des Ortes, an dem das schädigende Ereignis eingetreten ist oder einzutreten droht;
4. wenn es sich um eine Klage auf Schadensersatz oder auf Wiederherstellung des früheren Zustands handelt, die auf eine mit Strafe bedrohte Handlung gestützt wird, vor dem Strafgericht,

bei dem die öffentliche Klage erhoben ist, soweit dieses Gericht nach seinem Recht über zivilrechtliche Ansprüche erkennen kann;
5. wenn es sich um Streitigkeiten aus dem Betrieb einer Zweigniederlassung, einer Agentur oder einer sonstigen Niederlassung handelt, vor dem Gericht des Ortes, an dem sich diese befindet;
6. wenn sie in ihrer Eigenschaft als Begründer, *trustee* oder Begünstigter eines *trust* in Anspruch genommen wird, der aufgrund eines Gesetzes oder durch schriftlich vorgenommenes oder schriftlich bestätigtes Rechtsgeschäft errichtet worden ist, vor den Gerichten des durch dieses Übereinkommen gebundenen Staates, in dessen Hoheitsgebiet der *trust* seinen Sitz hat;
7. wenn es sich um eine Streitigkeit wegen der Zahlung von Berge- und Hilfslohn handelt, der für Bergungs- oder Hilfeleistungsarbeiten gefordert wird, die zugunsten einer Ladung oder einer Frachtforderung erbracht worden sind, vor dem Gericht, in dessen Zuständigkeitsbereich diese Ladung oder die entsprechende Frachtforderung
   a) mit Arrest belegt worden ist, um die Zahlung zu gewährleisten, oder
   b) mit Arrest hätte belegt werden können, jedoch dafür eine Bürgschaft oder eine andere Sicherheit geleistet worden ist;
   diese Vorschrift ist nur anzuwenden, wenn behauptet wird, dass der Beklagte Rechte an der Ladung oder an der Frachtforderung hat oder zur Zeit der Bergungs- oder Hilfeleistungsarbeiten hatte.

Art. 6

Eine Person, die ihren Wohnsitz im Hoheitsgebiet eines durch dieses Übereinkommen gebundenen Staates hat, kann auch verklagt werden:
1. wenn mehrere Personen zusammen verklagt werden, vor dem Gericht des Ortes, an dem einer der Beklagten seinen Wohnsitz hat, sofern zwischen den Klagen eine so enge Beziehung gegeben ist, dass eine gemeinsame Verhandlung und Entscheidung geboten erscheint, um zu vermeiden, dass in getrennten Verfahren widersprechende Entscheidungen ergehen könnten;
2. wenn es sich um eine Klage auf Gewährleistung oder um eine Interventionsklage handelt, vor dem Gericht des Hauptprozesses, es sei denn, dass die Klage nur erhoben worden ist, um diese Person dem für sie zuständigen Gericht zu entziehen;
3. wenn es sich um eine Widerklage handelt, die auf denselben Vertrag oder Sachverhalt wie die Klage selbst gestützt wird, vor dem Gericht, bei dem die Klage selbst anhängig ist;

4. wenn ein Vertrag oder Ansprüche aus einem Vertrag den Gegenstand des Verfahrens bilden und die Klage mit einer Klage wegen dinglicher Rechte an unbeweglichen Sachen gegen denselben Beklagten verbunden werden kann, vor dem Gericht des durch dieses Übereinkommen gebundenen Staates, in dessen Hoheitsgebiet die unbewegliche Sache belegen ist.

Art. 7

Ist ein Gericht eines durch dieses Übereinkommen gebundenen Staates nach diesem Übereinkommen zur Entscheidung in Verfahren wegen einer Haftpflicht aufgrund der Verwendung oder des Betriebs eines Schiffes zuständig, so entscheidet dieses oder ein anderes an seiner Stelle durch das Recht dieses Staates bestimmtes Gericht auch über Klagen auf Beschränkung dieser Haftung.

Abschnitt 3: Zuständigkeit für Versicherungssachen

Art. 8

Für Klagen in Versicherungssachen bestimmt sich die Zuständigkeit unbeschadet des Artikels 4 und des Artikels 5 Nummer 5 nach diesem Abschnitt.

Art. 9

1. Ein Versicherer, der seinen Wohnsitz im Hoheitsgebiet eines durch dieses Übereinkommen gebundenen Staates hat, kann verklagt werden:
   a) vor den Gerichten des Staates, in dem er seinen Wohnsitz hat,
   b) in einem anderen durch dieses Übereinkommen gebundenen Staat bei Klagen des Versicherungsnehmers, des Versicherten oder des Begünstigten vor dem Gericht des Ortes, an dem der Kläger seinen Wohnsitz hat, oder
   c) falls es sich um einen Mitversicherer handelt, vor dem Gericht eines durch dieses Übereinkommen gebundenen Staates, bei dem der federführende Versicherer verklagt wird.
2. Hat der Versicherer im Hoheitsgebiet eines durch dieses Übereinkommen gebundenen Staates keinen Wohnsitz, besitzt er aber in einem durch dieses Übereinkommen gebundenen Staat eine Zweigniederlassung, Agentur oder sonstige Niederlassung, so wird er für Streitigkeiten aus ihrem Betrieb so behandelt, wie wenn er seinen Wohnsitz im Hoheitsgebiet dieses Staates hätte.

Art. 10

Bei der Haftpflichtversicherung oder bei der Versicherung von unbeweglichen Sachen kann der Versicherer ausserdem vor dem Gericht des Ortes, an dem das schädigende Ereignis eingetreten ist, verklagt werden. Das Gleiche gilt, wenn sowohl bewegliche als auch unbewegliche Sachen in ein und demselben Versicherungsvertrag versichert und von demselben Schadensfall betroffen sind.

Art. 11

1. Bei der Haftpflichtversicherung kann der Versicherer auch vor das Gericht, bei dem die Klage des Geschädigten gegen den Versicherten anhängig ist, geladen werden, sofern dies nach dem Recht des angerufenen Gerichts zulässig ist.
2. Auf eine Klage, die der Geschädigte unmittelbar gegen den Versicherer erhebt, sind die Artikel 8, 9 und 10 anzuwenden, sofern eine solche unmittelbare Klage zulässig ist.
3. Sieht das für die unmittelbare Klage massgebliche Recht die Streitverkündung gegen den Versicherungsnehmer oder den Versicherten vor, so ist dasselbe Gericht auch für diese Personen zuständig.

Art. 12

1. Vorbehaltlich der Bestimmungen des Artikels 11 Absatz 3 kann der Versicherer nur vor den Gerichten des durch dieses Übereinkommen gebundenen Staates klagen, in dessen Hoheitsgebiet der Beklagte seinen Wohnsitz hat, ohne Rücksicht darauf, ob dieser Versicherungsnehmer, Versicherter oder Begünstigter ist.
2. Die Vorschriften dieses Abschnitts lassen das Recht unberührt, eine Widerklage vor dem Gericht zu erheben, bei dem die Klage selbst gemäss den Bestimmungen dieses Abschnitts anhängig ist.

Art. 13

Von den Vorschriften dieses Abschnitts kann im Wege der Vereinbarung nur abgewichen werden:
1. wenn die Vereinbarung nach der Entstehung der Streitigkeit getroffen wird,
2. wenn sie dem Versicherungsnehmer, Versicherten oder Begünstigten die Befugnis einräumt, andere als die in diesem Abschnitt angeführten Gerichte anzurufen,
3. wenn sie zwischen einem Versicherungsnehmer und einem Versicherer, die zum Zeitpunkt des Vertragsabschlusses ihren Wohnsitz oder gewöhnlichen Aufenthalt in demselben durch dieses Übereinkommen gebundenen Staat haben, getroffen ist, um die Zuständigkeit der Gerichte dieses Staates auch für den

Fall zu begründen, dass das schädigende Ereignis im Ausland eintritt, es sei denn, dass eine solche Vereinbarung nach dem Recht dieses Staates nicht zulässig ist,
4. wenn sie von einem Versicherungsnehmer geschlossen ist, der seinen Wohnsitz nicht in einem durch dieses Übereinkommen gebundenen Staat hat, ausgenommen soweit sie eine Versicherung, zu deren Abschluss eine gesetzliche Verpflichtung besteht, oder die Versicherung von unbeweglichen Sachen in einem durch dieses Übereinkommen gebundenen Staat betrifft, oder
5. wenn sie einen Versicherungsvertrag betrifft, soweit dieser eines oder mehrere der in Artikel 14 aufgeführten Risiken deckt.

Art. 14

Die in Artikel 13 Nummer 5 erwähnten Risiken sind die folgenden:
1. sämtliche Schäden
    a) an Seeschiffen, Anlagen vor der Küste und auf hoher See oder Luftfahrzeugen aus Gefahren, die mit ihrer Verwendung zu gewerblichen Zwecken verbunden sind,
    b) an Transportgütern, ausgenommen Reisegepäck der Passagiere, wenn diese Güter ausschliesslich oder zum Teil mit diesen Schiffen oder Luftfahrzeugen befördert werden;
2. Haftpflicht aller Art, mit Ausnahme der Haftung für Personenschäden an Passagieren oder Schäden an deren Reisegepäck,
    a) aus der Verwendung oder dem Betrieb von Seeschiffen, Anlagen oder Luftfahrzeugen gemäss Nummer 1 Buchstabe a, es sei denn, dass – was die letztgenannten betrifft – nach den Rechtsvorschriften des durch dieses Übereinkommen gebundenen Staates, in dem das Luftfahrzeug eingetragen ist, Gerichtsstandsvereinbarungen für die Versicherung solcher Risiken untersagt sind,
    b) für Schäden, die durch Transportgüter während einer Beförderung im Sinne von Nummer 1 Buchstabe b verursacht werden;
3. finanzielle Verluste im Zusammenhang mit der Verwendung oder dem Betrieb von Seeschiffen, Anlagen oder Luftfahrzeugen gemäss Nummer 1 Buchstabe a, insbesondere Fracht- oder Charterverlust;
4. irgendein zusätzliches Risiko, das mit einem der unter den Nummern 1–3 genannten Risiken in Zusammenhang steht;
5. unbeschadet der Nummern 1–4 alle Grossrisiken.

Abschnitt 4: Zuständigkeit bei Verbrauchersachen

Art. 15

1. Bilden ein Vertrag oder Ansprüche aus einem Vertrag, den eine Person, der Verbraucher, zu einem Zweck geschlossen hat, der nicht der beruflichen oder gewerblichen Tätigkeit dieser Person zugerechnet werden kann, den Gegenstand des Verfahrens, so bestimmt sich die Zuständigkeit unbeschadet des Artikels 4 und des Artikels 5 Nummer 5 nach diesem Abschnitt,
    a) wenn es sich um den Kauf beweglicher Sachen auf Teilzahlung handelt,
    b) wenn es sich um ein in Raten zurückzuzahlendes Darlehen oder ein anderes Kreditgeschäft handelt, das zur Finanzierung eines Kaufs derartiger Sachen bestimmt ist, oder
    c) in allen anderen Fällen, wenn der andere Vertragspartner in dem durch dieses Übereinkommen gebundenen Staat, in dessen Hoheitsgebiet der Verbraucher seinen Wohnsitz hat, eine berufliche oder gewerbliche Tätigkeit ausübt oder eine solche auf irgendeinem Wege auf diesen Staat oder auf mehrere Staaten, einschliesslich dieses Staates, ausrichtet und der Vertrag in den Bereich dieser Tätigkeit fällt.
2. Hat der Vertragspartner des Verbrauchers im Hoheitsgebiet eines durch dieses Übereinkommen gebundenen Staates keinen Wohnsitz, besitzt er aber in einem durch dieses Übereinkommen gebundenen Staat eine Zweigniederlassung, Agentur oder sonstige Niederlassung, so wird er für Streitigkeiten aus ihrem Betrieb so behandelt, wie wenn er seinen Wohnsitz im Hoheitsgebiet dieses Staates hätte.
3. Dieser Abschnitt ist nicht auf Beförderungsverträge mit Ausnahme von Reiseverträgen, die für einen Pauschalpreis kombinierte Beförderungs- und Unterbringungsleistungen vorsehen, anzuwenden.

Art. 16

1. Die Klage eines Verbrauchers gegen den anderen Vertragspartner kann entweder vor den Gerichten des durch dieses Übereinkommen gebundenen Staates erhoben werden, in dessen Hoheitsgebiet dieser Vertragspartner seinen Wohnsitz hat, oder vor dem Gericht des Ortes, an dem der Verbraucher seinen Wohnsitz hat.
2. Die Klage des anderen Vertragspartners gegen den Verbraucher kann nur vor den Gerichten des durch dieses Übereinkommen gebundenen Staates erhoben werden, in dessen Hoheitsgebiet der Verbraucher seinen Wohnsitz hat.

3. Die Vorschriften dieses Artikels lassen das Recht unberührt, eine Widerklage vor dem Gericht zu erheben, bei dem die Klage selbst gemäss den Bestimmungen dieses Abschnitts anhängig ist.

Art. 17

Von den Vorschriften dieses Abschnitts kann im Wege der Vereinbarung nur abgewichen werden:
1. wenn die Vereinbarung nach der Entstehung der Streitigkeit getroffen wird,
2. wenn sie dem Verbraucher die Befugnis einräumt, andere als die in diesem Abschnitt angeführten Gerichte anzurufen, oder
3. wenn sie zwischen einem Verbraucher und seinem Vertragspartner, die zum Zeitpunkt des Vertragsabschlusses ihren Wohnsitz oder gewöhnlichen Aufenthalt in demselben durch dieses Übereinkommen gebundenen Staat haben, getroffen ist und die Zuständigkeit der Gerichte dieses Staates begründet, es sei denn, dass eine solche Vereinbarung nach dem Recht dieses Staates nicht zulässig ist.

Abschnitt 5: Zuständigkeit für individuelle Arbeitsverträge

Art. 18

1. Bilden ein individueller Arbeitsvertrag oder Ansprüche aus einem individuellen Arbeitsvertrag den Gegenstand des Verfahrens, so bestimmt sich die Zuständigkeit unbeschadet des Artikels 4 und des Artikels 5 Nummer 5 nach diesem Abschnitt.
2. Hat der Arbeitgeber, mit dem der Arbeitnehmer einen individuellen Arbeitsvertrag geschlossen hat, im Hoheitsgebiet eines durch dieses Übereinkommen gebundenen Staates keinen Wohnsitz, besitzt er aber in einem durch dieses Übereinkommen gebundenen Staaten eine Zweigniederlassung, Agentur oder sonstige Niederlassung, so wird er für Streitigkeiten aus ihrem Betrieb so behandelt, wie wenn er seinen Wohnsitz im Hoheitsgebiet dieses Staates hätte.

Art. 19

Ein Arbeitgeber, der seinen Wohnsitz im Hoheitsgebiet eines durch dieses Übereinkommen gebundenen Staates hat, kann verklagt werden:
1. vor den Gerichten des Staates, in dem er seinen Wohnsitz hat,
2. in einem anderen durch dieses Übereinkommen gebundenen Staat:
   a) vor dem Gericht des Ortes, an dem der Arbeitnehmer gewöhnlich seine Arbeit verrichtet oder zuletzt gewöhnlich verrichtet hat, oder
   b) wenn der Arbeitnehmer seine Arbeit gewöhnlich nicht in ein und demselben Staat verrichtet oder verrichtet hat, vor dem Gericht des Ortes, an dem sich die Niederlassung, die den Arbeitnehmer eingestellt hat, befindet bzw. befand.

Art. 20

1. Die Klage des Arbeitgebers kann nur vor den Gerichten des durch dieses Übereinkommen gebundenen Staates erhoben werden, in dessen Hoheitsgebiet der Arbeitnehmer seinen Wohnsitz hat.
2. Die Vorschriften dieses Abschnitts lassen das Recht unberührt, eine Widerklage vor dem Gericht zu erheben, bei dem die Klage selbst gemäss den Bestimmungen dieses Abschnitts anhängig ist.

Art. 21

Von den Vorschriften dieses Abschnitts kann im Wege der Vereinbarung nur abgewichen werden,
1. wenn die Vereinbarung nach der Entstehung der Streitigkeit getroffen wird oder
2. wenn sie dem Arbeitnehmer die Befugnis einräumt, andere als die in diesem Abschnitt angeführten Gerichte anzurufen.

Abschnitt 6: Ausschliessliche Zuständigkeiten

Art. 22

Ohne Rücksicht auf den Wohnsitz sind ausschliesslich zuständig:
1. für Klagen, welche dingliche Rechte an unbeweglichen Sachen sowie die Miete oder Pacht von unbeweglichen Sachen zum Gegenstand haben, die Gerichte des durch dieses Übereinkommen gebundenen Staates, in dem die unbewegliche Sache belegen ist.
   Jedoch sind für Klagen betreffend die Miete oder Pacht unbeweglicher Sachen zum vorübergehenden privaten Gebrauch für höchstens sechs aufeinander folgende Monate auch die Ge-

richte des durch dieses Übereinkommen gebundenen Staates zuständig, in dem der Beklagte seinen Wohnsitz hat, sofern es sich bei dem Mieter oder Pächter um eine natürliche Person handelt und der Eigentümer sowie der Mieter oder Pächter ihren Wohnsitz in demselben durch dieses Übereinkommen gebundenen Staat haben;

2. für Klagen, welche die Gültigkeit, die Nichtigkeit oder die Auflösung einer Gesellschaft oder juristischen Person oder die Gültigkeit der Beschlüsse ihrer Organe zum Gegenstand haben, die Gerichte des durch dieses Übereinkommen gebundenen Staates, in dessen Hoheitsgebiet die Gesellschaft oder juristische Person ihren Sitz hat. Bei der Entscheidung darüber, wo der Sitz sich befindet, wendet das Gericht die Vorschriften seines Internationalen Privatrechts an;

3. für Klagen, welche die Gültigkeit von Eintragungen in öffentliche Register zum Gegenstand haben, die Gerichte des durch dieses Übereinkommen gebundenen Staates, in dessen Hoheitsgebiet die Register geführt werden;

4. für Klagen, welche die Eintragung oder die Gültigkeit von Patenten, Marken, Mustern und Modellen sowie ähnlicher Rechte, die einer Hinterlegung oder Registrierung bedürfen, zum Gegenstand haben, unabhängig davon, ob die Frage klageweise oder einredeweise aufgeworfen wird, die Gerichte des durch dieses Übereinkommen gebundenen Staates, in dessen Hoheitsgebiet die Hinterlegung oder Registrierung beantragt oder vorgenommen worden ist oder aufgrund eines Gemeinschaftsrechtsakts oder eines zwischenstaatlichen Übereinkommens als vorgenommen gilt.

Unbeschadet der Zuständigkeit des Europäischen Patentamts nach dem am 5. Oktober 1973 in München unterzeichneten Übereinkommen über die Erteilung europäischer Patente sind die Gerichte eines jeden durch dieses Übereinkommen gebundenen Staates ohne Rücksicht auf den Wohnsitz der Parteien für alle Verfahren ausschliesslich zuständig, welche die Erteilung oder die Gültigkeit eines europäischen Patents zum Gegenstand haben, das für diesen Staat erteilt wurde, unabhängig davon, ob die Frage klageweise oder einredeweise aufgeworfen wird;

5. für Verfahren, welche die Zwangsvollstreckung aus Entscheidungen zum Gegenstand haben, die Gerichte des durch dieses Übereinkommen gebundenen Staates, in dessen Hoheitsgebiet die Zwangsvollstreckung durchgeführt werden soll oder durchgeführt worden ist.

Abschnitt 7: Vereinbarung über die Zuständigkeit

Art. 23

1. Haben die Parteien, von denen mindestens eine ihren Wohnsitz im Hoheitsgebiet eines durch dieses Übereinkommen gebundenen Staates hat, vereinbart, dass ein Gericht oder die Gerichte eines durch dieses Übereinkommen gebundenen Staates über eine bereits entstandene Rechtsstreitigkeit oder über eine künftige aus einem bestimmten Rechtsverhältnis entspringende Rechtsstreitigkeit entscheiden sollen, so sind dieses Gericht oder die Gerichte dieses Staates zuständig. Dieses Gericht oder die Gerichte dieses Staates sind ausschliesslich zuständig, sofern die Parteien nichts anderes vereinbart haben. Eine solche Gerichtsstandsvereinbarung muss geschlossen werden
   a) schriftlich oder mündlich mit schriftlicher Bestätigung,
   b) in einer Form, welche den Gepflogenheiten entspricht, die zwischen den Parteien entstanden sind, oder
   c) im internationalen Handel in einer Form, die einem Handelsbrauch entspricht, den die Parteien kannten oder kennen mussten und den Parteien von Verträgen dieser Art in dem betreffenden Geschäftszweig allgemein kennen und regelmässig beachten.
2. Elektronische Übermittlungen, die eine dauerhafte Aufzeichnung der Vereinbarung ermöglichen, sind der Schriftform gleichgestellt.
3. Wenn eine solche Vereinbarung von Parteien geschlossen wurde, die beide ihren Wohnsitz nicht im Hoheitsgebiet eines durch dieses Übereinkommen gebundenen Staates haben, so können die Gerichte der anderen durch dieses Übereinkommen gebundenen Staaten nicht entscheiden, es sei denn, das vereinbarte Gericht oder die vereinbarten Gerichte haben sich rechtskräftig für unzuständig erklärt.
4. Ist in schriftlich niedergelegten *trust*-Bedingungen bestimmt, dass über Klagen gegen einen Begründer, *trustee* oder Begünstigten eines *trust* ein Gericht oder die Gerichte eines durch dieses Übereinkommen gebundenen Staates entscheiden sollen, so ist dieses Gericht oder sind diese Gerichte ausschliesslich zuständig, wenn es sich um Beziehungen zwischen diesen Personen oder ihre Rechte oder Pflichten im Rahmen des *trust* handelt.
5. Gerichtsstandsvereinbarungen und entsprechende Bestimmungen in *trust*-Bedingungen haben keine rechtliche Wirkung, wenn sie den Vorschriften der Artikel 13, 17 und 21 zuwiderlaufen oder wenn die Gerichte, deren Zuständigkeit abbedungen wird, aufgrund des Artikels 22 ausschliesslich zuständig sind.

Art. 24

Sofern das Gericht eines durch dieses Übereinkommen gebundenen Staates nicht bereits nach anderen Vorschriften dieses Übereinkommens zuständig ist, wird es zuständig, wenn sich der Beklagte vor ihm auf das Verfahren einlässt. Dies gilt nicht, wenn der Beklagte sich einlässt, um den Mangel der Zuständigkeit geltend zu machen oder wenn ein anderes Gericht aufgrund des Artikels 22 ausschliesslich zuständig ist.

Abschnitt 8:
Prüfung der Zuständigkeit und der Zulässigkeit des Verfahrens

Art. 25

Das Gericht eines durch dieses Übereinkommen gebundenen Staates hat sich von Amts wegen für unzuständig zu erklären, wenn es wegen einer Streitigkeit angerufen wird, für die das Gericht eines anderen durch dieses Übereinkommen gebundenen Staates aufgrund des Artikels 22 ausschliesslich zuständig ist.

Art. 26

1. Lässt sich der Beklagte, der seinen Wohnsitz im Hoheitsgebiet eines durch dieses Übereinkommen gebundenen Staates hat und der vor den Gerichten eines anderen durch dieses Übereinkommen gebundenen Staates verklagt wird, auf das Verfahren nicht ein, so hat sich das Gericht von Amts wegen für unzuständig zu erklären, wenn seine Zuständigkeit nicht nach diesem Übereinkommen begründet ist.
2. Das Gericht hat das Verfahren so lange auszusetzen, bis festgestellt ist, dass es dem Beklagten möglich war, das verfahrenseinleitende Schriftstück oder ein gleichwertiges Schriftstück so rechtzeitig zu empfangen, dass er sich verteidigen konnte oder dass alle hierzu erforderlichen Massnahmen getroffen worden sind.
3. An die Stelle von Absatz 2 tritt Artikel 15 des Haager Übereinkommens vom 15. November 1965 über die Zustellung gerichtlicher und aussergerichtlicher Schriftstücke im Ausland in Zivil- oder Handelssachen, wenn das verfahrenseinleitende Schriftstück oder ein gleichwertiges Schriftstück nach dem genannten Übereinkommen zu übermitteln war.
4. Die Mitgliedstaaten der Europäischen Gemeinschaft, die durch die Verordnung (EG) Nr. 1348/2000 des Rates vom 29. Mai 2000 oder durch das am 19. Oktober 2005 in Brüssel unterzeichnete Abkommen zwischen der Europäischen Gemeinschaft und dem Königreich Dänemark über die Zustellung gerichtlicher und aussergerichtlicher Schriftstücke in Zivil- oder

Handelssachen gebunden sind, wenden in ihrem Verhältnis untereinander Artikel 19 der genannten Verordnung an, wenn das verfahrenseinleitende Schriftstück oder ein gleichwertiges Schriftstück nach dieser Verordnung oder nach dem genannten Abkommen zu übermitteln war.

Abschnitt 9:
Rechtshängigkeit und im Zusammenhang stehende Verfahren

Art. 27

1. Werden bei Gerichten verschiedener durch dieses Übereinkommen gebundener Staaten Klagen wegen desselben Anspruchs zwischen denselben Parteien anhängig gemacht, so setzt das später angerufene Gericht das Verfahren von Amts wegen aus, bis die Zuständigkeit des zuerst angerufenen Gerichts feststeht.
2. Sobald die Zuständigkeit des zuerst angerufenen Gerichts feststeht, erklärt sich das später angerufene Gericht zugunsten dieses Gerichts für unzuständig.

Art. 28

1. Sind bei Gerichten verschiedener durch dieses Übereinkommen gebundener Staaten Klagen, die im Zusammenhang stehen, anhängig, so kann jedes später angerufene Gericht das Verfahren aussetzen.
2. Sind diese Klagen in erster Instanz anhängig, so kann sich jedes später angerufene Gericht auf Antrag einer Partei auch für unzuständig erklären, wenn das zuerst angerufene Gericht für die betreffenden Klagen zuständig ist und die Verbindung der Klagen nach seinem Recht zulässig ist.
3. Klagen stehen im Sinne dieses Artikels im Zusammenhang, wenn zwischen ihnen eine so enge Beziehung gegeben ist, dass eine gemeinsame Verhandlung und Entscheidung geboten erscheint, um zu vermeiden, dass in getrennten Verfahren widersprechende Entscheidungen ergehen könnten.

Art. 29

Ist für die Klagen die ausschliessliche Zuständigkeit mehrerer Gerichte gegeben, so hat sich das zuletzt angerufene Gericht zugunsten des zuerst angerufenen Gerichts für unzuständig zu erklären.

Art. 30

Für die Zwecke dieses Abschnitts gilt ein Gericht als angerufen:
1. zu dem Zeitpunkt, zu dem das verfahrenseinleitende Schriftstück oder ein gleichwertiges Schriftstück bei Gericht eingereicht worden ist, vorausgesetzt, dass der Kläger es in der Folge nicht versäumt hat, die ihm obliegenden Massnahmen zu treffen, um die Zustellung des Schriftstücks an den Beklagten zu bewirken, oder
2. falls die Zustellung an den Beklagten vor Einreichung des Schriftstücks bei Gericht zu bewirken ist, zu dem Zeitpunkt, zu dem die für die Zustellung verantwortliche Stelle das Schriftstück erhalten hat, vorausgesetzt, dass der Kläger es in der Folge nicht versäumt hat, die ihm obliegenden Massnahmen zu treffen, um das Schriftstück bei Gericht einzureichen.

Abschnitt 10: Einstweilige Massnahmen einschliesslich solcher, die auf eine Sicherung gerichtet sind

Art. 31

Die im Recht eines durch dieses Übereinkommen gebundenen Staates vorgesehenen einstweiligen Massnahmen einschliesslich solcher, die auf eine Sicherung gerichtet sind, können bei den Gerichten dieses Staates auch dann beantragt werden, wenn für die Entscheidung in der Hauptsache das Gericht eines anderen durch dieses Übereinkommen gebundenen Staates aufgrund dieses Übereinkommens zuständig ist.

Titel III: Anerkennung und Vollstreckung

Art. 32
Unter «Entscheidung» im Sinne dieses Übereinkommens ist jede Entscheidung zu verstehen, die von einem Gericht eines durch dieses Übereinkommen gebundenen Staates erlassen worden ist, ohne Rücksicht auf ihre Bezeichnung wie Urteil, Beschluss, Zahlungsbefehl oder Vollstreckungsbescheid, einschliesslich des Kostenfestsetzungsbeschlusses eines Gerichtsbediensteten.

Abschnitt 1: Anerkennung

Art. 33
1. Die in einem durch dieses Übereinkommen gebundenen Staat ergangenen Entscheidungen werden in den anderen durch dieses Übereinkommen gebundenen Staaten anerkannt, ohne dass es hierfür eines besonderen Verfahrens bedarf.
2. Bildet die Frage, ob eine Entscheidung anzuerkennen ist, als solche den Gegenstand eines Streites, so kann jede Partei, welche die Anerkennung geltend macht, in dem Verfahren nach den Abschnitten 2 und 3 dieses Titels die Feststellung beantragen, dass die Entscheidung anzuerkennen ist.
3. Wird die Anerkennung in einem Rechtsstreit vor dem Gericht eines durch dieses Übereinkommen gebundenen Staates, dessen Entscheidung von der Anerkennung abhängt, verlangt, so kann dieses Gericht über die Anerkennung entscheiden.

Art. 34
Eine Entscheidung wird nicht anerkannt, wenn
1. die Anerkennung der öffentlichen Ordnung *(ordre public)* des Staates, in dem sie geltend gemacht wird, offensichtlich widersprechen würde;
2. dem Beklagten, der sich auf das Verfahren nicht eingelassen hat, das verfahrenseinleitende Schriftstück oder ein gleichwertiges Schriftstück nicht so rechtzeitig und in einer Weise zugestellt worden ist, dass er sich verteidigen konnte, es sei denn, der Beklagte hat gegen die Entscheidung keinen Rechtsbehelf eingelegt, obwohl er die Möglichkeit dazu hatte;
3. sie mit einer Entscheidung unvereinbar ist, die zwischen denselben Parteien in dem Staat, in dem die Anerkennung geltend gemacht wird, ergangen ist;
4. sie mit einer früheren Entscheidung unvereinbar ist, die in einem anderen durch dieses Übereinkommen gebundenen Staat oder in einem Drittstaat zwischen denselben Parteien in einem Rechtsstreit wegen desselben Anspruchs ergangen ist, sofern

die frühere Entscheidung die notwendigen Voraussetzungen für ihre Anerkennung in dem Staat erfüllt, in dem die Anerkennung geltend gemacht wird.

Art. 35

1. Eine Entscheidung wird ferner nicht anerkannt, wenn die Vorschriften der Abschnitte 3, 4 und 6 des Titels II verletzt worden sind oder wenn ein Fall des Artikels 68 vorliegt. Des Weiteren kann die Anerkennung einer Entscheidung versagt werden, wenn ein Fall des Artikels 64 Absatz 3 oder des Artikels 67 Absatz 4 vorliegt.
2. Das Gericht oder die sonst befugte Stelle des Staates, in dem die Anerkennung geltend gemacht wird, ist bei der Prüfung, ob eine der in Absatz 1 angeführten Zuständigkeiten gegeben ist, an die tatsächlichen Feststellungen gebunden, aufgrund deren das Gericht des Ursprungsstaats seine Zuständigkeit angenommen hat.
3. Die Zuständigkeit der Gerichte des Ursprungsstaats darf, unbeschadet der Bestimmungen des Absatzes 1, nicht nachgeprüft werden. Die Vorschriften über die Zuständigkeit gehören nicht zur öffentlichen Ordnung *(ordre public)* im Sinne des Artikels 34 Nummer 1.

Art. 36

Die ausländische Entscheidung darf keinesfalls in der Sache selbst nachgeprüft werden.

Art. 37

1. Das Gericht eines durch dieses Übereinkommen gebundenen Staates, vor dem die Anerkennung einer in einem anderen durch dieses Übereinkommen gebundenen Staat ergangenen Entscheidung geltend gemacht wird, kann das Verfahren aussetzen, wenn gegen die Entscheidung ein ordentlicher Rechtsbehelf eingelegt worden ist.
2. Das Gericht eines durch dieses Übereinkommen gebundenen Staates, vor dem die Anerkennung einer in Irland oder im Vereinigten Königreich ergangenen Entscheidung geltend gemacht wird, kann das Verfahren aussetzen, wenn die Vollstreckung der Entscheidung im Ursprungsstaat wegen der Einlegung eines Rechtsbehelfs einstweilen eingestellt ist.

Abschnitt 2: Vollstreckung

Art. 38

1. Die in einem durch dieses Übereinkommen gebundenen Staat ergangenen Entscheidungen, die in diesem Staat vollstreckbar sind, werden in einem anderen durch dieses Übereinkommen gebundenen Staat vollstreckt, wenn sie dort auf Antrag eines Berechtigten für vollstreckbar erklärt worden sind.
2. Im Vereinigten Königreich jedoch wird eine derartige Entscheidung in England und Wales, in Schottland oder in Nordirland vollstreckt, wenn sie auf Antrag eines Berechtigten zur Vollstreckung in dem betreffenden Teil des Vereinigten Königreichs registriert worden ist.

Art. 39

1. Der Antrag ist an das Gericht oder die sonst befugte Stelle zu richten, die in Anhang II aufgeführt ist.
2. Die örtliche Zuständigkeit wird durch den Wohnsitz des Schuldners oder durch den Ort, an dem die Zwangsvollstreckung durchgeführt werden soll, bestimmt.

Art. 40

1. Für die Stellung des Antrags ist das Recht des Vollstreckungsstaats massgebend.
2. Der Antragsteller hat im Bezirk des angerufenen Gerichts ein Wahldomizil zu begründen. Ist das Wahldomizil im Recht des Vollstreckungsstaats nicht vorgesehen, so hat der Antragsteller einen Zustellungsbevollmächtigten zu benennen.
3. Dem Antrag sind die in Artikel 53 angeführten Urkunden beizufügen.

Art. 41

Sobald die in Artikel 53 vorgesehenen Förmlichkeiten erfüllt sind, wird die Entscheidung unverzüglich für vollstreckbar erklärt, ohne dass eine Prüfung nach den Artikeln 34 und 35 erfolgt. Der Schuldner erhält in diesem Abschnitt des Verfahrens keine Gelegenheit, eine Erklärung abzugeben.

Art. 42

1. Die Entscheidung über den Antrag auf Vollstreckbarerklärung wird dem Antragsteller unverzüglich in der Form mitgeteilt, die das Recht des Vollstreckungsstaats vorsieht.
2. Die Vollstreckbarerklärung und, soweit dies noch nicht geschehen ist, die Entscheidung werden dem Schuldner zugestellt.

Art. 43

1. Gegen die Entscheidung über den Antrag auf Vollstreckbarerklärung kann jede Partei einen Rechtsbehelf einlegen.
2. Der Rechtsbehelf wird bei dem in Anhang III aufgeführten Gericht eingelegt.
3. Über den Rechtsbehelf wird nach den Vorschriften entschieden, die für Verfahren mit beiderseitigem rechtlichen Gehör massgebend sind.
4. Lässt sich der Schuldner auf das Verfahren vor dem mit dem Rechtsbehelf des Antragstellers befassten Gericht nicht ein, so ist Artikel 26 Absätze 2–4 auch dann anzuwenden, wenn der Schuldner seinen Wohnsitz nicht im Hoheitsgebiet eines durch dieses Übereinkommen gebundenen Staates hat.
5. Der Rechtsbehelf gegen die Vollstreckbarerklärung ist innerhalb eines Monats nach ihrer Zustellung einzulegen. Hat der Schuldner seinen Wohnsitz im Hoheitsgebiet eines anderen durch dieses Übereinkommen gebundenen Staates als dem, in dem die Vollstreckbarerklärung ergangen ist, so beträgt die Frist für den Rechtsbehelf zwei Monate und beginnt von dem Tage an zu laufen, an dem die Vollstreckbarerklärung ihm entweder in Person oder in seiner Wohnung zugestellt worden ist. Eine Verlängerung dieser Frist wegen weiter Entfernung ist ausgeschlossen.

Art. 44

Gegen die Entscheidung, die über den Rechtsbehelf ergangen ist, kann nur ein Rechtsbehelf nach Anhang IV eingelegt werden.

Art. 45

1. Die Vollstreckbarerklärung darf von dem mit einem Rechtsbehelf nach Artikel 43 oder Artikel 44 befassten Gericht nur aus einem der in den Artikeln 34 und 35 aufgeführten Gründe versagt oder aufgehoben werden. Das Gericht erlässt seine Entscheidung unverzüglich.
2. Die ausländische Entscheidung darf keinesfalls in der Sache selbst nachgeprüft werden.

Art. 46

1. Das nach Artikel 43 oder Artikel 44 mit dem Rechtsbehelf befasste Gericht kann auf Antrag des Schuldners das Verfahren aussetzen, wenn gegen die Entscheidung im Ursprungsstaat ein ordentlicher Rechtsbehelf eingelegt oder die Frist für einen solchen Rechtsbehelf noch nicht verstrichen ist; in letzterem Fall kann das Gericht eine Frist bestimmen, innerhalb deren der Rechtsbehelf einzulegen ist.

2. Ist die Entscheidung in Irland oder im Vereinigten Königreich ergangen, so gilt jeder im Ursprungsstaat statthafte Rechtsbehelf als ordentlicher Rechtsbehelf im Sinne von Absatz 1.
3. Das Gericht kann auch die Zwangsvollstreckung von der Leistung einer Sicherheit, die es bestimmt, abhängig machen.

Art. 47

1. Ist eine Entscheidung nach diesem Übereinkommen anzuerkennen, so ist der Antragsteller nicht daran gehindert, einstweilige Massnahmen einschliesslich solcher, die auf eine Sicherung gerichtet sind, nach dem Recht des Vollstreckungsstaats in Anspruch zu nehmen, ohne dass es einer Vollstreckbarerklärung nach Artikel 41 bedarf.
2. Die Vollstreckbarerklärung gibt die Befugnis, solche Massnahmen zu veranlassen.
3. Solange die in Artikel 43 Absatz 5 vorgesehene Frist für den Rechtsbehelf gegen die Vollstreckbarerklärung läuft und solange über den Rechtsbehelf nicht entschieden ist, darf die Zwangsvollstreckung in das Vermögen des Schuldners nicht über Massnahmen zur Sicherung hinausgehen.

Art. 48

1. Ist durch die ausländische Entscheidung über mehrere mit der Klage geltend gemachte Ansprüche erkannt und kann die Vollstreckbarerklärung nicht für alle Ansprüche erteilt werden, so erteilt das Gericht oder die sonst befugte Stelle sie für einen oder mehrere dieser Ansprüche.
2. Der Antragsteller kann beantragen, dass die Vollstreckbarerklärung nur für einen Teil des Gegenstands der Verurteilung erteilt wird.

Art. 49

Ausländische Entscheidungen, die auf Zahlung eines Zwangsgelds lauten, sind im Vollstreckungsstaat nur vollstreckbar, wenn die Höhe des Zwangsgelds durch die Gerichte des Ursprungsstaats endgültig festgesetzt ist.

Art. 50

1. Ist dem Antragsteller im Ursprungsstaat ganz oder teilweise Prozesskostenhilfe oder Kosten- und Gebührenbefreiung gewährt worden, so geniesst er in dem Verfahren nach diesem Abschnitt hinsichtlich der Prozesskostenhilfe oder der Kosten- und Gebührenbefreiung die günstigste Behandlung, die das Recht des Vollstreckungsstaats vorsieht.

2. Der Antragsteller, der die Vollstreckung einer Entscheidung einer Verwaltungsbehörde begehrt, die in Dänemark, Island oder Norwegen in Unterhaltssachen ergangen ist, kann im Vollstreckungsstaat Anspruch auf die in Absatz 1 genannten Vorteile erheben, wenn er eine Erklärung des dänischen, isländischen oder norwegischen Justizministeriums darüber vorlegt, dass er die wirtschaftlichen Voraussetzungen für die vollständige oder teilweise Bewilligung der Prozesskostenhilfe oder für die Kosten- und Gebührenbefreiung erfüllt.

Art. 51

Der Partei, die in einem durch dieses Übereinkommen gebundenen Staat eine in einem anderen durch dieses Übereinkommen gebundenen Staat ergangene Entscheidung vollstrecken will, darf wegen ihrer Eigenschaft als Ausländer oder wegen Fehlens eines inländischen Wohnsitzes oder Aufenthalts eine Sicherheitsleistung oder Hinterlegung, unter welcher Bezeichnung es auch sei, nicht auferlegt werden.

Art. 52

Im Vollstreckungsstaat dürfen im Vollstreckbarerklärungsverfahren keine nach dem Streitwert abgestuften Stempelabgaben oder Gebühren erhoben werden.

Abschnitt 3: Gemeinsame Vorschriften

Art. 53

1. Die Partei, die die Anerkennung einer Entscheidung geltend macht oder eine Vollstreckbarerklärung beantragt, hat eine Ausfertigung der Entscheidung vorzulegen, die die für ihre Beweiskraft erforderlichen Voraussetzungen erfüllt.
2. Unbeschadet des Artikels 55 hat die Partei, die eine Vollstreckbarerklärung beantragt, ferner die Bescheinigung nach Artikel 54 vorzulegen.

Art. 54

Das Gericht oder die sonst befugte Stelle des durch dieses Übereinkommen gebundenen Staates, in dem die Entscheidung ergangen ist, stellt auf Antrag die Bescheinigung unter Verwendung des Formblatts in Anhang V dieses Übereinkommens aus.

Art. 55

1. Wird die Bescheinigung nach Artikel 54 nicht vorgelegt, so kann das Gericht oder die sonst befugte Stelle eine Frist bestimmen, innerhalb deren die Bescheinigung vorzulegen ist, oder sich mit einer gleichwertigen Urkunde begnügen oder von der Vorlage der Bescheinigung befreien, wenn es oder sie eine weitere Klärung nicht für erforderlich hält.
2. Auf Verlangen des Gerichts oder der sonst befugten Stelle ist eine Übersetzung der Urkunden vorzulegen. Die Übersetzung ist von einer hierzu in einem der durch dieses Übereinkommen gebundenen Staaten befugten Person zu beglaubigen.

Art. 56

Die in Artikel 53 und in Artikel 55 Absatz 2 angeführten Urkunden sowie die Urkunde über die Prozessvollmacht, falls eine solche erteilt wird, bedürfen weder der Legalisation noch einer ähnlichen Förmlichkeit.

Titel IV: Öffentliche Urkunden und Prozessvergleiche

Art. 57

1. Öffentliche Urkunden, die in einem durch dieses Übereinkommen gebundenen Staat aufgenommen und vollstreckbar sind, werden in einem anderen durch dieses Übereinkommen gebundenen Staat auf Antrag in dem Verfahren nach den Artikeln 38 ff. für vollstreckbar erklärt. Die Vollstreckbarerklärung ist von dem mit einem Rechtsbehelf nach Artikel 43 oder Artikel 44 befassten Gericht nur zu versagen oder aufzuheben, wenn die Zwangsvollstreckung aus der Urkunde der öffentlichen Ordnung *(ordre public)* des Vollstreckungsstaats offensichtlich widersprechen würde.
2. Als öffentliche Urkunden im Sinne von Absatz 1 werden auch vor Verwaltungsbehörden geschlossene oder von ihnen beurkundete Unterhaltsvereinbarungen oder -verpflichtungen angesehen.
3. Die vorgelegte Urkunde muss die Voraussetzungen für ihre Beweiskraft erfüllen, die in dem Staat, in dem sie aufgenommen wurde, erforderlich sind.
4. Die Vorschriften des Abschnitts 3 des Titels III sind sinngemäss anzuwenden. Die befugte Stelle des durch dieses Übereinkommen gebundenen Staates, in dem eine öffentliche Urkunde aufgenommen worden ist, stellt auf Antrag die Bescheinigung unter Verwendung des Formblatts in Anhang VI dieses Übereinkommens aus.

Art. 58

Vergleiche, die vor einem Gericht im Laufe eines Verfahrens geschlossen und in dem durch dieses Übereinkommen gebundenen Staat, in dem sie errichtet wurden, vollstreckbar sind, werden in dem Vollstreckungsstaat unter denselben Bedingungen wie öffentliche Urkunden vollstreckt. Das Gericht oder die sonst befugte Stelle des durch dieses Übereinkommen gebundenen Staates, in dem ein Prozessvergleich geschlossen worden ist, stellt auf Antrag die Bescheinigung unter Verwendung des Formblatts in Anhang V dieses Übereinkommens aus.

Titel V: Allgemeine Vorschriften

Art. 59

1. Ist zu entscheiden, ob eine Partei im Hoheitsgebiet des durch dieses Übereinkommen gebundenen Staates, dessen Gerichte angerufen sind, einen Wohnsitz hat, so wendet das Gericht sein Recht an.
2. Hat eine Partei keinen Wohnsitz in dem durch dieses Übereinkommen gebundenen Staat, dessen Gerichte angerufen sind, so wendet das Gericht, wenn es zu entscheiden hat, ob die Partei einen Wohnsitz in einem anderen durch dieses Übereinkommen gebundenen Staat hat, das Recht dieses Staates an.

Art. 60

1. Gesellschaften und juristische Personen haben für die Anwendung dieses Übereinkommens ihren Wohnsitz an dem Ort, an dem sich
    a) ihr satzungsmässiger Sitz,
    b) ihre Hauptverwaltung oder
    c) ihre Hauptniederlassung
    befindet.
2. Im Falle des Vereinigten Königreichs und Irlands ist unter dem Ausdruck «satzungsmässiger Sitz» das *registered office* oder, wenn ein solches nirgendwo besteht, der *place of incorporation* (Ort der Erlangung der Rechtsfähigkeit) oder, wenn ein solcher nirgendwo besteht, der Ort, nach dessen Recht die *formation* (Gründung) erfolgt ist, zu verstehen.
3. Um zu bestimmen, ob ein *trust* seinen Sitz in dem durch dieses Übereinkommen gebundenen Staat hat, bei dessen Gerichten die Klage anhängig ist, wendet das Gericht sein Internationales Privatrecht an.

Art. 61

Unbeschadet günstigerer innerstaatlicher Vorschriften können Personen, die ihren Wohnsitz im Hoheitsgebiet eines durch dieses Übereinkommen gebundenen Staates haben und die vor den Strafgerichten eines anderen durch dieses Übereinkommen gebundenen Staates, dessen Staatsangehörigkeit sie nicht besitzen, wegen einer fahrlässig begangenen Straftat verfolgt werden, sich von hierzu befugten Personen vertreten lassen, selbst wenn sie persönlich nicht erscheinen. Das Gericht kann jedoch das persönliche Erscheinen anordnen; wird diese Anordnung nicht befolgt, so braucht die Entscheidung, die über den Anspruch aus einem Rechtsverhältnis des Zivilrechts ergangen ist, ohne dass sich der Angeklagte verteidigen konnte, in den anderen durch dieses Übereinkommen gebundenen Staaten weder anerkannt noch vollstreckt zu werden.

Art. 62

Im Sinne dieses Übereinkommens umfasst die Bezeichnung «Gericht» jede Behörde, die von einem durch dieses Übereinkommen gebundenen Staat als für die in den Anwendungsbereich dieses Übereinkommens fallenden Rechtsgebiete zuständig bezeichnet worden ist.

Titel VI: Übergangsvorschriften

Art. 63

1. Die Vorschriften dieses Übereinkommens sind nur auf solche Klagen und öffentliche Urkunden anzuwenden, die erhoben oder aufgenommen worden sind, nachdem dieses Übereinkommen im Ursprungsstaat und, sofern die Anerkennung oder Vollstreckung einer Entscheidung oder einer öffentlichen Urkunde geltend gemacht wird, im ersuchten Staat in Kraft getreten ist.
2. Ist die Klage im Ursprungsstaat vor dem Inkrafttreten dieses Übereinkommens erhoben worden, so werden nach diesem Zeitpunkt erlassene Entscheidungen nach Massgabe des Titels III anerkannt und zur Vollstreckung zugelassen,
   a) wenn die Klage im Ursprungsstaat erhoben wurde, nachdem das Übereinkommen von Lugano vom 16. September 1988 sowohl im Ursprungsstaat als auch in dem ersuchten Staat in Kraft getreten war;
   b) in allen anderen Fällen, wenn das Gericht aufgrund von Vorschriften zuständig war, die mit den Zuständigkeitsvorschriften des Titels II oder eines Abkommens übereinstimmen, das im Zeitpunkt der Klageerhebung zwischen dem Ursprungsstaat und dem ersuchten Staat in Kraft war.

Titel VII: Verhältnis zu der Verordnung (EG) Nr. 44/2001 des Rates und zu anderen Rechtsinstrumenten

Art. 64

1. Dieses Übereinkommen lässt die Anwendung folgender Rechtsakte durch die Mitgliedstaaten der Europäischen Gemeinschaft unberührt: der Verordnung (EG) Nr. 44/2001 des Rates über die gerichtliche Zuständigkeit und die Anerkennung und Vollstreckung von Entscheidungen in Zivil- und Handelssachen einschliesslich deren Änderungen, des am 27. September 1968 in Brüssel unterzeichneten Übereinkommens über die gerichtliche Zuständigkeit und die Vollstreckung gerichtlicher Entscheidungen in Zivil- und Handelssachen und des am 3. Juni 1971 in Luxemburg unterzeichneten Protokolls über die Auslegung des genannten Übereinkommens durch den Gerichtshof der Europäischen Gemeinschaften in der Fassung der Übereinkommen, mit denen die neuen Mitgliedstaaten der Europäischen Gemeinschaften jenem Übereinkommen und dessen Protokoll beigetreten sind, sowie des am 19. Oktober 2005 in Brüssel unterzeichneten Abkommens zwischen der Europäischen Gemeinschaft und dem Königreich Dänemark über die gerichtliche Zuständigkeit und die Anerkennung und Vollstreckung von Entscheidungen in Zivil- und Handelssachen.
2. Dieses Übereinkommen wird jedoch in jedem Fall angewandt
   a) in Fragen der gerichtlichen Zuständigkeit, wenn der Beklagte seinen Wohnsitz im Hoheitsgebiet eines Staates hat, in dem dieses Übereinkommen, aber keines der in Absatz 1 aufgeführten Rechtsinstrumente gilt, oder wenn die Gerichte eines solchen Staates nach Artikel 22 oder 23 dieses Übereinkommens zuständig sind;
   b) bei Rechtshängigkeit oder im Zusammenhang stehenden Verfahren im Sinne der Artikel 27 und 28, wenn Verfahren in einem Staat anhängig gemacht werden, in dem dieses Übereinkommen, aber keines der in Absatz 1 aufgeführten Rechtsinstrumente gilt, und in einem Staat, in dem sowohl dieses Übereinkommen als auch eines der in Absatz 1 aufgeführten Rechtsinstrumente gilt;
   c) in Fragen der Anerkennung und Vollstreckung, wenn entweder der Ursprungsstaat oder der ersuchte Staat keines der in Absatz 1 aufgeführten Rechtsinstrumente anwendet.
3. Ausser aus den in Titel III vorgesehenen Gründen kann die Anerkennung oder Vollstreckung versagt werden, wenn sich der der Entscheidung zugrunde liegende Zuständigkeitsgrund von demjenigen unterscheidet, der sich aus diesem Übereinkommen ergibt, und wenn die Anerkennung oder Vollstreckung gegen

eine Partei geltend gemacht wird, die ihren Wohnsitz in einem Staat hat, in dem dieses Übereinkommen, aber keines der in Absatz 1 aufgeführten Rechtsinstrumente gilt, es sei denn, dass die Entscheidung anderweitig nach dem Recht des ersuchten Staates anerkannt oder vollstreckt werden kann.

Art. 65

Dieses Übereinkommen ersetzt unbeschadet des Artikels 63 Absatz 2 und der Artikel 66 und 67 im Verhältnis zwischen den durch dieses Übereinkommen gebundenen Staaten die zwischen zwei oder mehr dieser Staaten bestehenden Übereinkünfte, die sich auf dieselben Rechtsgebiete erstrecken wie dieses Übereinkommen. Durch dieses Übereinkommen werden insbesondere die in Anhang VII aufgeführten Übereinkünfte ersetzt.

Art. 66

1. Die in Artikel 65 angeführten Übereinkünfte behalten ihre Wirksamkeit für die Rechtsgebiete, auf die dieses Übereinkommen nicht anzuwenden ist.
2. Sie bleiben auch weiterhin für die Entscheidungen und die öffentlichen Urkunden wirksam, die vor Inkrafttreten dieses Übereinkommens ergangen sind oder aufgenommen worden sind.

Art. 67

1. Dieses Übereinkommen lässt Übereinkünfte unberührt, denen die Vertragsparteien und/oder die durch dieses Übereinkommen gebundenen Staaten angehören und die für besondere Rechtsgebiete die gerichtliche Zuständigkeit, die Anerkennung oder die Vollstreckung von Entscheidungen regeln. Unbeschadet der Verpflichtungen aus anderen Übereinkünften, denen manche Vertragsparteien angehören, schliesst dieses Übereinkommen nicht aus, dass die Vertragsparteien solche Übereinkünfte schliessen.
2. Dieses Übereinkommen schliesst nicht aus, dass ein Gericht eines durch dieses Übereinkommen gebundenen Staates, der Vertragspartei einer Übereinkunft über ein besonderes Rechtsgebiet ist, seine Zuständigkeit auf eine solche Übereinkunft stützt, und zwar auch dann, wenn der Beklagte seinen Wohnsitz in einem anderen durch dieses Übereinkommen gebundenen Staat hat, der nicht Vertragspartei der betreffenden Übereinkunft ist. In jedem Fall wendet dieses Gericht Artikel 26 dieses Übereinkommens an.
3. Entscheidungen, die in einem durch dieses Übereinkommen gebundenen Staat von einem Gericht erlassen worden sind, das seine Zuständigkeit auf eine Übereinkunft über ein besonderes

Rechtsgebiet gestützt hat, werden in den anderen durch dieses Übereinkommen gebundenen Staaten nach Titel III dieses Übereinkommens anerkannt und vollstreckt.

4. Neben den in Titel III vorgesehenen Gründen kann die Anerkennung oder Vollstreckung versagt werden, wenn der ersuchte Staat nicht durch die Übereinkunft über ein besonderes Rechtsgebiet gebunden ist und die Person, gegen die die Anerkennung oder Vollstreckung geltend gemacht wird, ihren Wohnsitz in diesem Staat hat oder wenn der ersuchte Staat ein Mitgliedstaat der Europäischen Gemeinschaft ist und die Übereinkunft von der Europäischen Gemeinschaft geschlossen werden müsste, in einem ihrer Mitgliedstaaten, es sei denn, die Entscheidung kann anderweitig nach dem Recht des ersuchten Staates anerkannt oder vollstreckt werden.

5. Sind der Ursprungsstaat und der ersuchte Staat Vertragsparteien einer Übereinkunft über ein besonderes Rechtsgebiet, welche die Voraussetzungen für die Anerkennung und Vollstreckung von Entscheidungen regelt, so gelten diese Voraussetzungen. In jedem Fall können die Bestimmungen dieses Übereinkommens über das Verfahren zur Anerkennung und Vollstreckung von Entscheidungen angewandt werden.

Art. 68

1. Dieses Übereinkommen lässt Übereinkünfte unberührt, durch die sich die durch dieses Übereinkommen gebundenen Staaten vor Inkrafttreten dieses Übereinkommens verpflichtet haben, Entscheidungen der Gerichte anderer durch dieses Übereinkommen gebundener Staaten gegen Beklagte, die ihren Wohnsitz oder gewöhnlichen Aufenthalt im Hoheitsgebiet eines Drittstaats haben, nicht anzuerkennen, wenn die Entscheidungen in den Fällen des Artikels 4 nur auf einen der in Artikel 3 Absatz 2 angeführten Zuständigkeitsgründe gestützt werden könnten. Unbeschadet der Verpflichtungen aus anderen Übereinkünften, denen manche Vertragsparteien angehören, schliesst dieses Übereinkommen nicht aus, dass die Vertragsparteien solche Übereinkünfte treffen.

2. Keine Vertragspartei kann sich jedoch gegenüber einem Drittstaat verpflichten, eine Entscheidung nicht anzuerkennen, die in einem anderen durch dieses Übereinkommen gebundenen Staat durch ein Gericht gefällt wurde, dessen Zuständigkeit auf das Vorhandensein von Vermögenswerten des Beklagten in diesem Staat oder die Beschlagnahme von dort vorhandenem Vermögen durch den Kläger gegründet ist,

a) wenn die Klage erhoben wird, um Eigentums- oder Inhaberrechte hinsichtlich dieses Vermögens festzustellen oder anzumelden oder um Verfügungsgewalt darüber zu erhalten, oder wenn die Klage sich aus einer anderen Streitsache im Zusammenhang mit diesem Vermögen ergibt, oder
b) wenn das Vermögen die Sicherheit für einen Anspruch darstellt, der Gegenstand des Verfahrens ist.

Titel VIII: Schlussvorschriften

Art. 69

1. Dieses Übereinkommen liegt für die Europäische Gemeinschaft, Dänemark und die Staaten, die Mitglieder der Europäischen Freihandelsassoziation sind, zur Unterzeichnung auf.
2. Dieses Übereinkommen bedarf der Ratifikation durch die Unterzeichnerstaaten. Die Ratifikationsurkunden werden beim Schweizerischen Bundesrat hinterlegt, der der Verwahrer dieses Übereinkommens ist.
3. Zum Zeitpunkt der Ratifizierung kann jede Vertragspartei Erklärungen gemäss den Artikeln I, II und III des Protokolls 1 abgeben.
4. Dieses Übereinkommen tritt am ersten Tag des sechsten Monats in Kraft, der auf den Tag folgt, an dem die Europäische Gemeinschaft und ein Mitglied der Europäischen Freihandelsassoziation ihre Ratifikationsurkunden hinterlegt haben.
5. Für jede andere Vertragspartei tritt dieses Übereinkommen am ersten Tag des dritten Monats in Kraft, der auf die Hinterlegung ihrer Ratifikationsurkunde folgt.
6. Unbeschadet des Artikels 3 Absatz 3 des Protokolls 2 ersetzt dieses Übereinkommen ab dem Tag seines Inkrafttretens gemäss den Absätzen 4 und 5 das am 16. September 1988 in Lugano geschlossene Übereinkommen über die gerichtliche Zuständigkeit und die Vollstreckung gerichtlicher Entscheidungen in Zivil- und Handelssachen. Jede Bezugnahme auf das Lugano-Übereinkommen von 1988 in anderen Rechtsinstrumenten gilt als Bezugnahme auf dieses Übereinkommen.
7. Im Verhältnis zwischen den Mitgliedstaaten der Europäischen Gemeinschaft und den aussereuropäischen Gebieten im Sinne von Artikel 70 Absatz 1 Buchstabe b ersetzt dieses Übereinkommen ab dem Tag seines Inkrafttretens für diese Gebiete gemäss Artikel 73 Absatz 2 das am 27. September 1968 in Brüssel unterzeichnete Übereinkommen über die gerichtliche Zuständigkeit und die Vollstreckung gerichtlicher Entscheidungen in Zivil- und Handelssachen und das am 3. Juni 1971 in Luxemburg unterzeichnete Protokoll über die Auslegung des genann-

ten Übereinkommens durch den Gerichtshof der Europäischen Gemeinschaften in der Fassung der Übereinkommen, mit denen die neuen Mitgliedstaaten der Europäischen Gemeinschaften jenem Übereinkommen und dessen Protokoll beigetreten sind.

Art. 70

1. Dem Übereinkommen können nach seinem Inkrafttreten beitreten:
   a) die Staaten, die nach Auflage dieses Übereinkommens zur Unterzeichnung Mitglieder der Europäischen Freihandelsassoziation werden, unter den Voraussetzungen des Artikels 71;
   b) ein Mitgliedstaat der Europäischen Gemeinschaft im Namen bestimmter aussereuropäischer Gebiete, die Teil seines Hoheitsgebiets sind oder für deren Aussenbeziehungen dieser Mitgliedstaat zuständig ist, unter den Voraussetzungen des Artikels 71;
   c) jeder andere Staat unter den Voraussetzungen des Artikels 72.
2. Die in Absatz 1 genannten Staaten, die diesem Übereinkommen beitreten wollen, richten ein entsprechendes Ersuchen an den Verwahrer. Dem Beitrittsersuchen und den Angaben nach den Artikeln 71 und 72 ist eine englische und französische Übersetzung beizufügen.

Art. 71

1. Jeder in Artikel 70 Absatz 1 Buchstaben a und b genannte Staat, der diesem Übereinkommen beitreten will,
   a) teilt die zur Anwendung dieses Übereinkommens erforderlichen Angaben mit;
   b) kann Erklärungen nach Massgabe der Artikel I und III des Protokolls 1 abgeben.
2. Der Verwahrer übermittelt den anderen Vertragsparteien vor der Hinterlegung der Beitrittsurkunde des betreffenden Staates die Angaben, die ihm nach Absatz 1 mitgeteilt wurden.

Art. 72

1. Jeder in Artikel 70 Absatz 1 Buchstabe c genannte Staat, der diesem Übereinkommen beitreten will,
   a) teilt die zur Anwendung dieses Übereinkommens erforderlichen Angaben mit;
   b) kann Erklärungen nach Massgabe der Artikel I und III des Protokolls 1 abgeben;
   c) erteilt dem Verwahrer Auskünfte insbesondere über
      1) sein Justizsystem mit Angaben zur Ernennung der Richter und zu deren Unabhängigkeit;
      2) sein innerstaatliches Zivilprozess- und Vollstreckungsrecht;
      3) sein Internationales Zivilprozessrecht.
2. Der Verwahrer übermittelt den anderen Vertragsparteien die Angaben, die ihm nach Absatz 1 mitgeteilt worden sind, bevor er den betreffenden Staat gemäss Absatz 3 zum Beitritt einlädt.
3. Unbeschadet des Absatzes 4 lädt der Verwahrer den betreffenden Staat nur dann zum Beitritt ein, wenn die Zustimmung aller Vertragsparteien vorliegt. Die Vertragsparteien sind bestrebt, ihre Zustimmung spätestens innerhalb eines Jahres nach der Aufforderung durch den Verwahrer zu erteilen.
4. Für den beitretenden Staat tritt dieses Übereinkommen nur im Verhältnis zu den Vertragsparteien in Kraft, die vor dem ersten Tag des dritten Monats, der auf die Hinterlegung der Beitrittsurkunde folgt, keine Einwände gegen den Beitritt erhoben haben.

Art. 73

1. Die Beitrittsurkunden werden beim Verwahrer hinterlegt.
2. Für einen in Artikel 70 genannten beitretenden Staat tritt dieses Übereinkommen am ersten Tag des dritten Monats, der auf die Hinterlegung seiner Beitrittsurkunde folgt, in Kraft. Ab diesem Zeitpunkt gilt der beitretende Staat als Vertragspartei dieses Übereinkommens.
3. Jede Vertragspartei kann dem Verwahrer den Wortlaut dieses Übereinkommens in ihrer oder ihren Sprachen übermitteln, der, sofern die Vertragsparteien nach Artikel 4 des Protokolls 2 zugestimmt haben, ebenfalls als verbindlich gilt.

Art. 74

1. Dieses Übereinkommen wird auf unbegrenzte Zeit geschlossen.
2. Jede Vertragspartei kann dieses Übereinkommen jederzeit durch eine an den Verwahrer gerichtete Notifikation kündigen.
3. Die Kündigung wird am Ende des Kalenderjahres wirksam, das auf einen Zeitraum von sechs Monaten folgt, gerechnet vom Eingang ihrer Notifikation beim Verwahrer.

Art. 75

Diesem Übereinkommen sind beigefügt:
- ein Protokoll 1 über bestimmte Zuständigkeits-, Verfahrens- und Vollstreckungsfragen
- ein Protokoll 2 über die einheitliche Auslegung des Übereinkommens und den Ständigen Ausschuss
- ein Protokoll 3 über die Anwendung von Artikel 67
- die Anhänge I bis IV und Anhang VII mit Angaben zur Anwendung des Übereinkommens
- die Anhänge V und VI mit den Formblättern für die Bescheinigungen im Sinne der Artikel 54, 58 und 57
- Anhang VIII mit der Angabe der verbindlichen Sprachfassungen des Übereinkommens gemäss Artikel 79
- Anhang IX mit den Angaben gemäss Artikel II des Protokolls 1.

Die Protokolle und Anhänge sind Bestandteil des Übereinkommens.

Art. 76

Unbeschadet des Artikels 77 kann jede Vertragspartei eine Revision dieses Übereinkommens beantragen. Zu diesem Zweck beruft der Verwahrer den Ständigen Ausschuss nach Artikel 4 des Protokolls 2 ein.

Art. 77

1. Die Vertragsparteien teilen dem Verwahrer den Wortlaut aller Rechtsvorschriften mit, durch den die Listen in den Anhängen I bis IV geändert werden, sowie alle Streichungen oder Zusätze in der Liste des Anhangs VII und den Zeitpunkt ihres Inkrafttretens. Diese Mitteilung erfolgt rechtzeitig vor Inkrafttreten; ihr ist eine englische und französische Übersetzung beizufügen. Der Verwahrer passt die betreffenden Anhänge nach Anhörung des Ständigen Ausschusses gemäss Artikel 4 des Protokolls 2 entsprechend an. Zu diesem Zweck erstellen die Vertragsparteien eine Übersetzung der Anpassungen in ihren Sprachen.

2. Jede Änderung der Anhänge V und VI sowie VIII und IX wird vom Ständigen Ausschuss gemäss Artikel 4 des Protokolls 2 angenommen.

Art. 78
1. Der Verwahrer notifiziert den Vertragsparteien:
   a) die Hinterlegung jeder Ratifikations- oder Beitrittsurkunde,
   b) den Tag, an dem dieses Übereinkommen für die Vertragsparteien in Kraft tritt,
   c) die nach den Artikeln I bis IV des Protokolls 1 eingegangenen Erklärungen,
   d) die Mitteilungen nach Artikel 74 Absatz 2, Artikel 77 Absatz 1 sowie Absatz 4 des Protokolls 3.
2. Den Notifikationen ist eine englische und französische Übersetzung beizufügen.

Art. 79
Dieses Übereinkommen ist in einer Urschrift in den in Anhang VIII aufgeführten Sprachen abgefasst, wobei jeder Wortlaut gleichermassen verbindlich ist; es wird im Schweizerischen Bundesarchiv hinterlegt. Der Schweizerische Bundesrat übermittelt jeder Vertragspartei eine beglaubigte Abschrift.

PROTOKOLL 1
ÜBER BESTIMMTE ZUSTÄNDIGKEITS-, VERFAHRENS- UND VOLLSTRECKUNGSFRAGEN

*Die Hohen Vertragsparteien
sind wie folgt übereingekommen:*

Art. I

1. Gerichtliche und aussergerichtliche Schriftstücke, die in einem durch dieses Übereinkommen gebundenen Staat ausgefertigt worden sind und einer Person zugestellt werden sollen, die sich im Hoheitsgebiet eines anderen durch dieses Übereinkommen gebundenen Staates befindet, werden nach den zwischen diesen Staaten geltenden Übereinkünften übermittelt.
2. Sofern die Vertragspartei, in deren Hoheitsgebiet die Zustellung bewirkt werden soll, nicht durch eine an den Verwahrer gerichtete Erklärung widersprochen hat, können diese Schriftstücke auch von den gerichtlichen Amtspersonen des Staates, in dem sie ausgefertigt worden sind, unmittelbar den gerichtlichen Amtspersonen des Staates übersandt werden, in dessen Hoheitsgebiet sich die Person befindet, für welche das Schriftstück bestimmt ist. In diesem Fall übersendet die gerichtliche Amtsperson des Ursprungsstaats der gerichtlichen Amtsperson des ersuchten Staates, die für die Übermittlung an den Empfänger zuständig ist, eine Abschrift des Schriftstücks. Diese Übermittlung wird in den Formen vorgenommen, die das Recht des ersuchten Staates vorsieht. Sie wird durch eine Bescheinigung festgestellt, die der gerichtlichen Amtsperson des Ursprungsstaats unmittelbar zugesandt wird.
3. Die Mitgliedstaaten der Europäischen Gemeinschaft, die durch die Verordnung (EG) Nr. 1348/2000 des Rates vom 29. Mai 2000 oder durch das am 19. Oktober 2005 in Brüssel unterzeichnete Abkommen zwischen der Europäischen Gemeinschaft und dem Königreich Dänemark über die Zustellung gerichtlicher und aussergerichtlicher Schriftstücke in Zivil- oder Handelssachen gebunden sind, wenden diese Verordnung und dieses Abkommen in ihrem Verhältnis untereinander an.

Art. II

1. Die in Artikel 6 Nummer 2 und Artikel 11 für eine Gewährleistungs- oder Interventionsklage vorgesehene Zuständigkeit kann in den in Anhang IX genannten Staaten, die durch dieses Übereinkommen gebunden sind, nicht in vollem Umfang geltend gemacht werden. Jede Person, die ihren Wohnsitz in einem an-

deren durch dieses Übereinkommen gebundenen Staat hat, kann vor den Gerichten dieser Staaten nach Massgabe der in Anhang IX genannten Vorschriften verklagt werden.
2. Die Europäische Gemeinschaft kann zum Zeitpunkt der Ratifizierung erklären, dass die in Artikel 6 Nummer 2 und Artikel 11 genannten Verfahren in bestimmten anderen Mitgliedstaaten nicht in Anspruch genommen werden können, und Angaben zu den geltenden Vorschriften mitteilen.
3. Entscheidungen, die in den anderen durch dieses Übereinkommen gebundenen Staaten aufgrund des Artikels 6 Nummer 2 und des Artikels 11 ergangen sind, werden in den in den Absätzen 1 und 2 genannten Staaten nach Titel III anerkannt und vollstreckt. Die Wirkungen, welche die in diesen Staaten ergangenen Entscheidungen gemäss den Absätzen 1 und 2 gegenüber Dritten haben, werden auch in den anderen durch dieses Übereinkommen gebundenen Staaten anerkannt.

Art. III

1. Die Schweizerische Eidgenossenschaft behält sich das Recht vor, bei der Hinterlegung der Ratifikationsurkunde zu erklären, dass sie den folgenden Teil der Bestimmung in Artikel 34 Absatz 2 nicht anwenden wird:
   «es sei denn, der Beklagte hat gegen die Entscheidung keinen Rechtsbehelf eingelegt, obwohl er die Möglichkeit dazu hatte».
   Falls die Schweizerische Eidgenossenschaft diese Erklärung abgibt, wenden die anderen Vertragsparteien denselben Vorbehalt gegenüber Entscheidungen der schweizerischen Gerichte an.
2. Die Vertragsparteien können sich in Bezug auf Entscheidungen, die in einem beitretenden Staat gemäss Artikel 70 Absatz 1 Buchstabe c ergangen sind, durch Erklärung folgende Rechte vorbehalten:
   a) das in Absatz 1 erwähnte Recht und
   b) das Recht einer Behörde im Sinne von Artikel 39, unbeschadet der Vorschriften des Artikels 41 von Amts wegen zu prüfen, ob Gründe für die Versagung der Anerkennung oder Vollstreckung einer Entscheidung vorliegen.
3. Hat eine Vertragspartei einen solchen Vorbehalt gegenüber einem beitretenden Staat nach Absatz 2 erklärt, kann dieser beitretende Staat sich durch Erklärung dasselbe Recht in Bezug auf Entscheidungen vorbehalten, die von Gerichten dieser Vertragspartei erlassen worden sind.
4. Mit Ausnahme des Vorbehalts gemäss Absatz 1 gelten die Erklärungen für einen Zeitraum von fünf Jahren und können für jeweils weitere fünf Jahre verlängert werden. Die Vertragspar-

tei notifiziert die Verlängerung einer Erklärung gemäss Absatz 2 spätestens sechs Monate vor Ablauf des betreffenden Zeitraums. Ein beitretender Staat kann seine Erklärung gemäss Absatz 3 erst nach Verlängerung der betreffenden Erklärung gemäss Absatz 2 verlängern.

Art. IV

Die Erklärungen nach diesem Protokoll können jederzeit durch Notifikation an den Verwahrer zurückgenommen werden. Der Notifikation ist eine englische und französische Übersetzung beizufügen. Die Vertragsparteien erstellen eine Übersetzung in ihren Sprachen. Die Rücknahme wird am ersten Tag des dritten Monats nach der Notifikation wirksam.

PROTOKOLL 2
ÜBER DIE EINHEITLICHE AUSLEGUNG DES ÜBEREINKOMMENS UND DEN STÄNDIGEN AUSSCHUSS

Präambel

Die Hohen Vertragsparteien,
gestützt auf Artikel 75 des Übereinkommens,
in Anbetracht der sachlichen Verknüpfung zwischen diesem Übereinkommen, dem Lugano-Übereinkommen von 1988 und den in Artikel 64 Absatz 1 dieses Übereinkommens genannten Rechtsinstrumenten,
in der Erwägung, dass der Gerichtshof der Europäischen Gemeinschaften für Entscheidungen über die Auslegung der in Artikel 64 Absatz 1 dieses Übereinkommens genannten Rechtsinstrumente zuständig ist,
in der Erwägung, dass dieses Übereinkommen Teil des Gemeinschaftsrechts wird und der Gerichtshof der Europäischen Gemeinschaften deshalb für Entscheidungen über die Auslegung dieses Übereinkommens in Bezug auf dessen Anwendung durch die Gerichte der Mitgliedstaaten der Europäischen Gemeinschaft zuständig ist,
in Kenntnis der bis zur Unterzeichnung dieses Übereinkommens ergangenen Entscheidungen des Gerichtshofs der Europäischen Gemeinschaften über die Auslegung der in Artikel 64 Absatz 1 dieses Übereinkommens genannten Rechtsinstrumente und der bis zur Unterzeichnung dieses Übereinkommens ergangenen Entscheidungen der Gerichte der Vertragsparteien des Lugano-Übereinkommens von 1988 über die Auslegung des letzteren Übereinkommens,
in der Erwägung, dass sich die gleichzeitige Revision des Lugano-Übereinkommens von 1988 und des Brüsseler Übereinkommens von 1968, die zum Abschluss eines revidierten Texts dieser Übereinkommen geführt hat, sachlich auf die vorgenannten Entscheidungen zu dem Brüsseler Übereinkommen und dem Lugano-Übereinkommen stützte,
in der Erwägung, dass der revidierte Text des Brüsseler Übereinkommens nach Inkrafttreten des Vertrags von Amsterdam in die Verordnung (EG) Nr. 44/2001 Eingang gefunden hat,
in der Erwägung, dass dieser revidierte Text auch die Grundlage für den Text dieses Übereinkommens war,

in dem Bestreben, bei voller Wahrung der Unabhängigkeit der Gerichte voneinander abweichende Auslegungen zu vermeiden und zu einer möglichst einheitlichen Auslegung der Bestimmungen dieses Übereinkommens und der Bestimmungen der Verordnung (EG) Nr. 44/2001, die in ihrem wesentlichen Gehalt in das vorliegende Übereinkommen übernommen worden sind, sowie der anderen in Artikel 64 Absatz 1 dieses Übereinkommens genannten Rechtsinstrumente zu gelangen,
sind wie folgt übereingekommen:

Art. 1

1. Jedes Gericht, das dieses Übereinkommen anwendet und auslegt, trägt den Grundsätzen gebührend Rechnung, die in massgeblichen Entscheidungen von Gerichten der durch dieses Übereinkommen gebundenen Staaten sowie in Entscheidungen des Gerichtshofs der Europäischen Gemeinschaften zu den Bestimmungen dieses Übereinkommens oder zu ähnlichen Bestimmungen des Lugano-Übereinkommens von 1988 und der in Artikel 64 Absatz 1 dieses Übereinkommens genannten Rechtsinstrumente entwickelt worden sind.

2. Für die Gerichte der Mitgliedstaaten der Europäischen Gemeinschaft gilt die Verpflichtung in Absatz 1 unbeschadet ihrer Verpflichtungen gegenüber dem Gerichtshof der Europäischen Gemeinschaften, wie sie sich aus dem Vertrag zur Gründung der Europäischen Gemeinschaft oder aus dem am 19. Oktober 2005 in Brüssel unterzeichneten Abkommen zwischen der Europäischen Gemeinschaft und dem Königreich Dänemark über die gerichtliche Zuständigkeit und die Anerkennung und Vollstreckung von Entscheidungen in Zivil- und Handelssachen ergeben.

Art. 2

Jeder durch dieses Übereinkommen gebundene Staat, der kein Mitgliedstaat der Europäischen Gemeinschaft ist, hat das Recht, gemäss Artikel 23 des Protokolls über die Satzung des Gerichtshofs der Europäischen Gemeinschaften Schriftsätze einzureichen oder schriftliche Erklärungen abzugeben, wenn ein Gericht eines Mitgliedstaats der Europäischen Gemeinschaft dem Gerichtshof eine Frage über die Auslegung dieses Übereinkommens oder der in Artikel 64 Absatz 1 dieses Übereinkommens genannten Rechtsinstrumente zur Vorabentscheidung vorlegt.

Art. 3

1. Die Kommission der Europäischen Gemeinschaften richtet ein System für den Austausch von Informationen über die Entscheidungen ein, die in Anwendung dieses Übereinkommens sowie

des Lugano-Übereinkommens von 1988 und der in Artikel 64 Absatz 1 dieses Übereinkommens genannten Rechtsinstrumente ergangen sind. Dieses System ist öffentlich zugänglich und enthält Entscheidungen letztinstanzlicher Gerichte sowie des Gerichtshofs der Europäischen Gemeinschaften und andere besonders wichtige, rechtskräftig gewordene Entscheidungen, die in Anwendung dieses Übereinkommens, des Lugano-Übereinkommens von 1988 und der in Artikel 64 Absatz 1 dieses Übereinkommens genannten Rechtsinstrumente ergangen sind. Die Entscheidungen werden klassifiziert und mit einer Zusammenfassung versehen.

Die zuständigen Behörden der durch dieses Übereinkommen gebundenen Staaten übermitteln der Kommission auf der Grundlage dieses Systems die von den Gerichten dieser Staaten erlassenen vorgenannten Entscheidungen.

2. Der Kanzler des Gerichtshofs der Europäischen Gemeinschaften wählt die für die Anwendung des Übereinkommens besonders interessanten Fälle aus und legt diese gemäss Artikel 5 auf einer Sitzung der Sachverständigen vor.
3. Bis die Europäischen Gemeinschaften das System im Sinne von Absatz 1 eingerichtet haben, behält der Gerichtshof der Europäischen Gemeinschaften das System für den Austausch von Informationen über die in Anwendung dieses Übereinkommens sowie des Lugano-Übereinkommens von 1988 ergangenen Entscheidungen bei.

Art. 4

1. Es wird ein Ständiger Ausschuss eingesetzt, der aus den Vertretern der Vertragsparteien besteht.
2. Auf Antrag einer Vertragspartei beruft der Verwahrer des Übereinkommens Sitzungen des Ausschusses ein zu
   – einer Konsultation über das Verhältnis zwischen diesem Übereinkommen und anderen internationalen Rechtsinstrumenten;
   – einer Konsultation über die Anwendung des Artikels 67 einschliesslich des beabsichtigten Beitritts zu Rechtsinstrumenten über ein besonderes Rechtsgebiet im Sinne von Artikel 67 Absatz 1 und Rechtsetzungsvorschlägen gemäss dem Protokoll 3;
   – der Erwägung des Beitritts neuer Staaten. Der Ausschuss kann an beitretende Staaten im Sinne von Artikel 70 Absatz 1 Buchstabe c insbesondere Fragen über ihr Justizsystem und die Umsetzung dieses Übereinkommens richten. Der Ausschuss kann auch Anpassungen dieses Übereinkommens in Betracht ziehen, die für dessen Anwendung in den beitretenden Staaten notwendig sind;

- der Aufnahme neuer verbindlicher Sprachfassungen nach Artikel 73 Absatz 3 des Übereinkommens und den notwendigen Änderungen des Anhangs VIII;
- einer Konsultation über eine Revision des Übereinkommens gemäss Artikel 76;
- einer Konsultation über Änderungen der Anhänge I bis IV und des Anhangs VII gemäss Artikel 77 Absatz 1;
- der Annahme von Änderungen der Anhänge V und VI gemäss Artikel 77 Absatz 2;
- der Rücknahme von Vorbehalten und Erklärungen der Vertragsparteien nach Protokoll 1 und notwendigen Änderungen des Anhangs IX.
3. Der Ausschuss gibt sich eine Geschäftsordnung mit Regeln für seine Arbeitsweise und Beschlussfassung. Darin ist auch die Möglichkeit vorzusehen, dass Konsultation und Beschlussfassung im schriftlichen Verfahren erfolgen.

Art. 5

1. Der Verwahrer kann im Bedarfsfall eine Sitzung der Sachverständigen zu einem Meinungsaustausch über die Wirkungsweise des Übereinkommens einberufen, insbesondere über die Entwicklung der Rechtsprechung und neue Rechtsvorschriften, die die Anwendung des Übereinkommens beeinflussen können.
2. An der Sitzung nehmen Sachverständige der Vertragsparteien, der durch dieses Übereinkommen gebundenen Staaten, des Gerichtshofs der Europäischen Gemeinschaften und der Europäischen Freihandelsassoziation teil. Die Sitzung steht weiteren Sachverständigen offen, deren Anwesenheit zweckdienlich erscheint.
3. Probleme, die sich bei der Anwendung des Übereinkommens stellen, können dem Ständigen Ausschuss gemäss Artikel 4 zur weiteren Behandlung vorgelegt werden.

PROTOKOLL 3
ÜBER DIE ANWENDUNG VON ARTIKEL 67
DES ÜBEREINKOMMENS

Die Hohen Vertragsparteien
sind wie folgt übereingekommen:
1. Für die Zwecke dieses Übereinkommens werden die Bestimmungen, die für besondere Rechtsgebiete die gerichtliche Zuständigkeit, die Anerkennung oder die Vollstreckung von Entscheidungen regeln und in Rechtsakten der Organe der Europäischen Gemeinschaften enthalten sind oder künftig darin enthalten sein werden, ebenso behandelt wie die in Artikel 67 Absatz 1 bezeichneten Übereinkünfte.
2. Ist eine Vertragspartei der Auffassung, dass eine Bestimmung eines vorgeschlagenen Rechtsakts der Organe der Europäischen Gemeinschaften mit dem Übereinkommen nicht vereinbar ist, so fassen die Vertragsparteien unbeschadet der Anwendung des in Protokoll 2 vorgesehenen Verfahrens unverzüglich eine Änderung nach Artikel 76 ins Auge.
3. Werden einige oder alle Bestimmungen, die in Rechtsakten der Organe der Europäischen Gemeinschaften im Sinne von Absatz 1 enthalten sind, von einer Vertragspartei oder mehreren Vertragsparteien gemeinsam in innerstaatliches Recht umgesetzt, werden diese Bestimmungen des innerstaatlichen Rechts in gleicher Weise behandelt wie die Übereinkünfte im Sinne von Artikel 67 Absatz 1 des Übereinkommens.
4. Die Vertragsparteien teilen dem Verwahrer den Wortlaut der in Absatz 3 genannten Bestimmungen mit. Dieser Mitteilung ist eine englische und französische Übersetzung beizufügen.

**Protokoll 3
Anhang I**

ÜBEREINKOMMEN

Die innerstaatlichen Zuständigkeitsvorschriften im Sinne von Artikel 3 Absatz 2 und Artikel 4 Absatz 2 des Übereinkommens sind folgende:
- in Belgien: Artikel 5–14 des Gesetzes vom 16. Juli 2004 über Internationales Privatrecht,
- in Bulgarien: Artikel 4 Absatz 1 des Gesetzbuches über Internationales Privatrecht,
- in der Tschechischen Republik: Artikel 86 des Gesetzes Nr. 99/1963 Slg., Zivilprozessordnung *(občanský soudní řád)*, in geänderter Fassung,
- in Dänemark: Artikel 246 Absätze 2 und 3 der Prozessordnung *(Lov om rettens pleje)*,
- in Deutschland: § 23 der Zivilprozessordnung,
- in Estland: Artikel 86 der Zivilprozessordnung *(tsiviilkohtumenetluse seadustik)*,
- in Griechenland: Artikel 40 der Zivilprozessordnung *(Κώδικας Πολιτικής Δικονομίας)*,
- in Frankreich: Artikel 14 und 15 des Zivilgesetzbuches *(Code civil)*,
- in Island: Artikel 32 Absatz 4 der Zivilprozessordnung *(Lög um meðferð einkamála nr. 91/1991)*,
- in Irland: Vorschriften, nach denen die Zuständigkeit durch Zustellung eines verfahrenseinleitenden Schriftstücks an den Beklagten während dessen vorübergehender Anwesenheit in Irland begründet wird,
- in Italien: Artikel 3 und 4 des Gesetzes Nr. 218 vom 31. Mai 1995,
- in Zypern: Abschnitt 21 Absatz 2 des Gerichtsgesetzes Nr. 14 von 1960 in geänderter Fassung,
- in Lettland: Abschnitt 27 und Abschnitt 28 Absätze 3, 5, 6 und 9 der Zivilprozessordnung *(Civilprocesa likums)*,
- in Litauen: Artikel 31 der Zivilprozessordnung *(Civilinio proceso kodeksas)*,
- in Luxemburg: Artikel 14 und 15 des Zivilgesetzbuches *(Code civil)*,
- in Ungarn: Artikel 57 der Gesetzesverordnung Nr. 13 von 1979 über Internationales Privatrecht *(a nemzetközi magánjogról szóló 1979. évi 13. törvényerejű rendelet)*,
- in Malta: Artikel 742, 743 und 744 der Gerichtsverfassungs- und Zivilprozessordnung – Kapitel 12 *(Kodiċi ta' Organizzazzjoni u Proċedura Ċivili – Kap. 12)* und Artikel 549 des Handelsgesetzbuches – Kapitel 13 *(Kodiċi talkummerċ – Kap. 13)*,
- in Norwegen: Abschnitt 4–3 Absatz 2 Satz 2 der Prozessordnung *(tvisteloven)*,
- in Österreich: § 99 der Jurisdiktionsnorm,

- in Polen: Artikel 1103 und 1110 der Zivilprozessordnung *(Kodeks postępowania cywilnego)*, insofern als die Zuständigkeit nach diesen Artikeln begründet wird aufgrund des Wohnsitzes des Beklagten in Polen, des Vorhandenseins von Vermögenswerten oder vermögensrechtlichen Ansprüchen des Beklagten in Polen, des Umstands, dass sich der Streitgegenstand in Polen befindet oder aufgrund des Umstands, dass eine Partei die polnische Staatsangehörigkeit besitzt,
- in Portugal: Artikel 65 und Artikel 65A der Zivilprozessordnung *(Código de Processo Civil)* und Artikel 11 der Arbeitsprozessordnung *(Código de Processo de Trabalho)*,
- in Rumänien: die Artikel 148–157 des Gesetzes Nr. 105/1992 über internationale privatrechtliche Beziehungen,
- in Slowenien: Artikel 48 Absatz 2 des Gesetzes über Internationales Privat- und Zivilprozessrecht *(Zakon o medarodnem zasebnem pravu in postopku)* in Bezug auf Artikel 47 Absatz 2 der Zivilprozessordnung *(Zakon o pravdnem postopku)* und Artikel 58 des Gesetzes über Internationales Privatrecht und die Prozessordnung *(Zakon o medarodnem zasebnem pravu in postopku)* in Bezug auf Artikel 59 der Zivilprozessordnung *(Zakon o pravdnem postopku)*,
- in der Slowakei: die Artikel 37–37e des Gesetzes Nr. 97/1963 über Internationales Privatrecht und die entsprechenden Verfahrensvorschriften,
- in der Schweiz: der Gerichtsstand des Arrestortes/for du lieu du séquestre/foro del luogo del sequestro im Sinne von Artikel 4 des Bundesgesetzes über das internationale Privatrecht/loi fédérale sur le droit international privé//legge federale sul diritto internazionale privato,
- in Finnland: Kapitel 10 § 1 Absatz 1 Sätze 2, 3 und 4 der Prozessordnung *(oikeudenkäymiskaari/rättegångsbalken)*,
- in Schweden: Kapitel 10 § 3 Absatz 1 Satz 1 der Prozessordnung *(rättegångsbalken)*,
- im Vereinigten Königreich: Vorschriften, nach denen die Zuständigkeit begründet wird durch:
  a) die Zustellung eines verfahrenseinleitenden Schriftstücks an den Beklagten während dessen vorübergehender Anwesenheit im Vereinigten Königreich,
  b) das Vorhandensein von Vermögenswerten des Beklagten im Vereinigten Königreich oder
  c) die Beschlagnahme von Vermögenswerten im Vereinigten Königreich durch den Kläger.

Protokoll 3 *ÜBEREINKOMMEN*
Anhang II

Anträge nach Artikel 39 des Übereinkommens sind bei folgenden Gerichten oder zuständigen Behörden einzureichen:
- in Belgien beim *tribunal de première instance* oder bei der *rechtbank van eerste aanleg* oder beim *erstinstanzlichen Gericht*,
- in Bulgarien beim *Софийски градски съд*,
- in der Tschechischen Republik beim *Okresní soud* oder *soudní exekutor*,
- in Dänemark beim *Byret*,
- in Deutschland:
    a) beim Vorsitzenden einer Kammer des *Landgerichts*,
    b) bei einem Notar für die Vollstreckbarerklärung einer öffentlichen Urkunde,
- in Estland beim *Maakohus*,
- in Griechenland beim *Μονομελές Πρωτοδικείο*,
- in Spanien beim *Juzgado de Primera Instancia*,
- in Frankreich:
    a) beim *greffier en chef du tribunal de grande instance*,
    b) beim *président de la chambre départementale des notaires* im Falle eines Antrags auf Vollstreckbarerklärung einer notariellen öffentlichen Urkunde,
- in Irland beim *High Court*,
- in Island beim *héraðsdómur*,
- in Italien bei der *Corte d'appello*,
- in Zypern beim *Επαρχιακό Δικαστήριο* oder für Entscheidungen in Unterhaltssachen beim *Οικογενειακό Δικαστήριο*,
- in Lettland beim *Rajona (pilsētas) tiesa*,
- in Litauen beim *Lietuvos apeliacinis teismas*,
- in Luxemburg beim Präsidenten des *tribunal d'arrondissement*,
- in Ungarn beim *megyei bíróság székhelyén működő helyi bíróság* und in Budapest beim *Budai Központi Kerületi Bíróság*,
- in Malta beim *Prim' Awla tal-Qorti Ċivili* oder *Qorti tal-Maġistrati ta' Għawdex fil-ġurisdizzjoni superjuri tagħha*, oder für Entscheidungen in Unterhaltssachen beim *Reġistratur tal-Qorti* auf Befassung durch den *Ministru responsabbli għall-Ġustizzja*,
- in den Niederlanden beim *voorzieningenrechter van de rechtbank*,
- in Norwegen beim *Tingrett*,
- in Österreich beim *Bezirksgericht*,
- in Polen beim *Sąd Okręgowy*,
- in Portugal beim *Tribunal de Comarca*,
- in Rumänien beim *Tribunal*,
- in Slowenien beim *Okrožno sodišče*,
- in der Slowakei beim *okresný súd*,

- in der Schweiz
  a) für Entscheidungen, die zu einer Geldleistung verpflichten, beim *Rechtsöffnungsrichter/juge de la mainlevée/giudice competente a pronunciare sul rigetto dell'opposizione* im Rahmen des Rechtsöffnungsverfahrens nach den Artikeln 80 und 81 des *Bundesgesetzes über Schuldbetreibung und Konkurs/loi fédérale sur la poursuite pour dettes et la faillite/legge federale sulla esecuzione e sul fallimento,*
  b) für Entscheidungen, die nicht auf Zahlung eines Geldbetrags lauten, beim zuständigen *kantonalen Vollstreckungsrichter/juge cantonal d'exequatur compétent/giudice cantonale competente a pronunciare l'exequatur,*[1]
- in Finnland beim *Käräjäoikeus/tingsrätt,*
- in Schweden beim *Svea hovrätt,*
- im Vereinigten Königreich:
  a) in England und Wales beim *High Court of Justice* oder für Entscheidungen in Unterhaltssachen beim *Magistrates' Court* über den *Secretary of State,*
  b) in Schottland beim *Court of Session* oder für Entscheidungen in Unterhaltssachen beim *Sheriff Court* über den *Secretary of State,*
  c) in Nordirland beim *High Court of Justice* oder für Entscheidungen in Unterhaltssachen beim *Magistrates' Court* über den *Secretary of State,*
  d) in Gibraltar beim *Supreme Court of Gibraltar* oder für Entscheidungen in Unterhaltssachen beim *Magistrates' Court* über den *Attorney General of Gibraltar.*

---

[1] Die Erklärung der Schweiz wird anlässlich der Ratifikation durch folgenden Text ersetzt: «– in der Schweiz beim kantonalen Vollstreckungsgericht,»

Protokoll 3   *ÜBEREINKOMMEN*
Anhang III

Die Rechtsbehelfe nach Artikel 43 Absatz 2 des Übereinkommens sind bei folgenden Gerichten einzulegen:
- in Belgien:
  a) im Falle des Schuldners beim *tribunal de première instance* oder bei der *rechtbank van eerste aanleg* oder beim *erstinstanzlichen Gericht*,
  b) im Falle des Antragstellers bei der *cour d'appel* oder beim *hof van beroep*,
- in Bulgarien beim *Апелативен съд – София*,
- in der Tschechischen Republik beim *Odvolací soud* (Berufungsgericht) über *Okresní soud* (Bezirksgericht),
- in Dänemark beim *landsret*,
- in Deutschland beim *Oberlandesgericht*,
- in Estland beim *Ringkonnakohus*,
- in Griechenland beim *Εφετείο*,
- in Spanien bei der *Audiencia Provincial* über das *Juzgado de Primera Instancia*, das die Entscheidung erlassen hat,
- in Frankreich:
  a) bei der *Cour d'appel* in Bezug auf Entscheidungen zur Genehmigung des Antrags,
  b) beim vorsitzenden Richter des *Tribunal de grande instance* in Bezug auf Entscheidungen zur Ablehnung des Antrags,
- in Irland beim *High Court*,
- in Island beim *heradsdomur*,
- in Italien bei der *Corte d'appello*,
- in Zypern beim *Επαρχιακό Δικαστήριο* oder für Entscheidungen in Unterhaltssachen beim *Οικογενειακό Δικαστήριο*,
- in Lettland beim *Apgabaltiesa* über das *rajona (pilsētas) tiesa*,
- in Litauen beim *Lietuvos apeliacinis teismas*,
- in Luxemburg bei der *Cour supérieure de Justice* als Berufungsinstanz für Zivilsachen,
- in Ungarn bei dem Amtsgericht am Sitz des Landgerichts (in Budapest bei dem *Budai Központi Kerületi Bíróság*, dem zentralen Bezirksgericht von Buda); über den Rechtsbehelf entscheidet das Landgericht (in Budapest der *Fővárosi Bíróság*, das Hauptstadtgericht),
- in Malta beim *Qorti ta' l-Appell* nach dem in der Zivilprozessordnung *(Kodići ta' Organizzazzjoni u Proċedura Ċivili – Kap. 12)* festgelegten Verfahren oder für Entscheidungen in Unterhaltssachen durch *ċitazzjoni* vor dem *Prim' Awla tal-Qorti ivili jew il-Qorti tal-Maġistrati ta' Għawdex filġurisdizzjoni superjuri tagħha'*,
- in den Niederlanden: die *rechtbank*,
- in Norwegen beim *lagmannsrett*,
- in Österreich beim *Landesgericht* über das *Bezirksgericht*,
- in Polen beim *Sąd Apelacyjny* über das *Sąd Okręgowy*,

LugÜ **Protokoll 3
Anhang III**

- in Portugal beim *Tribunal da Relação* über das Gericht, das die Entscheidung erlassen hat,
- in Rumänien bei der *Curte de Apel*,
- in Slowenien beim *okrožno sodišče*,
- in der Slowakei beim *Berufungsgericht*, über das *Bezirksgericht*, gegen dessen Entscheidung Berufung eingelegt wird,
- in der Schweiz beim *Kantonsgericht/tribunal cantonal/tribunale cantonale*,[1)]
- in Finnland beim *hovioikeus/hovrätt*,
- in Schweden beim *Svea hovrätt*,
- im Vereinigten Königreich:
  a) in England und Wales beim *High Court of Justice* oder für Entscheidungen in Unterhaltssachen beim *Magistrates' Court*,
  b) in Schottland beim *Court of Session* oder für Entscheidungen in Unterhaltssachen beim *Sheriff Court*,
  c) in Nordirland beim *High Court of Justice* oder für Entscheidungen in Unterhaltssachen beim *Magistrates' Court*,
  d) in Gibraltar beim *Supreme Court of Gibraltar* oder für Entscheidungen in Unterhaltssachen beim *Magistrates' Court*.

[1)] Die Erklärung der Schweiz wird anlässlich der Ratifikation durch folgenden Text ersetzt: «– in der Schweiz beim oberen kantonalen Gericht,»

**Protokoll 3
Anhang IV**

ÜBEREINKOMMEN

Nach Artikel 44 des Übereinkommens können folgende Rechtsbehelfe eingelegt werden:
- in Belgien, Griechenland, Spanien, Frankreich, Italien, Luxemburg und den Niederlanden: *Kassationsbeschwerde*,
- in Bulgarien: *обжалване пред Върховния касационен съд*,
- in der Tschechischen Republik: *dovolání und žaloba pro zmatečnost*,
- in Dänemark: ein Rechtsbehelf beim *højesteret* nach Genehmigung des *Procesbevillingsnævnet*,
- in Deutschland: *Rechtsbeschwerde*,
- in Estland: *kassatsioonikaebus*,
- in Irland: ein auf Rechtsfragen beschränkter Rechtsbehelf beim *Supreme Court*,
- in Island: ein Rechtsbehelf beim *Hæstiréttur*,
- in Zypern: ein Rechtsbehelf beim obersten Gericht,
- in Lettland: ein Rechtsbehelf beim *Augstākās tiesas Senāts* über das *Apgabaltiesa*,
- in Litauen: ein Rechtsbehelf beim *Lietuvos Aukščiausiasis Teismas*,
- in Ungarn: *felülvizsgálati kérelem*,
- in Malta: Es können keine weiteren Rechtsbehelfe eingelegt werden; bei Entscheidungen in Unterhaltssachen *Qorti ta' l-Appell* nach dem in der Gerichtsverfassungs- und Zivilprozessordnung *(kodiċi ta' Organizzazzjoni u Procedura Ċivili – Kap. 12)* für Rechtsbehelfe festgelegten Verfahren,
- in Norwegen: ein Rechtsbehelf beim *Høyesteretts Ankeutvalg* oder *Høyesterett*,
- in Österreich: *Revisionsrekurs*,
- in Polen: *skarga kasacyjna*,
- in Portugal: ein auf Rechtsfragen beschränkter Rechtsbehelf,
- in Rumänien: *contestatie in anulare* oder *revizuire*,
- in Slowenien: ein Rechtsbehelf beim *Vrhovno sodišče Republike Slovenije*,
- in der Slowakei: *dovolanie*,
- in der Schweiz: Beschwerde beim *Bundesgericht/recours devant le Tribunal fédéral/ricorso davanti al Tribunale federale*,
- in Finnland: ein Rechtsbehelf beim *korkein oikeus/högsta domstolen*,
- in Schweden: ein Rechtsbehelf beim *Högsta domstolen*,
- im Vereinigten Königreich: ein einziger auf Rechtsfragen beschränkter Rechtsbehelf.

Bescheinigung über Urteile und gerichtliche Vergleiche im Sinne der Artikel 54 und 58 des Übereinkommens über die gerichtliche Zuständigkeit und die Anerkennung und Vollstreckung von Entscheidungen in Zivil- und Handelssachen

1. Ursprungsstaat: ....
2. Gericht oder sonst befugte Stelle, das/die die vorliegende Bescheinigung ausgestellt hat
   2.1 Name: ....
   2.2 Anschrift: ....
   2.3 Tel./Fax/E-Mail: ....
3. Gericht, das die Entscheidung erlassen hat/vor dem der Prozessvergleich geschlossen wurde*⁾
   3.1 Bezeichnung des Gerichts: ....
   3.2 Gerichtsort: ....
4. Entscheidung/Prozessvergleich*⁾
   4.1 Datum: ....
   4.2 Aktenzeichen: ....
   4.3 Die Parteien der Entscheidung/des Prozessvergleichs*⁾
       4.3.1 Name(n) des (der) Kläger(s): ....
       4.3.2 Name(n) des (der) Beklagten: ....
       4.3.3 gegebenenfalls Name(n)
             der anderen Partei(en): ....
   4.4 Datum der Zustellung des verfahrenseinleitenden Schriftstücks, wenn die Entscheidung in einem Verfahren ergangen ist, auf das sich der Beklagte nicht eingelassen hat
   4.5 Wortlaut des Urteilsspruchs/des Prozessvergleichs*⁾ in der Anlage zu dieser Bescheinigung
5. Namen der Parteien, denen Prozesskostenhilfe gewährt wurde:
   ....
   ....

Die Entscheidung/der Prozessvergleich*⁾ ist im Ursprungsstaat vollstreckbar (Art. 38 und 58 des Übereinkommens) gegen:
Name: ....

Geschehen zu ...., am ....
Unterschrift und/oder Dienstsiegel

*⁾ Nichtzutreffendes
  streichen.   ....

Protokoll 3 Anhang VI

ÜBEREINKOMMEN

Bescheinigung über öffentliche Urkunden im Sinne des Artikels 57 Absatz 4 des Übereinkommens über die gerichtliche Zuständigkeit und die Anerkennung und Vollstreckung von Entscheidungen in Zivil- und Handelssachen

1. Ursprungsstaat: ....
2. Gericht oder sonst befugte Stelle, das/die die vorliegende Bescheinigung ausgestellt hat
   2.1 Name: ....
   2.2 Anschrift: ....
   2.3 Tel./Fax/E-Mail: ....
3. Befugte Stelle, aufgrund deren Mitwirkung eine öffentliche Urkunde vorliegt
   3.1 Stelle, die an der Aufnahme der öffentlichen Urkunde beteiligt war (falls zutreffend)
      3.1.1 Name und Bezeichnung dieser Stelle: ....
      3.1.2 Sitz dieser Stelle: ....
   3.2 Stelle, die die öffentliche Urkunde registriert hat (falls zutreffend)
      3.2.1 Art der Stelle: ....
      3.2.2 Sitz dieser Stelle: ....
4. Öffentliche Urkunde
   4.1 Bezeichnung der Urkunde: ....
   4.2 Datum: ....
      4.2.1 an dem die Urkunde aufgenommen wurde
      4.2.2 falls abweichend: an dem die Urkunde registriert wurde
   4.3 Aktenzeichen: ....
   4.4 Die Parteien der Urkunde
      4.4.1 Name des Gläubigers: ....
      4.4.2 Name des Schuldners: ....
5. Wortlaut der vollstreckbaren Verpflichtung in der Anlage zu dieser Bescheinigung

Die öffentliche Urkunde ist im Ursprungsstaat gegen den Schuldner vollstreckbar (Art. 57 Abs. 1 des Übereinkommens)

Geschehen zu ...., am ....
Unterschrift und/oder Dienstsiegel

....

Protokoll 3
Anhang VII

Die nachstehenden Übereinkünfte werden gemäss Artikel 65 des Übereinkommens durch das Übereinkommen ersetzt:
- der am 19. November 1896 in Madrid unterzeichnete spanisch-schweizerische Vertrag über die gegenseitige Vollstreckung gerichtlicher Urteile und Entscheidungen in Zivil- und Handelssachen,
- der am 21. Dezember 1926 in Bern unterzeichnete Vertrag zwischen der Schweiz und der Tschechoslowakischen Republik über die Anerkennung und Vollstreckung gerichtlicher Entscheidungen mit Zusatzprotokoll,
- das am 2. November 1929 in Bern unterzeichnete deutsch-schweizerische Abkommen über die gegenseitige Anerkennung und Vollstreckung von gerichtlichen Entscheidungen und Schiedssprüchen,
- das am 16. März 1932 in Kopenhagen unterzeichnete Übereinkommen zwischen Dänemark, Finnland, Island, Norwegen und Schweden über die Anerkennung und Vollstreckung gerichtlicher Entscheidungen,
- das am 3. Januar 1933 in Rom unterzeichnete italienisch-schweizerische Abkommen über die Anerkennung und Vollstreckung gerichtlicher Entscheidungen,
- das am 15. Januar 1936 in Stockholm unterzeichnete schwedisch-schweizerische Abkommen über die Anerkennung und Vollstreckung von gerichtlichen Entscheidungen und Schiedssprüchen,
- das am 29. April 1959 in Bern unterzeichnete belgisch-schweizerische Abkommen über die Anerkennung und Vollstreckung von gerichtlichen Entscheidungen und Schiedssprüchen,
- der am 16. Dezember 1960 in Bern unterzeichnete österreichisch-schweizerische Vertrag über die Anerkennung und Vollstreckung gerichtlicher Entscheidungen,
- das am 12. Juni 1961 in London unterzeichnete britisch-norwegische Abkommen über die gegenseitige Anerkennung und Vollstreckung gerichtlicher Entscheidungen in Zivilsachen,
- der am 17. Juni 1977 in Oslo unterzeichnete deutsch-norwegische Vertrag über die gegenseitige Anerkennung und Vollstreckung gerichtlicher Entscheidungen und anderer Schuldtitel in Zivil- und Handelssachen,
- das am 11. Oktober 1977 in Kopenhagen unterzeichnete Übereinkommen zwischen Dänemark, Finnland, Island, Norwegen und Schweden über die Anerkennung und Vollstreckung gerichtlicher Entscheidungen in Zivilsachen,
- das am 21. Mai 1984 in Wien unterzeichnete norwegisch-österreichische Abkommen über die Anerkennung und die Vollstreckung von Entscheidungen in Zivilsachen.

**Protokoll 3
Anhang VIII**

ÜBEREINKOMMEN

Sprachen im Sinne des Artikels 79 des Übereinkommens sind: Bulgarisch, Tschechisch, Dänisch, Niederländisch, Englisch, Estnisch, Finnisch, Französisch, Deutsch, Griechisch, Ungarisch, Isländisch, Irisch, Italienisch, Lettisch, Litauisch, Maltesisch, Norwegisch, Polnisch, Portugiesisch, Rumänisch, Slowakisch, Slowenisch, Spanisch und Schwedisch.

Die Staaten und Vorschriften im Sinne des Artikels II des Protokolls 1 sind folgende:
- Deutschland: §§ 68, 72, 73 und 74 der Zivilprozessordnung, die für die Streitverkündung gelten,
- Österreich: § 21 der Zivilprozessordnung, der für die Streitverkündung gilt,
- Ungarn: Artikel 58–60 der Zivilprozessordnung *(Polgári perrendtartás)*, die für die Streitverkündung gelten,
- Schweiz (in Bezug auf jene Kantone, deren Zivilprozessordnung keine Zuständigkeit im Sinne von Artikel 6 Nummer 2 und Artikel 11 des Übereinkommens vorsieht): die einschlägigen Vorschriften der anwendbaren Zivilprozessordnung über die Streitverkündung *(litis denuntiatio)*.[1]

Für Dänemark/For regeringen for Kongeriget Danmark

...

Für die Europäische Gemeinschaft

...

Für Island/Fyrir ríkisstjórn l′yäveldisins Íslands

...

Für das Königreich Norwegen/For Kongeriket Norges Regjering

...

Für die Regierung der Schweizerischen Eidgenossenschaft/
Pour le gouvernement de la Confédération suisse/
Per il governo della Confederazione svizzera

...

---

[1] Die Erklärung der Schweiz wird anlässlich der Ratifikation gestrichen.

Übersetzung[1]

ÜBEREINKOMMEN ÜBER DIE ZUSTELLUNG GERICHTLICHER UND AUSSERGERICHTLICHER SCHRIFTSTÜCKE IM AUSLAND IN ZIVIL- ODER HANDELSSACHEN (HZÜ 65)
vom 15. November 1965

Abgeschlossen in Den Haag am 15. November 1965
Von der Bundesversammlung genehmigt am 9. Juni 1994[2]
Schweizerische Ratifikationsurkunde hinterlegt am 2. November 1994
Inkrafttreten für die Schweiz am 1. Januar 1995

(Stand am 1. Juli 2009)

Die Unterzeichnerstaaten dieses Übereinkommens,
in dem Wunsch, durch geeignete Massnahmen sicherzustellen, dass gerichtliche und aussergerichtliche Schriftstücke, die im Ausland zuzustellen sind, ihren Empfängern rechtzeitig zur Kenntnis gelangen,
in der Absicht, dafür die gegenseitige Rechtshilfe zu verbessern, indem das Verfahren vereinfacht und beschleunigt wird,
haben beschlossen, zu diesem Zweck ein Übereinkommen zu schliessen, und haben die folgenden Bestimmungen vereinbart:

Art. 1

Dieses Übereinkommen ist in Zivil- oder Handelssachen in allen Fällen anzuwenden, in denen ein gerichtliches oder aussergerichtliches Schriftstück zum Zweck der Zustellung ins Ausland zu übermitteln ist.

Das Übereinkommen gilt nicht, wenn die Adresse des Empfängers des Schriftstücks unbekannt ist.

AS **1994** 2809, **1995** 934; BBl **1993** III 1261
[1] Der französische Originaltext findet sich unter der gleichen Nummer in der entsprechenden Ausgabe dieser Sammlung.
[2] Art. 1 Abs. 1 des BB vom 9. Juni 1994 (AS **1994** 2807)

Kapitel I: Gerichtliche Schriftstücke

Art. 2

Jeder Vertragsstaat bestimmt eine zentrale Behörde, die nach den Artikeln 3 bis 6 Ersuchen um Zustellung von Schriftstücken aus einem anderen Vertragsstaat entgegenzunehmen und das Erforderliche zu veranlassen hat.

Jeder Staat richtet die zentrale Behörde nach Massgabe seines Rechts ein.

Art. 3

Die nach dem Recht des Ursprungsstaats zuständige Behörde oder der nach diesem Recht zuständige Justizbeamte richtet an die zentrale Behörde des ersuchten Staates ein Ersuchen, das dem diesem Übereinkommen als Anhang beigefügten Muster entspricht, ohne dass die Schriftstücke der Beglaubigung oder einer anderen entsprechenden Förmlichkeit bedürfen.

Dem Ersuchen ist das gerichtliche Schriftstück oder eine Abschrift davon beizufügen. Ersuchen und Schriftstück sind in zwei Exemplaren zu übermitteln.

Art. 4

Ist die zentrale Behörde der Ansicht, dass das Ersuchen nicht dem Übereinkommen entspricht, so unterrichtet sie unverzüglich die ersuchende Stelle und führt dabei die Einwände gegen das Ersuchen einzeln an.

Art. 5

Die Zustellung des Schriftstücks wird von der zentralen Behörde des ersuchten Staates bewirkt oder veranlasst, und zwar
a) entweder in einer der Formen, die das Recht des ersuchten Staates für die Zustellung der in seinem Hoheitsgebiet ausgestellten Schriftstücke an dort befindliche Personen vorschreibt, oder
b) in einer besonderen, von der ersuchenden Stelle gewünschten Form, es sei denn, dass diese Form mit dem Recht des ersuchten Staates unvereinbar ist.

Von dem Fall des Absatzes 1 Buchstabe b abgesehen, darf die Zustellung stets durch einfache Übergabe des Schriftstücks an den Empfänger bewirkt werden, wenn er zur Annahme bereit ist.

Ist das Schriftstück nach Absatz 1 zuzustellen, so kann die zentrale Behörde verlangen, dass das Schriftstück in der Amtssprache oder einer der Amtssprachen des ersuchten Staates abgefasst oder in diese übersetzt ist.

Der Teil des Ersuchens, der entsprechend dem diesem Übereinkommen als Anhang beigefügten Muster den wesentlichen Inhalt des Schriftstücks wiedergibt, ist dem Empfänger auszuhändigen.

Art. 6
Die zentrale Behörde des ersuchten Staates oder jede von diesem hierzu bestimmte Behörde stellt ein Zustellungszeugnis aus, das dem diesem Übereinkommen als Anhang beigefügten Muster entspricht.

Das Zeugnis enthält die Angaben über die Erledigung des Ersuchens; in ihm sind Form, Ort und Zeit der Erledigung sowie die Person anzugeben, der das Schriftstück übergeben worden ist. Gegebenenfalls sind die Umstände anzuführen, welche die Erledigung verhindert haben.

Die ersuchende Stelle kann verlangen, dass ein nicht durch die zentrale Behörde oder durch eine gerichtliche Behörde ausgestelltes Zeugnis mit einem Sichtvermerk einer dieser Behörden versehen wird.

Das Zeugnis wird der ersuchenden Stelle unmittelbar zugesandt.

Art. 7
Die vorgedruckten Teile des diesem Übereinkommen beigefügten Musters müssen in englischer oder französischer Sprache abgefasst sein. Sie können ausserdem in der Amtssprache oder einer der Amtssprachen des Ursprungsstaats abgefasst sein.

Die Eintragungen können in der Sprache des ersuchten Staates oder in englischer oder französischer Sprache gemacht werden.

Art. 8
Jedem Vertragsstaat steht es frei, Personen, die sich im Ausland befinden, gerichtliche Schriftstücke unmittelbar durch seine diplomatischen oder konsularischen Vertreter ohne Anwendung von Zwang zustellen zu lassen.

Jeder Staat kann erklären, dass er einer solchen Zustellung in seinem Hoheitsgebiet widerspricht, ausser wenn das Schriftstück einem Angehörigen des Ursprungsstaats zuzustellen ist.

Art. 9
Jedem Vertragsstaat steht es ferner frei, den konsularischen Weg zu benutzen, um gerichtliche Schriftstücke zum Zweck der Zustellung den Behörden eines anderen Vertragsstaats, die dieser hierfür bestimmt hat, zu übermitteln.

Wenn aussergewöhnliche Umstände dies erfordern, kann jeder Vertragsstaat zu demselben Zweck den diplomatischen Weg benutzen.

Art. 10

Dieses Übereinkommen schliesst, sofern der Bestimmungsstaat keinen Widerspruch erklärt, nicht aus,
a) dass gerichtliche Schriftstücke im Ausland befindlichen Personen unmittelbar durch die Post übersandt werden dürfen,
b) dass Justizbeamte, andere Beamte oder sonst zuständige Personen des Ursprungsstaats Zustellungen unmittelbar durch Justizbeamte, andere Beamte oder sonst zuständige Personen des Bestimmungsstaats bewirken lassen dürfen,
c) dass jeder an einem gerichtlichen Verfahren Beteiligte Zustellungen gerichtlicher Schriftstücke unmittelbar durch Justizbeamte, andere Beamte oder sonst zuständige Personen des Bestimmungsstaats bewirken lassen darf.

Art. 11

Dieses Übereinkommen schliesst nicht aus, dass Vertragsstaaten vereinbaren, zum Zweck der Zustellung gerichtlicher Schriftstücke andere als die in den vorstehenden Artikeln vorgesehenen Übermittlungswege zuzulassen, insbesondere den unmittelbaren Verkehr zwischen ihren Behörden.

Art. 12

Für Zustellungen gerichtlicher Schriftstücke aus einem Vertragsstaat darf die Zahlung oder Erstattung von Gebühren und Auslagen für die Tätigkeit des ersuchten Staates nicht verlangt werden.

Die ersuchende Stelle hat jedoch die Auslagen zu zahlen oder zu erstatten, die dadurch entstehen,
a) dass bei der Zustellung ein Justizbeamter oder eine nach dem Recht des Bestimmungsstaats zuständige Person mitwirkt,
b) dass eine besondere Form der Zustellung angewendet wird.

Art. 13

Die Erledigung eines Zustellungsersuchens nach diesem Übereinkommen kann nur abgelehnt werden, wenn der ersuchte Staat sie für geeignet hält, seine Hoheitsrechte oder seine Sicherheit zu gefährden.

Die Erledigung darf nicht allein aus dem Grund abgelehnt werden, dass der ersuchte Staat nach seinem Recht die ausschliessliche Zuständigkeit seiner Gerichte für die Sache in Anspruch nimmt oder ein Verfahren nicht kennt, das dem entspricht, für das das Ersuchen gestellt wird.

Über die Ablehnung unterrichtet die zentrale Behörde unverzüglich die ersuchende Stelle unter Angabe der Gründe.

Art. 14

Schwierigkeiten, die aus Anlass der Übermittlung gerichtlicher Schriftstücke zum Zweck der Zustellung entstehen, werden auf diplomatischem Weg beigelegt.

Art. 15

War zur Einleitung eines gerichtlichen Verfahrens eine Vorladung oder ein entsprechendes Schriftstück nach diesem Übereinkommen zum Zweck der Zustellung ins Ausland zu übermitteln und hat sich der Beklagte nicht auf das Verfahren eingelassen, so hat der Richter das Verfahren auszusetzen, bis festgestellt ist,
a) dass das Schriftstück in einer der Formen zugestellt worden ist, die das Recht des ersuchten Staates für die Zustellung der in seinem Hoheitsgebiet ausgestellten Schriftstücke an dort befindliche Personen vorschreibt, oder
b) dass das Schriftstück entweder dem Beklagten selbst oder aber in seiner Wohnung nach einem anderen in diesem Übereinkommen vorgesehenen Verfahren übergeben worden ist

und dass in jedem dieser Fälle das Schriftstück so rechtzeitig zugestellt oder übergeben worden ist, dass der Beklagte sich hätte verteidigen können.

Jedem Vertragsstaat steht es frei zu erklären, dass seine Richter ungeachtet des Absatzes 1 den Rechtsstreit entscheiden können, auch wenn ein Zeugnis über die Zustellung oder die Übergabe nicht eingegangen ist, vorausgesetzt,
a) dass das Schriftstück nach einem in diesem Übereinkommen vorgesehenen Verfahren übermittelt worden ist,
b) dass seit der Absendung des Schriftstücks eine Frist verstrichen ist, die der Richter nach den Umständen des Falles als angemessen erachtet und die mindestens sechs Monate betragen muss, und
c) dass trotz aller zumutbaren Schritte bei den zuständigen Behörden des ersuchten Staates ein Zeugnis nicht zu erlangen war.

Dieser Artikel hindert nicht, dass der Richter in dringenden Fällen vorläufige Massnahmen, einschliesslich solcher, die auf eine Sicherung gerichtet sind, anordnet.

Art. 16

War zur Einleitung eines gerichtlichen Verfahrens eine Vorladung oder ein entsprechendes Schriftstück nach diesem Übereinkommen zum Zweck der Zustellung ins Ausland zu übermitteln und ist eine Entscheidung gegen den Beklagten ergangen, der sich nicht auf das Verfahren eingelassen hat, so kann ihm der Richter in Bezug auf Rechtsmittelfristen die Wiedereinsetzung in den vorigen Stand bewilligen, vorausgesetzt,

a) dass der Beklagte ohne sein Verschulden nicht so rechtzeitig Kenntnis von dem Schriftstück erlangt hat, dass er sich hätte verteidigen können, und nicht so rechtzeitig Kenntnis von der Entscheidung, dass er sie hätte anfechten können, und

b) dass die Verteidigung des Beklagten nicht von vornherein aussichtslos scheint.

Der Antrag auf Wiedereinsetzung in den vorigen Stand ist nur zulässig, wenn der Beklagte ihn innerhalb einer angemessenen Frist stellt, nachdem er von der Entscheidung Kenntnis erlangt hat.

Jedem Vertragsstaat steht es frei zu erklären, dass dieser Antrag nach Ablauf einer in der Erklärung festgelegten Frist unzulässig ist, vorausgesetzt, dass diese Frist nicht weniger als ein Jahr beträgt, vom Erlass der Entscheidung an gerechnet.

Dieser Artikel ist nicht auf Entscheidungen anzuwenden, die den Personenstand betreffen.

Kapitel II: Aussergerichtliche Schriftstücke

Art. 17

Aussergerichtliche Schriftstücke, die von Behörden und Justizbeamten eines Vertragsstaats stammen, können zum Zweck der Zustellung in einem anderen Vertragsstaat nach den in diesem Übereinkommen vorgesehenen Verfahren und Bedingungen übermittelt werden.

Kapitel III: Allgemeine Bestimmungen

Art. 18

Jeder Vertragsstaat kann ausser der zentralen Behörde weitere Behörden bestimmen, deren Zuständigkeit er festlegt.

Die ersuchende Stelle hat jedoch stets das Recht, sich unmittelbar an die zentrale Behörde zu wenden.

Bundesstaaten steht es frei, mehrere zentrale Behörden zu bestimmen.

Art. 19

Dieses Übereinkommen schliesst nicht aus, dass das innerstaatliche Recht eines Vertragsstaats ausser den in den vorstehenden Artikeln vorgesehenen auch andere Verfahren zulässt, nach denen Schriftstücke aus dem Ausland zum Zweck der Zustellung in seinem Hoheitsgebiet übermittelt werden können.

Art. 20

Dieses Übereinkommen schliesst nicht aus, dass Vertragsstaaten vereinbaren, von folgenden Bestimmungen abzuweichen:
a) Artikel 3 Absatz 2 in Bezug auf das Erfordernis, die Schriftstücke in zwei Exemplaren zu übermitteln,
b) Artikel 5 Absatz 3 und Artikel 7 in Bezug auf die Verwendung von Sprachen,
c) Artikel 5 Absatz 4,
d) Artikel 12 Absatz 2.

Art. 21

Jeder Vertragsstaat notifiziert dem Ministerium für Auswärtige Angelegenheiten der Niederlande bei der Hinterlegung seiner Ratifikations- oder Beitrittsurkunde oder zu einem späteren Zeitpunkt
a) die Bezeichnung der Behörden nach den Artikeln 2 und 18,
b) die Bezeichnung der Behörde, die das in Artikel 6 vorgesehene Zustellungszeugnis ausstellt,
c) die Bezeichnung der Behörde, die Schriftstücke entgegennimmt, die nach Artikel 9 auf konsularischem Weg übermittelt werden.

Er notifiziert gegebenenfalls auf gleiche Weise
a) seinen Widerspruch gegen die Benutzung der in den Artikeln 8 und 10 vorgesehenen Übermittlungswege,
b) die in den Artikeln 15 Absatz 2 und 16 Absatz 3 vorgesehenen Erklärungen,
c) jede Änderung der vorstehend erwähnten Behördenbezeichnungen, Widersprüche und Erklärungen.

Art. 22

Dieses Übereinkommen tritt zwischen den Staaten, die es ratifiziert haben, an die Stelle der Artikel 1–7 der am 17. Juli 1905[1] und am 1. März 1954[2] in Den Haag unterzeichneten Übereinkünfte betreffend Zivilprozessrecht, soweit diese Staaten Vertragsparteien jener Übereinkünfte sind.

---

[1] SR **0.274.11**
[2] SR **0.274.12**

Art. 23

Dieses Übereinkommen berührt weder die Anwendung des Artikels 23 der am 17. Juli 1905 in Den Haag unterzeichneten Übereinkunft betreffend Zivilprozessrecht noch die Anwendung des Artikels 24 der am 1. März 1954 in Den Haag unterzeichneten Übereinkunft betreffend Zivilprozessrecht.

Diese Artikel sind jedoch nur anwendbar, wenn die in diesen Übereinkünften vorgesehenen Übermittlungswege benutzt werden.

Art. 24

Zusatzvereinbarungen zu den Übereinkünften von 1905 und 1954, die Vertragsstaaten geschlossen haben, sind auch auf das vorliegende Übereinkommen anzuwenden, es sei denn, dass die beteiligten Staaten etwas anderes vereinbaren.

Art. 25

Unbeschadet der Artikel 22 und 24 berührt dieses Übereinkommen nicht die Übereinkommen, denen die Vertragsstaaten angehören oder angehören werden und die Bestimmungen über Rechtsgebiete enthalten, die durch dieses Übereinkommen geregelt sind.

Art. 26

Dieses Übereinkommen liegt für die auf der Zehnten Tagung der Haager Konferenz für Internationales Privatrecht vertretenen Staaten zur Unterzeichnung auf.

Es bedarf der Ratifikation; die Ratifikationsurkunden werden beim Ministerium für Auswärtige Angelegenheiten der Niederlande hinterlegt.

Art. 27

Dieses Übereinkommen tritt am sechzigsten Tag nach der gemäss Artikel 26 Absatz 2 vorgenommenen Hinterlegung der dritten Ratifikationsurkunde in Kraft.

Das Übereinkommen tritt für jeden Unterzeichnerstaat, der es später ratifiziert, am sechzigsten Tag nach Hinterlegung seiner Ratifikationsurkunde in Kraft.

Art. 28

Jeder auf der Zehnten Tagung der Haager Konferenz für Internationales Privatrecht nicht vertretene Staat kann diesem Übereinkommen beitreten, nachdem es gemäss Artikel 27 Absatz 1 in Kraft getreten ist. Die Beitrittsurkunde wird beim Ministerium für Auswärtige Angelegenheiten der Niederlande hinterlegt.

Das Übereinkommen tritt für einen solchen Staat nur in Kraft, wenn keiner der Staaten, die es vor dieser Hinterlegung ratifiziert haben, dem Ministerium für Auswärtige Angelegenheiten der Niederlande binnen sechs Monaten, nachdem ihm das genannte Ministerium diesen Beitritt notifiziert hat, einen Einspruch notifiziert.

Erfolgt kein Einspruch, so tritt das Übereinkommen für den beitretenden Staat am ersten Tag des Monats in Kraft, der auf den Ablauf der letzten in Absatz 2 erwähnten Frist folgt.

Art. 29

Jeder Staat kann bei der Unterzeichnung, der Ratifikation oder dem Beitritt erklären, dass sich dieses Übereinkommen auf alle oder auf einzelne der Hoheitsgebiete erstreckt, deren internationale Beziehungen er wahrnimmt. Eine solche Erklärung wird wirksam, sobald das Übereinkommen für den Staat in Kraft tritt, der sie abgegeben hat.

Jede spätere Erstreckung dieser Art wird dem Ministerium für Auswärtige Angelegenheiten der Niederlande notifiziert.

Das Übereinkommen tritt für Hoheitsgebiete, auf die es erstreckt wird, am sechzigsten Tag nach der in Absatz 2 erwähnten Notifikation in Kraft.

Art. 30

Dieses Übereinkommen gilt für die Dauer von fünf Jahren, vom Tag seines Inkrafttretens nach Artikel 27 Absatz 1 an gerechnet, und zwar auch für die Staaten, die es später ratifizieren oder ihm später beitreten.

Die Geltungsdauer des Übereinkommens verlängert sich, ausser im Fall der Kündigung, stillschweigend um jeweils fünf Jahre.

Die Kündigung wird spätestens sechs Monate vor Ablauf der fünf Jahre dem Ministerium für Auswärtige Angelegenheiten der Niederlande notifiziert.

Sie kann sich auf bestimmte Hoheitsgebiete beschränken, für die das Übereinkommen gilt.

Die Kündigung wirkt nur für den Staat, der sie notifiziert hat. Für die anderen Vertragsstaaten bleibt das Übereinkommen in Kraft.

Art. 31

Das Ministerium für Auswärtige Angelegenheiten der Niederlande notifiziert den in Artikel 26 bezeichneten Staaten sowie den Staaten, die nach Artikel 28 beigetreten sind,

a) jede Unterzeichnung und Ratifikation nach Artikel 26;
b) den Tag, an dem dieses Übereinkommen nach Artikel 27 Absatz 1 in Kraft tritt;
c) jeden Beitritt nach Artikel 28 und den Tag, an dem er wirksam wird;
d) jede Erstreckung nach Artikel 29 und den Tag, an dem sie wirksam wird;
e) jede Behördenbezeichnung, jeden Widerspruch und jede Erklärung nach Artikel 21;
f) jede Kündigung nach Artikel 30 Absatz 3.

Zu Urkund dessen haben die hierzu gehörig befugten Unterzeichneten dieses Übereinkommen unterschrieben.

Geschehen in Den Haag am 15. November 1965 in englischer und französischer Sprache, wobei jeder Wortlaut gleichermassen verbindlich ist, in einer Urschrift, die im Archiv der Regierung der Niederlande hinterlegt und von der jedem auf der Zehnten Tagung der Haager Konferenz für Internationales Privatrecht vertretenen Staat auf diplomatischem Weg eine beglaubigte Abschrift übermittelt wird.

(Es folgen die Unterschriften)

Anhang zu dem Übereinkommen
Muster für das Ersuchen und das Zustellungszeugnis

Annexe à la convention
Formules de demande et d'attestation

Ersuchen
um Zustellung eines gerichtlichen oder aussergerichtlichen Schriftstücks im Ausland
Demande
aux fins de signification ou de notification à l'étranger d'un acte judiciaire ou extrajudiciaire

Übereinkommen über die Zustellung gerichtlicher und aussergerichtlicher Schriftstücke im Ausland in Zivil- oder Handelssachen,
unterzeichnet in Den Haag am 15. November 1965
Convention relative à la signification et à la notification à l'étranger des actes judiciaires et extrajudiciaires en matière civile ou commerciale,
signée à La Haye, le 15 novembre 1965

Bezeichnung und Adresse der ersuchenden Stelle *Identité et adresse du requérant*	Adresse der Bestimmungsbehörde *Adresse de l'autorité destinataire*

Die ersuchende Stelle beehrt sich, der Bestimmungsbehörde – in zwei Exemplaren – die unten angegebenen Schriftstücke mit der Bitte zu übersenden, davon nach Artikel 5 des Übereinkommens ein Exemplar unverzüglich dem Empfänger zustellen zu lassen, nämlich
Le requérant soussigné a l'honneur de faire parvenir – en double exemplaire – à l'autorité destinataire les documents ci-dessous énumérés, en la priant, conformément à l'art. 5 de la Convention précitée, d'en faire remettre sans retard un exemplaire au destinataire, à savoir:

Anhang *ÜBEREINKOMMEN*
Annexe

(Name und Adresse)
(identité et adresse)

a) in einer der gesetzlichen Formen (Art. 5 Abs. 1 Bst. a)^{*)}
   selon les formes légales (art. 5, alinéa premier, let. a)^{*)}
b) in der folgenden besonderen Form (Art. 5 Abs. 1 Bst. b)^{*)}
   selon la forme particulière suivante (art. 5, alinéa premier, let. b)^{*)}
c) gegebenenfalls durch einfache Übergabe (Art. 5 Abs. 2)^{*)}.
   le cas échéant, par remise simple (art. 5, al. 2)^{*)}.

....
....

Die Behörde wird gebeten, der ersuchenden Stelle ein Exemplar des Schriftstücks – und seiner Beilagen[*] – mit dem Zustellungszeugnis (auf der Rückseite) zurückzusenden oder zurücksenden zu lassen.
Cette autorité est priée de renvoyer ou de faire renvoyer au requérant un exemplaire de l'acte – et de ses annexes[*] – avec l'attestation figurant au verso.

Verzeichnis der Schriftstücke
Énumération des pièces

....
....

                    Ausgefertigt in ...., am ....
                    Fait à ...., le ....

                    Unterschrift und/oder Stempel
                    Signature et/ou cachet

                    ....

---

^{*)} Unzutreffendes streichen
   Rayer les mentions inutiles

HZÜ 65

Anhang
Annexe

Rückseite des Ersuchens
Verso de la demande

Zustellungszeugnis
Attestation

Die unterzeichnete Behörde beehrt sich, nach Artikel 6 des Übereinkommens zu bescheinigen,
L'autorité soussignée a l'honneur d'attester conformément à l'art. 6 de ladite Convention,

1. dass das Ersuchen erledigt worden ist*⁾
   que la demande a été exécutée⁾
   - am (Datum)
   - *le (date)*
   - in (Ort, Strasse, Nummer)
   - *à (localité, rue, numéro)*
   - in einer der folgenden Formen nach Artikel 5: ....
   - *dans une des formes suivantes prévues à l'art. 5:* ....

     a) in einer der gesetzlichen Formen (Art. 5 Abs. 1 Bst. a)*⁾.
        selon les formes légales (art. 5, alinéa premier, let. a)⁾.*

     b) in der folgenden besonderen Form*⁾:
        selon la forme particulière suivante⁾:*

     c) durch einfache Übergabe*⁾.
        par remise simple⁾.*

....
....

Die in dem Ersuchen erwähnten Schriftstücke sind übergeben worden an:
Les documents mentionnés dans la demande ont été remis à:
   - (Name und Stellung der Person)
     (identité et qualité de la personne)
   - Verwandtschafts-, Arbeits- oder sonstiges Verhältnis zum Zustellungsempfänger:
     liens de parenté, de subordination ou autres, avec le destinataire de l'acte:

....
....

---

*⁾ Unzutreffendes streichen
Rayer les mentions inutiles

Anhang *ÜBEREINKOMMEN*
Annexe

2. dass das Ersuchen aus folgenden Gründen nicht erledigt werden konnte*): ....
   que la demande n'a pas été exécutée, en raison des faits suivants): ....*

Nach Artikel 12 Absatz 2 des Übereinkommens wird die ersuchende Stelle gebeten, die Auslagen, die in der beiliegenden Aufstellung im einzelnen angegeben sind, zu zahlen oder zu erstatten*).
Conformément à l'art. 12, al. 2, de ladite Convention, le requérant est prié de payer ou de rembourser les frais dont de détail figure au mémoire ci-joint).*

Beilagen
Annexes

Zurückgesandte Schriftstücke:
Pièces renvoyées:

....
....

Gegebenenfalls Erledigungsstücke:
Le cas échéant, les documents justificatifs de l'exécution:

....
....

Ausgefertigt in ...., am ....
Fait à ...., le ....

Unterschrift und/oder Stempel
Signature et/ou cachet

....

---

*) Unzutreffendes streichen
   Rayer les mentions inutiles

HZÜ 65 **Anhang**
Annexe

Angaben über den wesentlichen Inhalt des zuzustellenden Schriftstücks
Eléments essentiels de l'acte

Übereinkommen über die Zustellung gerichtlicher und aussergerichtlicher Schriftstücke im Ausland in Zivil- oder Handelssachen, unterzeichnet in Den Haag am 15. November 1965
(Art. 5 Abs. 4)
Convention relative à la signification et à la notification à l'étranger des actes judiciaires et extrajudiciaires en matière civile ou commerciale, signée à La Haye, le 15 novembre 1965
(art. 5, al. 4)

Bezeichnung und Adresse der ersuchenden Stelle:
Nom et adresse de l'autorité requérante:

....
....

Bezeichnung der Parteien*⁾:
Identité des parties*⁾:

....
....

Gerichtliches Schriftstück**⁾
Acte judiciaire**⁾

Art und Gegenstand des Schriftstücks:
Nature et objet de l'acte:

....
....

Art und Gegenstand des Verfahrens, gegebenenfalls Betrag der geltend gemachten Forderung:
Nature et objet de l'instance, le cas échéant, le montant du litige:

....
....

---

*⁾ Gegebenenfalls Name und Adresse der an der Übersendung des Schriftstücks interessierten Person.
  S'il y a lieu, identité et adresse de la personne intéressée à la transmission de l'acte.
**⁾ Unzutreffendes streichen
  Rayer les mentions inutiles

Anhang *ÜBEREINKOMMEN*
Annexe

Termin und Ort für die Einlassung auf das Verfahren[*]:
Date et lieu de la comparution[*]:
....
....

Gericht, das die Entscheidung erlassen hat[*]:
Juridiction qui a rendu la décision[*]:
....
....

Datum der Entscheidung[*]: ....
Date de la décision[*]: ....

Im Schriftstück vermerkte Fristen[*]:
Indication des délais figurant dans l'acte[*]:
....
....

Aussergerichtliches Schriftstück[*]
Acte extrajudiciaire[*]

Art und Gegenstand des Schriftstücks:
Nature et objet de l'acte:
....
....

Im Schriftstück vermerkte Fristen[*]:
Indication des délais figurant dans l'acte[*]:
....
....

[*] Unzutreffendes streichen
 Rayer les mentions inutiles

Geltungsbereich am 1. Juli 2009[1]

Vertragsstaaten	Ratifikation Beitritt (B) Nachfolgeerklärung (N)		Inkrafttreten	
Ägypten*	12. Dezember	1968	10. Februar	1969
Albanien	1. November	2006 B	1. Juli	2007
Antigua und Barbuda*	17. Mai	1985 N	1. November	1981
Argentinien*	2. Februar	2001 B	1. Dezember	2001
Bahamas*	17. Juni	1997 B	1. Februar	1998
Barbados	27. September	1969 B	1. Oktober	1969
Belarus*	6. Juni	1997 B	1. Februar	1998
Belgien*	19. November	1970	18. Januar	1971
Bosnien und Herzegowina	16. Juni	2008 B	1. Februar	2009
Botsuana*	28. August	1969 B	1. September	1969
Bulgarien*	23. November	1999 B	1. August	2000
China*	6. Mai	1991 B	1. Januar	1992
Hongkong*[a]	16. Juni	1997	1. Juli	1997
Macau*[b]	10. Dezember	1999	20. Dezember	1999
Dänemark*	2. August	1969	1. Oktober	1969
Deutschland*	27. April	1979	26. Juni	1979
Estland*	2. Februar	1996 B	1. Oktober	1996
Finnland*	11. September	1969	10. November	1969
Frankreich*	3. Juli	1972	1. September	1972
Griechenland*	20. Juli	1983	18. September	1983
Indien*	23. November	2006 B	1. August	2007
Irland*	5. April	1994	4. Juni	1994
Island*	10. November	2008 B	1. Juli	2009
Israel*	14. August	1972	13. Oktober	1972
Italien*	25. November	1981	24. Januar	1982
Japan*	28. Mai	1970	27. Juli	1970
Kanada*	10. April	1989 B	1. Mai	1989
Korea (Süd-)*	13. Januar	2000 B	1. August	2000
Kroatien*	28. Februar	2006 B	1. November	2006
Kuwait*	8. Mai	2002 B	1. Dezember	2002
Lettland*	28. März	1995 B	1. November	1995
Litauen*	2. August	2000 B	1. Juni	2001
Luxemburg*	9. Juli	1975	7. September	1975
Malawi*	25. November	1972 B	1. Dezember	1972
Mexiko*	30. Mai	2000 B	1. Juni	2000
Monaco*	1. März	2007 B	1. November	2007

[1] Eine aktualisierte Fassung des Geltungsbereiches findet sich auf der Internetseite des EDA (http://www.eda.admin.ch/vertraege).

Geltungsbereich *ÜBEREINKOMMEN*

Vertragsstaaten	Ratifikation Beitritt (B) Nachfolgeerklärung (N)		Inkrafttreten	
Niederlande*	3. November	1975	2. Januar	1976
Aruba*	28. Mai	1986	27. Juli	1986
Norwegen*	2. August	1969	1. Oktober	1969
Pakistan*	6. Juli	1989 B	1. August	1989
Polen*	13. Februar	1996 B	1. September	1996
Portugal*	27. Dezember	1973	25. Februar	1974
Rumänien*	21. August	2003 B	1. April	2004
Russland*	1. Mai	2001 B	1. Dezember	2001
San Marino*	15. April	2002 B	1. November	2002
Schweden*	2. August	1969	1. Oktober	1969
Schweiz*	2. November	1994	1. Januar	1995
Seychellen*	18. Juni	1981 B	1. Juli	1981
Slowakei*	26. April	1993 N	1. Januar	1993
Slowenien*	18. September	2000 B	1. Juni	2001
Spanien**	4. Juni	1987	3. August	1987
Sri Lanka*	30. August	2000 B	1. Juni	2001
St. Vincent und die Grenadinen*	6. Januar	2005 N	27. Oktober	1979
Tschechische Republik*	28. Januar	1993 N	1. Januar	1993
Türkei*	28. Februar	1972	28. April	1972
Ukraine*	1. Februar	2001 B	1. Dezember	2001
Ungarn*	13. Juli	2004 B	1. April	2005
Venezuela*	29. Oktober	1993 B	1. Juli	1994
Vereinigte Staaten*	24. August	1967	10. Februar	1969
Commonwealth der Nördlichen Marianen	31. März	1994	30. Mai	1994
Vereinigtes Königreich*	17. November	1967	10. Februar	1969
Anguilla	30. Juli	1982	28. September	1982
Bermudas	20. Mai	1970	19. Juli	1970
Britisch-Honduras	20. Mai	1970	19. Juli	1970
Britische Jungferninseln	20. Mai	1970	19. Juli	1970
Britische Salomon-Inseln	20. Mai	1970	19. Juli	1970
Falklandinseln	20. Mai	1970	19. Juli	1970
Fidschi	20. Mai	1970	19. Juli	1970
Gibraltar	20. Mai	1970	19. Juli	1970
Gilbert- und Ellice-Inseln	20. Mai	1970	19. Juli	1970
Guernsey	20. Mai	1970	19. Juli	1970

Geltungsbereich

Vertragsstaaten	Ratifikation Beitritt (B) Nachfolgeerklärung (N)		Inkrafttreten	
Insel Man	20. Mai	1970	19. Juli	1970
Jersey	20. Mai	1970	19. Juli	1970
Kaimaninseln	20. Mai	1970	19. Juli	1970
Montserrat	20. Mai	1970	19. Juli	1970
Pitcairn-Inseln (Ducie, Oeno, Henderson und Pitcairn)	20. Mai	1970	19. Juli	1970
St. Christoph und Nevis (St. Kitts und Nevis)	2. März	1983	1. Mai	1983
St. Helena	20. Mai	1970	19. Juli	1970
St. Lucia	20. Mai	1970	19. Juli	1970
St. Vincent	20. Mai	1970	19. Juli	1970
Turks- und Caicosinseln	20. Mai	1970	19. Juli	1970
Zypern	15. Mai	1983 B	1. Juni	1983

* Vorbehalte und Erklärungen
** Einwendungen
   Die Vorbehalte, Erklärungen und Einwendungen werden in der AS nicht veröffentlicht, mit Ausnahme jener der Schweiz. Die französischen und englischen Texte können auf der Internet-Seite der Haager Konferenz: http://hcch.e-vision.nl/index_fr.php eingesehen oder bei der Direktion für Völkerrecht, Sektion Staatsverträge, 3003 Bern bezogen werden.

a Bis zum 30. Juni 1997 war das Übereinkommen auf Grund einer Ausdehnungserklärung des Vereinigten Königreiches in Hong Kong anwendbar. Seit dem 1. Juli 1997 bildet Hong Kong eine besondere Verwaltungsregion (SAR) der Volksrepublik China. Auf Grund der chinesisch-britischen Erklärung vom 19. Dezember 1984 bleiben diejenigen Abkommen, welche vor der Rückgabe an die Volksrepublik China in Hong Kong anwendbar waren, auch in der SAR anwendbar.

b Vom 11. Februar 1999 bis zum 19. Dezember 1999 war das Übereinkommen auf Grund einer Ausdehnungserklärung Portugals in Macau anwendbar. Seit dem 20. Dezember 1999 bildet Macau eine Besondere Verwaltungsregion (SAR) der Volksrepublik China. Auf Grund der chinesischen Erklärung vom 13. April 1987 ist das Übereinkommen seit dem 20. Dezember 1999 auch in der SAR Macau anwendbar.

Vorbehalte und Erklärungen

Schweiz[1]

1. Zu Artikel 1

Bezugnehmend auf Artikel 1 erachtet die Schweiz das Übereinkommen unter den Vertragsstaaten als ausschliesslich anwendbar. Sie betrachtet insbesondere die durchgriffsweise Zustellung an eine inländische nicht bevollmächtigte Rechtspersönlichkeit, welche als Ersatz für die Zustellung an eine ausländische Rechtspersönlichkeit dienen soll, als Umgehung des Übereinkommens, die namentlich mit den Artikeln 1 und 15 Absatz 1 Buchstabe b unvereinbar wäre.

2. Zu den Artikeln 2 und 18

Gemäss Artikel 21 Absatz 1 Buchstabe a bezeichnet die Schweiz als Zentralbehörden im Sinne der Artikel 2 und 18 des Übereinkommens nachstehend genannten kantonalen Behörden. Ersuchen um Zustellung von Schriftstücken werden nebst den genannten Zentralbehörden auch vom Eidgenössischen Justiz- und Polizeidepartement in Bern entgegengenommen und an die im Einzelfall zuständigen Zentralbehörden weitergeleitet.

3. Zu Artikel 5 Absatz 3

Verweigert der Empfänger die freiwillige Annahme des Schriftstückes, kann es ihm gemäss Artikel 5 Absatz 1 nur formell zugestellt werden, wenn das Schriftstück in der Sprache der ersuchten Behörde, d. h. in Deutsch, Französisch bzw. Italienisch abgefasst oder mit einer Übersetzung in eine dieser Sprachen versehen ist, je nachdem, in welchen Teil der Schweiz das Schriftstück zugestellt werden muss (s. nachstehend die Liste der schweizerischen Behörden).

4. Zu Artikel 6

Gemäss Artikel 21 Absatz 1 Buchstabe b bezeichnet die Schweiz als Behörde, die das in Artikel 6 vorgesehene Zeugnis ausstellt, das Gericht des zuständigen Kantons oder die kantonale Zentralbehörde.

5. Zu den Artikeln 8 und 10

Gemäss Artikel 21 Absatz 2 Buchstabe a erklärt die Schweiz, dass sie sich den in den Artikeln 8 und 10 vorgesehenen Übermittlungsverfahren widersetzt.

---

[1] Art. 1 Abs. 3 des BB vom 9. Juni 1994 (AS **1994** 2807)

Vorbehalte und Erklärungen

6. Zu Artikel 9

Gemäss Artikel 21 Absatz 1 Buchstabe c bezeichnet die Schweiz als Behörden, die Schriftstücke entgegennehmen, welche nach Artikel 9 des Übereinkommens auf konsularischem Weg übermittelt werden, die kantonalen Zentralbehörden.

Liste der schweizerischen Behörden[1]

a) *kantonale Zentralbehörden*
   Eine aktualisierte Liste der kantonalen Zentralebehörden mit den vollständigen Adressen ist im Internet an folgender Adresse abrufbar: http://www.rhf.admin.ch/rhf/de/home/zivil/behoerden/zentral.html
b) *Bundesbehörden*
   Eidgenössisches Justiz- und Polizeidepartement, EJPD, Bundesamt für Justiz, 3003 Bern

---

[1] Die Liste wurde in Anwendung von Art. 16 Abs. 3 der Publikationsverordnung vom 17. Nov. 2004 (SR **170.512.1**) angepasst.

Übersetzung[1]

ÜBEREINKOMMEN ÜBER DIE BEWEISAUFNAHME IM AUSLAND IN ZIVIL- ODER HANDELSSACHEN (HBewÜ 70) vom 18. März 1970

Abgeschlossen in Den Haag am 18. März 1970
Von der Bundesversammlung genehmigt am 9. Juni 1994[2]
Schweizerische Ratifikationsurkunde hinterlegt am 2. November 1994
Inkrafttreten für die Schweiz am 1. Januar 1995

(Stand am 15. November 2005)

Die Unterzeichnerstaaten dieses Übereinkommens,
in dem Wunsch, die Übermittlung und Erledigung von Rechtshilfeersuchen zu erleichtern sowie die Angleichung der verschiedenen dabei angewandten Verfahrensweisen zu fördern,
in der Absicht, die gegenseitige gerichtliche Zusammenarbeit in Zivil- oder Handelssachen wirksamer zu gestalten,
haben beschlossen, zu diesem Zweck ein Übereinkommen zu schliessen, und haben die folgenden Bestimmungen vereinbart:

Kapitel I: Rechtshilfeersuchen

Art. 1

In Zivil- oder Handelssachen kann die gerichtliche Behörde eines Vertragsstaats nach seinen innerstaatlichen Rechtsvorschriften die zuständige Behörde eines anderen Vertragsstaats ersuchen, eine Beweisaufnahme oder eine andere gerichtliche Handlung vorzunehmen.

Um die Aufnahme von Beweisen, die nicht zur Verwendung in einem bereits anhängigen oder künftigen gerichtlichen Verfahren bestimmt sind, darf nicht ersucht werden.

Der Ausdruck «andere gerichtliche Handlung» umfasst weder die Zustellung gerichtlicher Schriftstücke noch Massnahmen der Sicherung oder der Vollstreckung.

AS **1994** 2824, **1995** 1085; BBl **1993** III 1261
[1] Der französische Originaltext findet sich unter der gleichen Nummer in der entsprechenden Ausgabe dieser Sammlung.
[2] Art. 2 Abs. 1 des BB vom 9. Juni 1994 (AS **1994** 2807)

Art. 2

Jeder Vertragsstaat bestimmt eine Zentrale Behörde, die von einer gerichtlichen Behörde eines anderen Vertragsstaats ausgehende Rechtshilfeersuchen entgegennimmt und sie der zuständigen Behörde zur Erledigung zuleitet. Jeder Staat richtet die Zentrale Behörde nach Massgabe seines Rechts ein.

Rechtshilfeersuchen werden der Zentralen Behörde des ersuchten Staates ohne Beteiligung einer weiteren Behörde dieses Staates übermittelt.

Art. 3

Ein Rechtshilfeersuchen enthält folgende Angaben:
a) die ersuchende und, soweit bekannt, die ersuchte Behörde;
b) den Namen und die Adresse der Parteien und gegebenenfalls ihrer Vertreter;
c) die Art und den Gegenstand der Rechtssache sowie eine gedrängte Darstellung des Sachverhalts;
d) die Beweisaufnahme oder die andere gerichtliche Handlung, die vorgenommen werden soll.

Das Rechtshilfeersuchen enthält ausserdem je nach Sachlage:
e) den Namen und die Adresse der einzuvernehmenden Personen;
f) die Fragen, welche an die einzuvernehmenden Personen gerichtet werden sollen, oder die Tatsachen, über die sie einvernommen werden sollen;
g) die Urkunden oder die anderen Gegenstände, die geprüft werden sollen;
h) den Antrag, die Einvernahme unter Eid oder Bekräftigung durchzuführen, und gegebenenfalls die dabei zu verwendende Formel;
i) den Antrag, eine besondere Form nach Artikel 9 einzuhalten.

In das Rechtshilfeersuchen werden gegebenenfalls auch die für die Anwendung des Artikels 11 erforderlichen Erläuterungen aufgenommen.

Eine Beglaubigung oder eine ähnliche Förmlichkeit darf nicht verlangt werden.

Art. 4

Das Rechtshilfeersuchen muss in der Sprache der ersuchten Behörde abgefasst oder von einer Übersetzung in diese Sprache begleitet sein.

Jeder Vertragsstaat muss jedoch, sofern er nicht den Vorbehalt nach Artikel 33 gemacht hat, ein Rechtshilfeersuchen entgegennehmen, das in französischer oder englischer Sprache abgefasst oder von einer Übersetzung in eine dieser Sprachen begleitet ist.

Ein Vertragsstaat mit mehreren Amtssprachen, der aus Gründen seines innerstaatlichen Rechts Rechtshilfeersuchen nicht für sein gesamtes Hoheitsgebiet in einer dieser Sprachen entgegennehmen kann, muss durch eine Erklärung die Sprache bekannt geben, in der ein Rechtshilfeersuchen abgefasst oder in die es übersetzt sein muss, je nachdem, in welchem Teil seines Hoheitsgebiets es erledigt werden soll. Wird dieser Erklärung ohne hinreichenden Grund nicht entsprochen, so hat der ersuchende Staat die Kosten einer Übersetzung in die geforderte Sprache zu tragen.

Neben den in den Absätzen 1 bis 3 vorgesehenen Sprachen kann jeder Vertragsstaat durch eine Erklärung eine oder mehrere weitere Sprachen bekannt geben, in denen ein Rechtshilfeersuchen seiner Zentralen Behörde übermittelt werden kann.

Die einem Rechtshilfeersuchen beigefügte Übersetzung muss von einem diplomatischen oder konsularischen Vertreter, von einem beeidigten Übersetzer oder von einer anderen hierzu befugten Person in einem der beiden Staaten beglaubigt sein.

Art. 5

Ist die Zentrale Behörde der Ansicht, dass das Ersuchen nicht dem Übereinkommen entspricht, so unterrichtet sie unverzüglich die Behörde des ersuchenden Staates, die ihr das Rechtshilfeersuchen übermittelt hat, und führt dabei die Einwände gegen das Ersuchen einzeln an.

Art. 6

Ist die ersuchte Behörde nicht zuständig, so wird das Rechtshilfeersuchen von Amtes wegen unverzüglich an die nach den Rechtsvorschriften ihres Staates zuständige Behörde weitergeleitet.

Art. 7

Die ersuchende Behörde wird auf ihr Verlangen von dem Zeitpunkt und dem Ort der vorzunehmenden Handlung benachrichtigt, damit die beteiligten Parteien und gegebenenfalls ihre Vertreter anwesend sein können. Diese Mitteilung wird auf Verlangen der ersuchenden Behörde den Parteien oder ihren Vertretern unmittelbar übersandt.

Art. 8

Jeder Vertragsstaat kann erklären, dass Mitglieder der ersuchenden gerichtlichen Behörde eines anderen Vertragsstaats bei der Erledigung eines Rechtshilfeersuchens anwesend sein können. Hierfür kann die vorherige Genehmigung durch die vom erklärenden Staat bestimmte zuständige Behörde verlangt werden.

Art. 9

Die gerichtliche Behörde verfährt bei der Erledigung eines Rechtshilfeersuchens nach den Formen, die ihr Recht vorsieht.

Jedoch wird dem Antrag der ersuchenden Behörde, nach einer besonderen Form zu verfahren, entsprochen, es sei denn, dass diese Form mit dem Recht des ersuchten Staates unvereinbar oder ihre Einhaltung nach der gerichtlichen Übung im ersuchten Staat oder wegen tatsächlicher Schwierigkeiten unmöglich ist.

Das Rechtshilfeersuchen muss rasch erledigt werden.

Art. 10

Bei der Erledigung des Rechtshilfeersuchens wendet die ersuchte Behörde geeignete Zwangsmassnahmen in den Fällen und in dem Umfang an, wie sie das Recht des ersuchten Staates für die Erledigung eines Ersuchens inländischer Behörden oder eines zum gleichen Zweck gestellten Antrags einer beteiligten Partei vorsieht.

Art. 11

Ein Rechtshilfeersuchen wird nicht erledigt, soweit die Person, die es betrifft, sich auf ein Recht zur Aussageverweigerung oder auf ein Aussageverbot beruft,

a) das nach dem Recht des ersuchten Staates vorgesehen ist oder

b) das nach dem Recht des ersuchenden Staates vorgesehen und im Rechtshilfeersuchen bezeichnet oder erforderlichenfalls auf Verlangen der ersuchten Behörde von der ersuchenden Behörde bestätigt worden ist.

Jeder Vertragsstaat kann erklären, dass er ausserdem Aussageverweigerungsrechte und Aussageverbote, die nach dem Recht anderer Staaten als des ersuchenden oder des ersuchten Staates bestehen, insoweit anerkennt, als dies in der Erklärung angegeben ist.

Art. 12

Die Erledigung eines Rechtshilfeersuchens kann nur insoweit abgelehnt werden, als

a) die Erledigung des Ersuchens im ersuchten Staat nicht in den Bereich der Gerichtsgewalt fällt oder

b) der ersuchte Staat die Erledigung für geeignet hält, seine Hoheitsrechte oder seine Sicherheit zu gefährden.

Die Erledigung darf nicht allein aus dem Grund abgelehnt werden, dass der ersuchte Staat nach seinem Recht die ausschliessliche Zuständigkeit seiner Gerichte für die Sache in Anspruch nimmt oder ein Verfahren nicht kennt, das dem entspricht, für welches das Ersuchen gestellt wird.

Art. 13

Die ersuchte Behörde leitet die Schriftstücke, aus denen sich die Erledigung eines Rechtshilfeersuchens ergibt, der ersuchenden Behörde auf demselben Weg zu, den diese für die Übermittlung des Ersuchens benutzt hat.

Wird das Rechtshilfeersuchen ganz oder teilweise nicht erledigt, so wird dies der ersuchenden Behörde unverzüglich auf demselben Weg unter Angabe der Gründe für die Nichterledigung mitgeteilt.

Art. 14

Für die Erledigung eines Rechtshilfeersuchens darf die Erstattung von Gebühren und Auslagen irgendwelcher Art nicht verlangt werden.

Der ersuchte Staat ist jedoch berechtigt, vom ersuchenden Staat die Erstattung der an Sachverständige und Dolmetscher gezahlten Entschädigungen sowie der Auslagen zu verlangen, die dadurch entstanden sind, dass auf Antrag des ersuchenden Staates nach Artikel 9 Absatz 2 eine besondere Form eingehalten worden ist.

Eine ersuchte Behörde, nach deren Recht die Parteien für die Aufnahme der Beweise zu sorgen haben und die das Rechtshilfeersuchen nicht selbst erledigen kann, darf eine hierzu geeignete Person mit der Erledigung beauftragen, nachdem sie das Einverständnis der ersuchenden Behörde eingeholt hat. Bei der Einholung dieses Einverständnisses gibt die ersuchte Behörde den ungefähren Betrag der Kosten an, die durch diese Art der Erledigung entstehen würden. Durch ihr Einverständnis verpflichtet sich die ersuchende Behörde, die entstehenden Kosten zu erstatten. Fehlt das Einverständnis, so ist die ersuchende Behörde zur Erstattung der Kosten nicht verpflichtet.

Kapitel II:
Beweisaufnahme durch diplomatische oder konsularische Vertreter und durch Beauftragte

Art. 15

In Zivil- oder Handelssachen kann ein diplomatischer oder konsularischer Vertreter eines Vertragsstaats im Hoheitsgebiet eines anderen Vertragsstaats und in dem Bezirk, in dem er sein Amt ausübt, ohne Anwendung von Zwang Beweis für ein Verfahren aufnehmen, das vor einem Gericht eines von ihm vertretenen Staates anhängig ist, wenn nur Angehörige desselben Staates betroffen sind.

Jeder Vertragsstaat kann erklären, dass in dieser Art Beweis erst nach Vorliegen einer Genehmigung aufgenommen werden darf, welche die durch den erklärenden Staat bestimmte zuständige Behörde auf einen von dem Vertreter oder in seinem Namen gestellten Antrag erteilt.

Art. 16

Ein diplomatischer oder konsularischer Vertreter eines Vertragsstaats kann ausserdem im Hoheitsgebiet eines anderen Vertragsstaats und in dem Bezirk, in dem er sein Amt ausübt, ohne Anwendung von Zwang Beweis für ein Verfahren aufnehmen, das vor einem Gericht eines von ihm vertretenen Staates anhängig ist, sofern Angehörige des Empfangsstaats oder eines dritten Staates betroffen sind,
a) wenn eine durch den Empfangsstaat bestimmte zuständige Behörde ihre Genehmigung allgemein oder für den Einzelfall erteilt hat und
b) wenn der Vertreter die Auflagen erfüllt, welche die zuständige Behörde in der Genehmigung festgesetzt hat.

Jeder Vertragsstaat kann erklären, dass Beweis nach dieser Bestimmung ohne seine vorherige Genehmigung aufgenommen werden darf.

Art. 17

In Zivil- oder Handelssachen kann jede Person, die zu diesem Zweck ordnungsgemäss zum Beauftragten bestellt worden ist, im Hoheitsgebiet eines Vertragsstaats ohne Anwendung von Zwang Beweis für ein Verfahren aufnehmen, das vor einem Gericht eines anderen Vertragsstaats anhängig ist,
a) wenn eine von dem Staat, in dem Beweis aufgenommen werden soll, bestimmte zuständige Behörde ihre Genehmigung allgemein oder für den Einzelfall erteilt hat und
b) wenn die Person die Auflagen erfüllt, welche die zuständige Behörde in der Genehmigung festgesetzt hat.

Jeder Vertragsstaat kann erklären, dass Beweis nach dieser Bestimmung ohne seine vorherige Genehmigung aufgenommen werden darf.

Art. 18

Jeder Vertragsstaat kann erklären, dass ein diplomatischer oder konsularischer Vertreter oder ein Beauftragter, der befugt ist, nach Artikel 15, 16 oder 17 Beweis aufzunehmen, sich an eine von diesem Staat bestimmte zuständige Behörde wenden kann, um die für diese Beweisaufnahme erforderliche Unterstützung durch Zwangsmassnahmen zu erhalten. In seiner Erklärung kann der Staat die Auflagen festlegen, die er für zweckmässig hält.

Gibt die zuständige Behörde dem Antrag statt, so wendet sie die in ihrem Recht vorgesehenen geeigneten Zwangsmassnahmen an.

Art. 19

Die zuständige Behörde kann, wenn sie die Genehmigung nach Artikel 15, 16 oder 17 erteilt oder dem Antrag nach Artikel 18 stattgibt, von ihr für zweckmässig erachtete Auflagen festsetzen, insbesondere hinsichtlich Zeit und Ort der Beweisaufnahme. Sie kann auch verlangen, dass sie rechtzeitig vorher von Zeitpunkt und Ort benachrichtigt wird; in diesem Fall ist ein Vertreter der Behörde zur Teilnahme an der Beweisaufnahme befugt.

Art. 20

Personen, die von einer in diesem Kapitel vorgesehenen Beweisaufnahme betroffen sind, können einen Rechtsberater beiziehen.

Art. 21

Ist ein diplomatischer oder konsularischer Vertreter oder ein Beauftragter nach Artikel 15, 16 oder 17 befugt, Beweis aufzunehmen,
a) so kann er alle Beweise aufnehmen, soweit dies nicht mit dem Recht des Staates, in dem Beweis aufgenommen werden soll, unvereinbar ist oder der nach den angeführten Artikeln erteilten Genehmigung widerspricht, und unter denselben Bedingungen auch einen Eid abnehmen oder eine Bekräftigung entgegennehmen;
b) so ist jede Vorladung zum Erscheinen oder zur Mitwirkung an einer Beweisaufnahme in der Sprache des Ortes der Beweisaufnahme abzufassen oder eine Übersetzung in diese Sprache beizufügen, es sei denn, dass die durch die Beweisaufnahme betroffene Person dem Staat angehört, in dem das Verfahren anhängig ist;

c) so ist in der Vorladung anzugeben, dass die Person einen Rechtsberater beiziehen kann, sowie in einem Staat, der nicht die Erklärung nach Artikel 18 abgegeben hat, dass sie nicht verpflichtet ist, zu erscheinen oder sonst an der Beweisaufnahme mitzuwirken;
d) so können die Beweise in einer der Formen aufgenommen werden, die das Recht des Gerichts vorsieht, vor dem das Verfahren anhängig ist, es sei denn, dass das Recht des Staates, in dem Beweis aufgenommen wird, diese Form verbietet;
e) so kann sich die von der Beweisaufnahme betroffene Person auf die in Artikel 11 vorgesehenen Rechte zur Aussageverweigerung oder Aussageverbote berufen.

Art. 22

Dass ein Beweis wegen der Weigerung einer Person mitzuwirken, nicht nach diesem Kapitel aufgenommen werden konnte, schliesst ein späteres Rechtshilfeersuchen nach Kapitel I mit demselben Gegenstand nicht aus.

Kapitel III: Allgemeine Bestimmungen

Art. 23

Jeder Vertragsstaat kann bei der Unterzeichnung, bei der Ratifikation oder beim Beitritt erklären, dass er Rechtshilfeersuchen nicht erledigt, die ein Verfahren zum Gegenstand haben, das in den Ländern des «Common Law» unter der Bezeichnung «pre-trial discovery of documents» bekannt ist.

Art. 24

Jeder Vertragsstaat kann ausser der Zentralen Behörde weitere Behörden bestimmen, deren Zuständigkeit er festlegt. Rechtshilfeersuchen können jedoch stets der Zentralen Behörde übermittelt werden.

Bundesstaaten steht es frei, mehrere Zentrale Behörden zu bestimmen.

Art. 25

Jeder Vertragsstaat, in dem mehrere Rechtssysteme bestehen, kann bestimmen, dass die Behörden eines dieser Systeme für die Erledigung von Rechtshilfeersuchen nach diesem Übereinkommen ausschliesslich zuständig sind.

Art. 26

Jeder Vertragsstaat kann, wenn sein Verfassungsrecht dies gebietet, vom ersuchenden Staat die Erstattung der Kosten verlangen, die bei der Erledigung eines Rechtshilfeersuchens durch die Zustellung der Vorladung, die Entschädigung der einvernommenen Person und die Anfertigung eines Protokolls über die Beweisaufnahme entstehen.

Hat ein Staat von den Bestimmungen des Absatzes 1 Gebrauch gemacht, so kann jeder andere Vertragsstaat von diesem Staat die Erstattung der entsprechenden Kosten verlangen.

Art. 27

Dieses Übereinkommen hindert einen Vertragsstaat nicht,
a) zu erklären, dass Rechtshilfeersuchen seinen gerichtlichen Behörden auch auf anderen als den in Artikel 2 vorgesehenen Wegen übermittelt werden können;
b) nach seinem innerstaatlichen Recht oder seiner innerstaatlichen Übung zuzulassen, dass Handlungen, auf die dieses Übereinkommen anwendbar ist, unter weniger einschränkenden Bedingungen vorgenommen werden;
c) nach seinem innerstaatlichen Recht oder seiner innerstaatlichen Übung andere als die in diesem Übereinkommen vorgesehenen Verfahren der Beweisaufnahme zuzulassen.

Art. 28

Dieses Übereinkommen schliesst nicht aus, dass Vertragsstaaten vereinbaren, von folgenden Bestimmungen abzuweichen:
a) Artikel 2 in Bezug auf den Übermittlungsweg für Rechtshilfeersuchen;
b) Artikel 4 in Bezug auf die Verwendung von Sprachen;
c) Artikel 8 in Bezug auf die Anwesenheit von Mitgliedern der gerichtlichen Behörde bei der Erledigung von Rechtshilfeersuchen;
d) Artikel 11 in Bezug auf die Aussageverweigerungsrechte und Aussageverbote;
e) Artikel 13 in Bezug auf die Übermittlung von Erledigungsstücken;
f) Artikel 14 in Bezug auf die Regelung der Kosten;
g) den Bestimmungen des Kapitels II.

Art. 29

Dieses Übereinkommen tritt zwischen den Staaten, die es ratifiziert haben, an die Stelle der Artikel 8–16 der am 17. Juli 1905[1] und am 1. März 1954[2] in Den Haag unterzeichneten Übereinkünfte betreffend Zivilprozessrecht, soweit diese Staaten Vertragsparteien jener Übereinkünfte sind.

Art. 30

Dieses Übereinkommen berührt weder die Anwendung des Artikels 23 der Übereinkunft von 1905[3] noch die Anwendung des Artikels 24 der Übereinkunft von 1954[4].

Art. 31

Zusatzvereinbarungen zu den Übereinkünften von 1905 und 1954, die Vertragsstaaten geschlossen haben, sind auch auf das vorliegende Übereinkommen anzuwenden, es sei denn, dass die beteiligten Staaten etwas anderes vereinbaren.

Art. 32

Unbeschadet der Artikel 29 und 31 berührt dieses Übereinkommen nicht die Übereinkommen, denen die Vertragsstaaten angehören oder angehören werden und die Bestimmungen über Rechtsgebiete enthalten, die durch dieses Übereinkommen geregelt sind.

Art. 33

Jeder Staat kann bei der Unterzeichnung, der Ratifikation oder dem Beitritt die Anwendung des Artikels 4 Absatz 2 sowie des Kapitels II ganz oder teilweise ausschliessen. Ein anderer Vorbehalt ist nicht zulässig.

Jeder Vertragsstaat kann einen Vorbehalt, den er gemacht hat, jederzeit zurücknehmen; der Vorbehalt wird am sechzigsten Tag nach der Notifikation der Rücknahme unwirksam.

Hat ein Staat einen Vorbehalt gemacht, so kann jeder andere Staat, der davon berührt wird, die gleiche Regelung gegenüber dem Staat anwenden, der den Vorbehalt gemacht hat.

---

[1] SR **0.274.11**
[2] SR **0.274.12**
[3] SR **0.274.11**
[4] SR **0.274.12**

Art. 34

Jeder Staat kann eine Erklärung jederzeit zurücknehmen oder ändern.

Art. 35

Jeder Vertragsstaat notifiziert dem Ministerium für Auswärtige Angelegenheiten der Niederlande bei der Hinterlegung seiner Ratifikations- oder Beitrittsurkunde oder zu einem späteren Zeitpunkt die nach den Artikeln 2, 8, 24 und 25 bestimmten Behörden.

Er notifiziert gegebenenfalls auf gleiche Weise:
a) die Bezeichnung der Behörden, an die sich diplomatische oder konsularische Vertreter nach Artikel 16 wenden müssen, und derjenigen, die nach den Artikeln 15, 16 und 18 Genehmigungen erteilen oder Unterstützung gewähren können;
b) die Bezeichnung der Behörden, die den Beauftragten die in Artikel 17 vorgesehene Genehmigung erteilen oder die in Artikel 18 vorgesehene Unterstützung gewähren können;
c) die Erklärungen nach den Artikeln 4, 8, 11, 15, 16, 17, 18, 23 und 27;
d) jede Rücknahme oder Änderung der vorstehend erwähnten Behördenbezeichnungen und Erklärungen;
e) jede Rücknahme eines Vorbehalts.

Art. 36

Schwierigkeiten, die zwischen Vertragsstaaten bei der Anwendung dieses Übereinkommens entstehen, werden auf diplomatischem Weg beigelegt.

Art. 37

Dieses Übereinkommen liegt für die auf der Elften Tagung der Haager Konferenz für Internationales Privatrecht vertretenen Staaten zur Unterzeichnung auf.

Es bedarf der Ratifikation; die Ratifikationsurkunden werden beim Ministerium für Auswärtige Angelegenheiten der Niederlande hinterlegt.

Art. 38

Dieses Übereinkommen tritt am sechzigsten Tag nach der gemäss Artikel 37 Absatz 2 vorgenommenen Hinterlegung der dritten Ratifikationsurkunde in Kraft.

Das Übereinkommen tritt für jeden Unterzeichnerstaat, der es später ratifiziert, am sechzigsten Tag nach Hinterlegung seiner Ratifikationsurkunde in Kraft.

Art. 39

Jeder auf der Elften Tagung der Haager Konferenz für Internationales Privatrecht nicht vertretene Staat, der Mitglied der Konferenz oder der Vereinten Nationen oder einer ihrer Spezialorganisationen oder Vertragspartei des Statuts des Internationalen Gerichtshofs[1] ist, kann diesem Übereinkommen beitreten, nachdem es gemäss Artikel 38 Absatz 1 in Kraft getreten ist.

Die Beitrittsurkunde wird beim Ministerium für Auswärtige Angelegenheiten der Niederlande hinterlegt.

Das Übereinkommen tritt für den beitretenden Staat am sechzigsten Tag nach Hinterlegung seiner Beitrittsurkunde in Kraft.

Der Beitritt wirkt nur für die Beziehungen zwischen dem beitretenden Staat und den Vertragsstaaten, die erklären, dass sie diesen Beitritt annehmen. Diese Erklärung wird beim Ministerium für Auswärtige Angelegenheiten der Niederlande hinterlegt; dieses Ministerium übersendet jedem der Vertragsstaaten auf diplomatischem Weg eine beglaubigte Abschrift dieser Erklärung.

Das Übereinkommen tritt zwischen dem beitretenden Staat und einem Staat, der erklärt hat, dass er den Beitritt annimmt, am sechzigsten Tag nach Hinterlegung der Annahmeerklärung in Kraft.

Art. 40

Jeder Staat kann bei der Unterzeichnung, der Ratifikation oder dem Beitritt erklären, dass sich dieses Übereinkommen auf alle oder auf einzelne der Hoheitsgebiete erstreckt, deren internationale Beziehungen er wahrnimmt. Eine solche Erklärung wird wirksam, sobald das Übereinkommen für den Staat in Kraft tritt, der sie abgegeben hat.

Jede spätere Erstreckung dieser Art wird dem Ministerium für Auswärtige Angelegenheiten der Niederlande notifiziert.

Das Übereinkommen tritt für die Hoheitsgebiete, auf die es erstreckt wird, am sechzigsten Tag nach der in Absatz 2 erwähnten Notifikation in Kraft.

Art. 41

Dieses Übereinkommen gilt für die Dauer von fünf Jahren, vom Tag seines Inkrafttretens nach Artikel 38 Absatz 1 an gerechnet, und zwar auch für die Staaten, die es später ratifizieren oder ihm später beitreten.

Die Geltungsdauer des Übereinkommens verlängert sich, ausser im Fall der Kündigung, stillschweigend um jeweils fünf Jahre.

Die Kündigung wird spätestens sechs Monate vor Ablauf der fünf Jahre dem Ministerium für Auswärtige Angelegenheiten der Niederlande notifiziert.

---

[1] SR **0.193.501**

Sie kann sich auf bestimmte Hoheitsgebiete beschränken, für die das Übereinkommen gilt.

Die Kündigung wirkt nur für den Staat, der sie notifiziert hat. Für die anderen Vertragsstaaten bleibt das Übereinkommen in Kraft.

Art. 42

Das Ministerium für Auswärtige Angelegenheiten der Niederlande notifiziert den in Artikel 37 bezeichneten Staaten, sowie den Staaten, die nach Artikel 39 beigetreten sind,

a) jede Unterzeichnung und Ratifikation nach Artikel 37;
b) den Tag, an dem dieses Übereinkommen nach Artikel 38 Absatz 1 in Kraft tritt;
c) jeden Beitritt nach Artikel 39 und den Tag, an dem er wirksam wird;
d) jede Erstreckung nach Artikel 40 und den Tag, an dem sie wirksam wird;
e) jede Behördenbezeichnung, jeden Vorbehalt und jede Erklärung nach den Artikeln 33 und 35;
f) jede Kündigung nach Artikel 41 Absatz 3.

Zu Urkund dessen haben die hierzu gehörig befugten Unterzeichneten dieses Übereinkommen unterschrieben.

Geschehen in Den Haag am 18. März 1970 in englischer und französischer Sprache, wobei jeder Wortlaut gleichermassen verbindlich ist, in einer Urschrift, die im Archiv der Regierung der Niederlande hinterlegt und von der jedem auf der Elften Tagung der Haager Konferenz für Internationales Privatrecht vertretenen Staat auf diplomatischem Weg eine beglaubigte Abschrift übermittelt wird.

(Es folgen die Unterschriften)

Geltungsbereich am 30. September 2005

Vertragsstaaten	Ratifikation Beitritt (B) Nachfolgeerklärung (N)		Inkrafttreten	
Argentinien*ᵃ	8. Mai	1987 B	13. Januar	1995
Australien*ᵃ	23. Oktober	1992 B	13. Januar	1995
Barbados*ᵃ	5. März	1981 B	13. Januar	1995
Belarus*ᵃ	7. August	2001 B	12. März	2002
Bulgarien*ᵃ	23. November	1999 B	12. März	2002
China*ᵃ	8. Dezember	1997 B	12. März	2002
Hongkong*ᵇ	16. Juni	1997	1. Juli	1997
Macau*ᶜ	16. Dezember	1999	20. Dezember	1999
Dänemark*	20. Juni	1972	7. Oktober	1972
Deutschland*	27. April	1979	26. Juni	1979
Estland*ᵃ	2. Februar	1996 B	11. Juli	1998
Finnland*	7. April	1976	6. Juni	1976
Frankreich*	7. August	1974	6. Oktober	1974
Griechenland*	18. Januar	2005	19. März	2005
Israel*	19. Juli	1979	17. September	1979
Italien*	22. Juni	1982	21. August	1982
Kuwait*ᵃ	8. Mai	2002 B	11. November	2005
Lettland*ᵃ	28. März	1995 B	11. Juli	1998
Litauen*ᵃ	2. August	2000 B	12. März	2002
Luxemburg*	26. Juli	1977	24. September	1977
Mexiko*ᵃ	27. Juli	1989 B	13. Januar	1995
Monaco*ᵃ	17. Januar	1986 B	13. Januar	1995
Niederlande*	8. April	1981	7. Juni	1981
Aruba*	28. Mai	1986	27. Juli	1986
Norwegen*	3. August	1972	7. Oktober	1972
Polen*ᵃ	13. Februar	1996 B	11. Juli	1998
Portugal*	12. März	1975	11. Mai	1975
Rumänien*ᵃ	21. August	2003 B	11. November	2005
Russland ᵃ	1. Mai	2001 B	12. März	2002
Schweden*	2. Mai	1975	1. Juli	1975
Schweiz*	2. November	1994	1. Januar	1995
Seychellen*ᵃ	7. Januar	2004 B	11. November	2005
Singapur*ᵃ	27. Oktober	1978 B	13. Januar	1995
Slowakei*	26. April	1993 N	1. Januar	1993
Slowenien ᵃ	18. September	2000 B	12. März	2002
Spanien*	22. Mai	1987	21. Juli	1987
Sri Lanka*ᵃ	31. August	2000 B	12. März	2002
Südafrika*ᵃ	8. Juli	1997 B	11. Juli	1998
Tschechische Republik*	28. Januar	1993 N	1. Januar	1993
Türkei*	13. August	2004	12. Oktober	2004

Geltungsbereich

Vertragsstaaten	Ratifikation Beitritt (B) Nachfolgeerklärung (N)		Inkrafttreten	
Ukraine*a	1. Februar	2001 B	12. März	2002
Ungarn*a	13. Juli	2004 B	11. November	2005
Venezuela*a	1. November	1993 B	11. Juli	1998
Vereinigte Staaten*	8. August	1972	7. Oktober	1972
Amerikanische Jungferninseln	9. Februar	1973 B	10. April	1973
Guam	9. Februar	1973 B	10. April	1973
Puerto Rico	9. Februar	1973 B	10. April	1973
Vereinigtes Königreich*	16. Juli	1976	14. September	1976
Akrotiri und Dhekelia*	25. Juni	1979 B	24. August	1979
Anguilla*	3. Juli	1986 B	1. September	1986
Falkland-Inseln und abhängige Gebiete (Südgeorgien und Südliche Sandwich-Inseln)*	26. November	1979 B	25. Januar	1980
Gibraltar*	21. November	1978 B	20. Januar	1979
Guernsey*	19. November	1985 B	18. Januar	1986
Insel Man*	16. April	1980 B	15. Juni	1980
Jersey*	6. Januar	1987 B	7. März	1987
Kaimaninseln*	16. September	1980 B	15. November	1980
Zypern*a	13. Januar	1983 B	13. Januar	1995

* Vorbehalte und Erklärungen.
Die Vorbehalte und Erklärungen werden in der AS nicht veröffentlicht, mit Ausnahme jener der Schweiz. Die französischen und englischen Texte können auf der Internet-Seite der Haager Konferenz:
http://hcch.e-vision.nl/index_fr.php eingesehen oder bei der Direktion für Völkerrecht, Sektion Staatsverträge, 3003 Bern, bezogen werden.

a Der Beitritt unterliegt dem Annahmeverfahren. Das Datum des In-Kraft-Tretens ist jenes zwischen der Schweiz und diesem Vertragsstaat bzw. Hoheitsgebiet.

b Bis zum 30. Juni 1997 war das Übereink. auf Grund einer Ausdehnungserklärung des Vereinigten Königreiches in Hong Kong anwendbar. Seit dem 1. Juli 1997 bildet Hong Kong eine Besondere Verwaltungsregion (SAR) der Volksrepublik China. Auf Grund der chinesisch-britischen Erklärung vom 19. Dez. 1984 bleiben diejenigen Abkommen, welche vor der Rückgabe an die Volksrepublik China in Hong Kong anwendbar waren, auch in der SAR anwendbar.

c Auf Grund einer Erklärung der Volksrepublik China vom 16. Dez. 1999 ist das Übereink. seit dem 20. Dez. 1999 auf die Besondere Verwaltungsregion (SAR) Macau anwendbar.

Vorbehalte und Erklärungen

Schweiz

1. Zu Art. 1

Bezug nehmend auf Artikel 1 erachtet die Schweiz das Übereinkommen unter den Vertragsstaaten als ausschliesslich anwendbar. Überdies ist sie Bezug nehmend auf die Schlussfolgerungen der Haager Sonderkommission vom April 1989 der Ansicht, dass, ungeachtet der Auffassung der Vertragsstaaten über den ausschliesslichen Charakter des Übereinkommens, bei Ersuchen um Beweisaufnahme im Ausland den vom Übereinkommen vorgesehenen Verfahren der Vorzug zu geben ist.

2. Zu den Art. 2 und 24

Gemäss Artikel 35 Absatz 1 bezeichnet die Schweiz als Zentralbehörden im Sinne von Artikel 2 und 24 des Übereinkommens die nachstehend genannten kantonalen Behörden. Ersuchen und Beweisaufnahme oder Vornahme einer anderen gerichtlichen Handlung werden nebst den genannten Zentralbehörden auch vom Eidgenössischen Justiz- und Polizeidepartement in Bern entgegengenommen und an die im Einzelfall zuständigen Zentralbehörden weitergeleitet.

3. Zu Art. 4 Abs. 2 und 3

Gemäss den Artikeln 33 und 35 erklärt die Schweiz, was Artikel 4 Absätze 2 und 3 betrifft, dass die Rechtshilfeersuchen und deren Beilagen in der Sprache der ersuchten Behörde, d. h. auf deutsch, französisch oder italienisch abgefasst oder mit einer Übersetzung in eine dieser Sprachen versehen sein müssen, je nachdem, in welchem Teil der Schweiz die Ersuchen zu erledigen sind. Die Erledigungsbestätigung wird in der Sprache der ersuchten Behörde abgefasst (s. nachstehende Liste der schweizerischen Behörden).

4. Zu Art. 8

Gemäss Artikel 35 Absatz 2 erklärt die Schweiz, was Artikel 8 betrifft, dass Mitglieder der ersuchenden gerichtlichen Behörde, die am Verfahren eines Vertragsstaates beteiligt sind, bei der Erledigung des Rechtshilfeersuchens anwesend sein können, sofern sie die vorherige Genehmigung der mit der Erledigung betrauten Behörde erhalten haben.

5. Zu den Art. 15, 16 und 17

Gemäss Artikel 35 erklärt die Schweiz, dass die Beweisaufnahme im Sinne der Artikel 15, 16 und 17 eine vorherige Genehmigung voraussetzt, die vom Eidgenössischen Justiz- und Polizeidepartement erteilt wird. Das Gesuch ist an die Zentralbehörde desjenigen Kantons zu richten, in dem die Beweisaufnahme stattfinden soll.

6. Zu Art. 23

Gemäss Artikel 23 erklärt die Schweiz, dass Rechtshilfeersuchen, die ein «pre-trial discovery of documents»-Verfahren zum Gegenstand haben, abgelehnt werden, wenn:
a) das Ersuchen keine direkte und notwendige Beziehung mit dem zugrunde liegenden Verfahren aufweist; oder
b) von einer Person verlangt wird, sie solle angeben, welche den Rechtsstreit betreffenden Urkunden sich in ihrem Besitz, ihrem Gewahrsam oder ihrer Verfügungsgewalt befinden oder befunden haben; oder
c) von einer Person verlangt wird, sie solle auch andere als die im Rechtshilfebegehren spezifizierten Urkunden vorlegen, die sich vermutlich in ihrem Besitz, ihrem Gewahrsam oder ihrer Verfügungsgewalt befinden; oder
d) schutzwürdige Interessen der Betroffenen gefährdet sind.

Liste der schweizerischen Behörden

a) kantonale Zentralbehörden
Eine aktualisierte Liste der kantonalen Zentralebehörden mit den vollständigen Adressen ist im Internet an folgender Adresse abrufbar:
http://www.rhf.admin.ch/rhf/de/home/zivil/behoerden/zentral.html
Die örtlich zuständige schweizerische Behörde kann im Internet auf der Orts- und Gerichtsdatenbank Schweiz ermittelt werden: http:/www.elorge.admin.ch

b) Bundesbehörden
Eidgenössisches Justiz- und Polizeidepartement, EJPD, Bundesamt für Justiz, 3003 Bern.

Sachregister

Benutzungshinweis

Wo nichts Besonderes vermerkt ist, beziehen sich die Zahlen auf die Artikel des ZPO-Gesetzestextes. Die Abschnittszahlen werden nur ausnahmsweise angegeben, da in der Regel der ganze Artikel gelesen werden muss, um einen Absatz zu verstehen. Die vor die Artikelnummern gesetzten Signaturen bedeuten:

Keine	Schweizerische	**L**	Lugano-Übereink. (LugÜ)
weitere	Zivilprozessordnung	**HB**	Haager Beweis-Übereink. (HBewÜ 70)
Bezeichnung	(ZPO)	**HZ**	Haager Zustellungs-Übereink. (HZÜ 65)

A

Abgabe einer Willenserklärung *344, 351 Abs. 2*

Abgeurteilte Sache (negative Prozessvoraussetzung) *59 Abs. 2 lit. e, 65*

Ablehnung (Gründe) *47*

Ablehnungsgesuch *49, 369 Abs. 2 und 3*

Ablehnungsverfahren *369*

Abweichungen *HB 28*

Adhäsionsklage (Gerichtsstand) *39*

Admassierungsklage (Gerichtsstand) *29 f.*

Akteneinsicht *53, 166*

Alternative Zuständigkeit *28*

Amtssprache (Verfahrenssprache) *129*

Anerkennung *L 32–37*

Anerkennungsverweigerung *L 34, 35*

Anfechtungsobjekt *308 ff.*

Anhörung (Gegenpartei) *119, 265, 340*

Anschlussberufung *313 f.*

Anschlussbeschwerde (negativ) *323*

Antizipierte Beweiswürdigung *152*

Anwendungsvorschriften *L 64–68*

Arbeitsgericht (Vertretung) *68*

Arbeitsrecht (Gerichtsstand) *34, 35*

Arbeitsverhältnis (Gerichtskosten) *113, 114*

Arbeitsverträge, Zuständigkeit *L 18–21*

Arrest (Gerichtsstand) *1, 46; L 5/7*

Aufenthaltsort (Gerichtsstand) *10*

Aufschiebende Wirkung *315, 331, 334, 398*

Augenschein *181 f., 160, 181, 182*

Ausgleichungsklage (Gerichtsstand) *28 Abs. 1*

Auslagen *HB 14*

Ausländische Entscheide *2, 334*

Aussageverbot *HB 11*

Aussageverweigerung *HB 11*

Aussergerichtliches Schriftstück *L 38, 39; HZ 1, 17*

Auslagen *HZ 12*

Aussetzen *L 7*

Ausstand *47 ff.*

Ausstandsgesuch *49*

Ausstandsgrund *47, 48*

B

Barwert *92*

Bauhandwerkerpfandrecht (Gerichtsstand) *29*

Bedingter Entscheid *342*
Beendigung des Verfahrens ohne materielle Anspruchprüfung *124, 208, 241f.*
Beitritt *HB 23*
Beitrittsurkunde *HB 39*
Berufsmässige Vertretung *68*
Berufung *308ff.*
Beschwer *159*
Beschwerde *319ff.*
Besitzesschutz *258*
Bewegliche Sachen (Gerichtsstand) *30*
Beweis *HB 17*
Beweisaufnahme *HB 1, 18, 20*
Beweisgegenstand *150*
Beweismittel *152 Abs. 2, 168ff.*
Beweisverfahren *124, 155, 186, 226, 229, 231, 247, 254, 326*
Beweisverfügung *154*
Böswillige Prozessführung *115, 128*
Bund (Gerichtsstand) *10*

D

Datenschutz (Gerichtsstand) *20*
Definitiver Rechtsöffnungstitel (öffentl. Urkunde) *349*
Dingliche Klagen *29, 30; L 6/4*
Diplomatischer Vertreter *HB 15, 16, 35*
Diplomatischer Weg *HB 36; HZ 14*
Direkte Klage (beim zweitinstanzlichen Gericht) *8*
Direktprozess *8*
Dolmetscher *HB 14*
Doppelter Instanzenzug *308ff.*
Dringlicher Fall *HZ 15*
Duplik *228*

E

Edition von Urkunden *156, 160ff.*
Eherecht (Gerichtsstand) *23*
Eheungültigkeitsklage *294*
Eid *HB 21*
Einfache Streitgenossenschaft *71, 125*
Eingaben der Parteien *130ff.*
Eingetragene Partnerschaft *305ff.*
Einlassung *18, 35*
Einrede *341, 359, 377*
Eintreten auf Klage *59*
Einzige kantonale Instanz *5, 198*
Elektronische Signatur *130*
Elektronische Zustellung *143; L 23/2*
Empfangsbestätigung *138, 143*
EMRK (Revision) *328*
Entscheid *236ff.; L 32*
Erbgang *28, 249*
Erbrecht *L 1*
Erfüllungsort *31*
Erklärung *HB 34*
Erläuterung und Berichtigung *334*
Erledigung *HB 8, 10; HZ 6, 13*
Ersatzvornahme *343*
Eventualmaxime *125, 222, 317, 326*
Exequatur *338*

F

Fahrnispfand *30*
Faktische Lebensgemeinschaft *47, 165*
Fax *130, 132*
Feststellungsklage *88, 352*
Form *HZ 1, 5, 6*
Form, besondere *HB 9*
Formulare *400*

Fortführungslast *65, 241*
Fragepflicht *56, 69, 132*
Freie Beweiswürdigung *157*
Freiwillige Gerichtsbarkeit *248, 255, 256*
Fristen *203, 142 ff.; **HZ** 16*
Fusionen *42*

G

Gebühren *HB 14; HZ 12*
Gegendarstellung *20, 315*
Gegenstandslosigkeit *59, 242*
Geltungsdauer *HB 41*
Gerichtliche Handlung *HB 1*
Gerichtliche Zustellung *136 ff.*
Gerichtliches Schriftstück *HZ 1, 14*
Gerichtliches Verbot *258 ff.*
Gerichtsstand *9 ff.*
Gerichtsstandsvereinbarung *5, 17, 35; L 2, 3*
Gesellschaft *L 22/2*
Gesellschaftsrecht (Gerichtsstand) *40*
Gestaltungsklage *87*
Gewerbsmässige Vertretung *68*
Gleichbehandlung *373, 393*
Grundbuchbereinigungsklage *29*
Grundstücke *28, 29*
Gutachten *183 ff.*
Güterstand *L 1*

H

Handelsgericht *6, 243*
Handlungsfähigkeit *L 1*
Hauptintervention *73, 106*
Hauptverhandlung *228 ff.*
Hoheitsrechte *HB 12; HZ 13*

I

Identität des Streitgegenstandes *59*
Inkrafttreten *HZ 8*
Instruktionsverhandlung *226*
Internationaler Gerichtshof *HB 39*
Intervention *73 ff.*
Interventionsklage *6/2*

J

Juristische Personen *10, 259; L 22/2*
Justizbeamte *HZ 10*

K

Kanton (Gerichtsstand)
Kinderbelange in familienrechtlichen Angelegenheiten *295 ff.*
Klage *84 ff., 220 ff.*
Klage aus unerlaubter Handlung *36 ff.*
Klage aus Vertrag *31 ff.*
Klageänderung *227, 230, 317*
Klageanerkennung *106, 208, 396*
Klageantwort *222 f.*
Klagebewilligung *209, 213*
Klagerückzug *208, 241, 385*
Kollektivgesellschaft (Gerichtsstand) *10*
Kommanditgesellschaft *10*
Konkurs *L 1*
Konsularischer Vertreter *HB 15, 16, 35*
Konsularischer Weg *HZ 21*
Konsumentenvertrag *32 (Gerichtsstand), 348*

Körperliche Untersuchung *160, 164, 167*
Körperschaften (öffentl.-rechtliche) *10* **(Gerichtsstand)**
Kosten *HB 26*
Kostenentscheid *104 ff.*
Kostenregelung *95 f., 113 ff.*
Kostentragungspflicht *115*
Kostenvorschuss *98*
Kraftloserklärung *43*
Kündigung *HB 41*

L

Legitimation *76, 89, 230, 291*
Leistungsklage *84*
Leistungsmassnahmen *262, 264*

M

Marken *L 22/4*
Massnahmen gegen Medien *266*
Massnahmen, vorsorgliche *L 31, 47 II*
Mediation *213 ff.*
Mehrheitsentscheid *236, 382*
Miete *L 22/1*
Mietgericht *68*
Mitglieder des Schiedsgerichtes *360 ff., 367 ff.*
Mitwirkungspflicht *160 f.*
Modelle *L 22/4*
Motorfahrzeug- und Fahrradunfälle (Gerichtsstand) *38*
Muster *HZ 3*
Mutwillige Prozessführung *115, 119, 128*

N

Nachfrist *147 ff.*
Nachprüfung *L 36*
Namensschutz (Gerichtsstand) *20*
Natürliche Personen (Gerichtsstand) *10*
Nebenintervention *74 ff., 106, 376*
Negative Feststellungsklage *59, 88*
Negative Leistungsklage *84*
Neue Tatsachen und Beweismittel *229 f., 396*
Nichteintretensentscheid *59, 106, 2336, 249, 257*
Nichterledigung *HB 13*
Niederlassung (Gerichtsstand) *12, 34*
Notwendige Streitgenossenschaft *15, 70*

O

Öffentliche Bekanntmachung *141*
Öffentliche Register und Urkunden *179*
Öffentliche Urkunden *L 57, 58, 63*
Öffentlichkeitsprinzip *54*
Offizialgrundsatz *58, 257, 272, 296*
Ordentlicher Gerichtsstand *10*
Ordentliches Verfahren *219 ff.*
Ordnungsbusse *128, 343*
Ordnungsfrist *203*
Organe juristischer Personen *159*
Ort *HB 7, 19; HZ 6*
Ortsgebrauch *150*

P

Pacht *L 22/1*
Paritätische Schlichtungsbehörde *200, 361*
Parteibefragung *191 ff.*
Parteibezeichnung *221*
Parteientschädigung *95 ff.*
Parteifähigkeit *59, 66*
Parteivertretung *68 f.*
Parteivortrag *228, 232*
Parteiwechsel *83*
Patente *L 22/4*
Personenrecht *20 ff.*
Personenstand *L 1*
Persönliches Erscheinen *204, 234, 273, 278, 297*
Polizei *128*
Postalische Übermittlung *138, 143; HZ 10*
Postulationsfähigkeit *66 ff.*
Präklusion *101, 130, 147, 223, 237*
Prosekution *263*
Protokoll *176, 235*
Prozessbeistand *299*
Prozessfähigkeit *59, 67*
Prozesshandlungen *129 ff.*
Prozesskosten *95 ff.*
Prozesskostenhilfe *L 50*
Prozessleitende Verfügungen *124, 319*
Prozessleitung *124 ff.*
Prozessstandschaft *79 Abs. 1*
Prozessurteil *59 ff.*
Prozessvergleiche *L 57, 58*
Prozessvoraussetzungen *59 ff.*
Prüfung Zuständigkeit und Verfahren *L 25, 26*

R

Ratifikation *HB 23, 33, 40, 42; HZ 26*
Ratifikationsurkunde *HZ 21*
Realexekution *335*
Recht auf Beweis *152*
Rechtsanwendung *57*
Rechtsbegehren *221*
Rechtsbehelf *L 37, 46, 47*
Rechtsbeistand *47, 113*
Rechtshängigkeit *62 ff.; L 27–30*
Rechtshilfe *194 ff.*
Rechtshilfeersuchen *HB 2, 3, 4, 5, 6, 13, 27*
Rechtshilfeersuchen, späteres *HB 22*
Rechtskraft *59, 282, 315, 336*
Rechtssysteme *HB 25*
Rechtswahl *381*
Register *L 22/3*
Replik *228*
Revision *328 ff.*
Revision Schiedsspruch *399*
Revisionsgesuch *329 ff.*
Revisionsgründe *328, 396*
Richterwechsel *64*
Rückweisung *318, 327, 394, 399*

S

Sachen, unbewegliche *L 22/1*
Sachenrecht (Gerichtsstand) *29 f.*
Sachliche Zuständigkeit *4 ff.*
Sachverständiger
 vgl. Gutachten *HB 14*
Säumnis *130 ff., 147, 234*
Schadenersatz *37, 246, 345, 374*
Scheidung auf gemeinsames Begehren *285 ff.*

Scheidungsklage *290 ff.*
Scheidungsverfahren *274 ff.*
Schiedsfähigkeit *354*
Schiedsgericht *368*
Schiedsgerichtsbarkeit **L 1**
Schiedsgutachten *189*
Schiedsspruch *381 ff.*
Schiedsvereinbarung *357 ff.*
Schiedsverfahren *372 ff.*
Schiff, Haftpflicht **L 14**
Schlichtungsbehörde *197 ff.*
Schlichtungsgesuch *202*
Schlichtungsverfahren *202 ff.*
Schlichtungsverhandlung *203 ff.*
Schlichtungsversuch *197*
Schlussvorschriften **L 69–79**
Schlussvortrag *232*
Schriftenwechsel *220 ff.*
Schriftliche Auskunft *190*
Schriftstück **HZ** *5, 10, 11, 15*
Schutz der ehelichen Gemeinschaft *271 ff.*
Schutzschrift *270*
Schutzwürdiges Interesse *59, 156*
Schwägerschaft *47, 165*
Sicherheit **HB** *12;* **HZ** *13*
Sicherheitsleistung *29, 100, 103, 315, 325*
Sistierung *126*
Sitz *10, 355*
Soziale Sicherheit **L 1**
Sprache **HB** *4;* **HZ** *7, 20*
Staatshaftung (Gerichtsstand) *10*
Statusklage *254*
Steuersachen **L 1**
Stockwerkeigentum *29, 249*
Streitgegenstand *64, 65, 202, 209, 226, 244*

Streitgenossenschaft *15, 72;* **L 6/1**
Streitverkündung *78 ff.*
Streitverkündungsklage *81 f.*
Streitwert *4, 8, 85, 91 ff.*
Stufenklage *85*
Summarisches Verfahren *248 ff.*
Superprovisorische Massnahmen *265*

T

Tatfrage *320*
Tatsachen *150 f.*
Teilentscheid *125, 236, 383*
Teilklage *86*
Teilrechtskraft *282, 311 f., 315*
Todeserklärung (Gerichtsstand) *21*
Trust **L** *23/4, 23/5*

U

Übergangsbestimmungen *404 ff.;* **L 63**
Übermittlung **HB** *13;* **HZ** *14*
Übermittlungsweg *11, 21*
Übersetzung *95*
Überspitzter Formalismus *52, 130 ff.*
Überweisung *127*
Übung *150*
Umtriebsentschädigung *95*
Umwandlung der Leistung in Geld *345*
Unabhängigkeit *47 ff.*
Unbezifferte Forderungsklage *85*
Unentgeltliche Rechtspflege *117 ff.*
Unmittelbarkeitsprinzip *155*
Unparteilichkeit der Richter *47 ff.*
Unterhaltsbeitrag *282*
Unterhaltsklage *303 f.*

Unterhalts- und Unterstützungsklage 26

Unterschrift *130, 133, 221, 244; HB 23, 40, 42*

Untersuchungsgrundsatz *55, 247, 255, 272, 277, 296, 306*

Unverheiratete Mutter *27*

Unvermögen der Partei *69*

Urkunde *177 ff.*

Urkunden, öffentliche *L 57, 58*

Ursprungsstaat *HZ 3, 10*

Urteilsberatung *54, 236*

Urteilsfähigkeit *67*

Urteilsvorschlag *210 f.*

V

Vaterschaftsklage *25, 303, 304*

Verantwortlichkeitsklage *40*

Verbandsklage *89*

Verbesserung proz. Mängel *132*

Verbrauchersachen, Zuständigkeit *L 15–17*

Verbrechen, Vergehen *328, 396*

Vereinbarung berufliche Vorsorge *280 f.*

Vereinbarung, Scheidungsfolgen *279*

Vereinfachtes Verfahren *243 ff.*

Verfahren, Prüfung *L 25, 26*

Verfahren, im Zusammenhang stehende *L 27–30*

Verfahrensgrundsätze *52, 54, 56, 69, 132, 272, 296*

Verfahrenssprache *129*

Vergleich *214, 241; L 57, 58*

Verhandlungsgrundsatz *55, 277*

Verkehr, unmittelbarer *HZ 11*

Verletzung der Ausstandsvorschriften *51*

Vermögensrechtliche Streitigkeiten *8, 119, 150, 210*

Vermögensübertragungen *42*

Veröffentlichung des Entscheides *240*

Verpflichtung zu einem Tun, Unterlassen oder Dulden *343*

Verschollenerklärung *21*

Versicherungswesen, Zuständigkeit *L 8–14*

Verteilung der Prozesskosten *104 ff.*

Vertragsstaat *35*

Vertragsverhältnisse *250*

Vertreter *HZ 8*

Vertretung *68*

Vertretung natürlicher Personen *L 1*

Verursacherprinzip *106*

Verwandtschaft *47*

Verweigerung der Anerkennung *L 34, 35*

Verweigerungsrecht *163 f.*

Verweis *128*

Verzicht *199, 233*

Vollmacht *68*

Vollstreckbarerklärung *L 42, 43, 45, 47, 48, 52, 57*

Vollstreckbarkeit von Entscheiden *336, 338, 341*

Vollstreckbarkeit öffentlicher Urkunden *347 ff.*

Vollstreckbarkeitsbescheinigung *338, 386*

Vollstreckung *236, 335 ff.; L 38–52*

Vollstreckung, Antrag *L 39, 40*

Vollstreckung von Entscheiden *335 ff.*

Vollstreckungsgesuch *338, 350*

Vorbehalt *HB 33*

Vorladung *133 ff.; HB 21*

Vormundschaftliche Massnahmen *69*

Vorsorgliche Beweisausnahme *85*
Vorsorgliche Beweisführung *158*

W

Wertpapiere *43*
Wertpapierrecht *250*
Widerklage *224; L 6/3*
Widerruf *256*
Widerspruch *HZ 8, 21*
Wiedereinsetzung *HZ 16*
Wiederherstellung *148f.*
Wiederwiderklage *224*
Willensmangel *284, 328*
Willkür *320, 393*
Wohnsitz *10; L 59–62*
Wohnsitzwechsel *64*

Z

Zahlungsverbot aus Wechsel usw. *43*
Zeit *HB 19; HZ 6*
Zeitpunkt *HB 7*
Zentrale Behörde *HB 2, 5, 34; HZ 1, 2, 3, 4, 5, 8*
Zeuge *159, 169ff.*
Zeugnis *HZ 6, 15*
Zeugnisfähigkeit *169*
Zollsachen *L 1*
Zusatzvereinbarung *HB 31; HZ 24*
Zuständigkeit
– Arbeitsverträge *L 18–21*
– Berge- und Hilfslohn *L 5/7*
– Erfüllungsort *L 5/1*
– Prüfung *L 25, 26*
– Schadenersatz *L 5/4*
– Trust *L 5/6*
– Unerlaubte Handlung *L 5/3*
– Unterhaltssache *L 5/2*
– Verbrauchersachen *L 15–17*
– Versicherungssachen *L 8–14*
– Zwangsvollstreckungssachen *L 22/7*
– Zweigniederlassung *L 5/5*
Zuständigkeit, allgemeine *L 2–4; HZ 18*
Zuständigkeiten, ausschliessliche *L 22*
Zuständigkeiten, besondere *L 5–7*
Zuständigkeiten, öffentliche *9ff.*
Zustellung *HZ 8*
Zustellungsersuchen *HZ 13*
Zwangsmassnahmen *343; HB 18*
Zweigniederlassung *12*
Zwischenentscheid *237, 392f.*